성장하는 엄마로 키워주는
나의 사랑하는 아이들 수연, 수아에게

그림책과 유튜브로 시작하는 5·6·7세 엄마표 영어의 비밀

양민정 지음

SOULHOUSE

추천사 **아이는 영어와 친해지고, 엄마는 아이와 친해지는 방법**

우리 집 아이들은 한여름, 너무 덥다 싶으면 영어책을 꺼내 읽습니다. 왜냐면 전기요금 아낀다고 평소엔 에어컨에 인색한 엄마가 영어책을 읽을 땐 아낌없이 에어컨을 틀어주거든요. 입이 궁금해도 영어책을 펼쳐 듭니다. 살찐다고 그만 먹으라며 잔소리하던 엄마가 어디선가 간식을 꺼내 오거든요.

네, 아이가 영어책을 읽도록 하기 위해 저는 간과 쓸개 다 빼놓고 삽니다. 아이와 영어를 친하게 만들기 위해 제일 중요한 것은 재미있는 책이겠습니다만, 아이가 책이 재미있다는 것을 발견하기까지 엄마는 아이의 눈치도 봐야 하고 치사한 꾀도 내야 하지요.

그러다가 어느 날 깨달았습니다. 엄마표 영어의 가장 큰 장점은 영어 실력뿐만 아니라 '관계'라는 것을요. 어떻게든 영어 공부 좀 시켜보려고 아이의 컨디션을 살피고, 무슨 책을 줘야 잘 읽으려나 아이의 취향을 주목하는 동안, 아이에 대해서 더 많이 알게 되었거든요.

엄마표 영어는 아이가 좋아하는 동영상을 보여주고, 재미있는 책을 잔뜩 주면 되니까 인심 좋은 엄마 노릇 하기가 쉬웠지요. 아이와 함께 책을 읽고 영화를 보면서 이야기도 많이 했고, 같은 걸 느낀 적도 많았습니다. 이제 아이의 공부가 엄마 손을 떠난 지 오래되었지만, 아이는 여전히 엄마를 좋은 친구이자 안내자로 여기고 있습니다. 제게 엄마표 영어의 가장 큰

성과는 바로 아이와의 신뢰입니다. 이 책의 저자 수수마미처럼요.

　어느덧 엄마표 영어를 졸업해도 될 정도의 시간이 지났지만, 그때나 지금이나 변하지 않는 게 하나 있더군요. 오래된 추천도서 및 DVD 목록 말입니다. 시대가 변했으니 방법도, 내용도 달라질 만한데, 왜 그렇게 엄마만 달라지라고 하는지 모르겠습니다.

　"영어 그림책으로 영어를 배우면 뭐가 좋을까요?"라는 주제로 강연을 하면, 저는 꼭 'Wee Sing'을 추천합니다. 그리고 그때마다 강조하지요. "DVD가 아닙니다. 노래 CD입니다!" 하고요. 노래는 신나고 아름답지만, 영상은 1980년대에 만들어진 것이라 화질도 엉망이고 확실히 요즘 아이들 취향은 아니거든요. 하지만 많은 분이 '위씽이 좋다더라' 하는 말만 듣고는, 또는 추천 DVD 목록 안의 'Wee Sing'을 보고는 어떻게든 DVD를 구하려고 고생하시지요. 그러고는 걱정하십니다. "우리 아이는 영어 동영상을 좋아하지 않아요." 하고요. 당연하지요. 재미없는 것을 보여줬으니까요.

　"그럼 요즘 아이들이 좋아할만한 동영상 정보는 어디에 있을까?" 늘 궁금했는데 바로 여기, 이 책에 있네요! 군살 없이 쏙 뽑아낸 영어책 목록과 최신 유튜브 영상까지, 이제 기꺼이 맘 편하게 엄마표 영어를 권할 수 있겠습니다. 더 많은 정보를 찾아 헤매지 말고 일단 이 책에 소개된 것부터 해보라고 말입니다.

꽃님에미 전은주

머리글

최소 비용으로 최고의 효과를 거두는 엄마표 영어

올해 아홉 살인 큰아이는 '로알드 달(Roald Dahl)'의 소설이나 "나니아 연대기(The Chronicles of Narnia)" 같은 장편 소설을 즐겨 읽습니다. 디즈니, 픽사 영화는 자막 없이 보고, 영어로 글쓰기를 즐겨 짧은 소설도 쓰지요. 영어 유치원은 커녕 영어 학원도 가본 적 없는 순수 국내파입니다.

아이가 제대로 영어 그림책을 구경한 건 대부분의 아이가 그러하듯 다섯 살이었습니다. 당시 저는 직장을 다니고 있었고, 그해 말에 둘째를 임신해서 큰아이가 여섯 살 되던 해 여름에 아이를 낳았으니 첫째를 딱 끼고 앉아 영어를 가르칠 시간도 없었지요. 제가 아이 영어를 위해 유일하게 한 것은 영어 원서를 사서 읽어주고, 그 책과 세트로 나온 DVD를 사서 틀어준 것뿐이었습니다. 굳이 매달 백만 원이 넘는 원비를 주고 영어 유치원에 보내지 않았어도, 몇십만 원을 들여 영어 학원이나 애프터스쿨을 다니지 않았어도, 아이는 지금 AR Level 5~6점대의 책을 무리 없이 읽고 있습니다.

지나고 나서 보니 엄마표 영어는 직장에 다니는 엄마, 아이가 둘 이상인 엄마에게 가장 효율적인 영어 학습법입니다. '영유'에 다니는 아이들처럼 매일 단어 숙제와 쓰기 연습을 봐줄 필요가 없으니 퇴근 후에 영어책 CD나 DVD를 틀어주고 저녁밥을 차렸습니다. 하는 게 이것밖에 없으니 빼먹지 않고 할 수 있었고, 대신 처음 우리말을 가르칠 때처럼 꾸준히 1년을 놀 듯이 읽어주고 틀어주려고 노력했습니다. 그랬더니 어느 순간 아이는 더듬더듬 영어를 읽으면서 책을 붙잡고 앉아있기 시작했습니다. 마음의 부담도 적었지요. 비싸게 산 영어 원서를 아이가 좋아하지 않더라도 물려볼 동생이 있었으니까요.

2015년 가을, 둘째를 낳고 산후조리원에서 집으로 왔을 때, 하필 첫째가 자전거를 타다가 다리를 다쳤습니다. 갓난아기 젖을 물리다가도 첫째가 "엄마, 쉬 마려." 하면 20kg이 훨씬 넘는 아이를 부축해서 변기에 앉혀줘야 했습니다. 신생아를 포함해 집안 모든 가족이 안쓰럽고 동시에 원망스럽던 산후조리 시절, 아이러니하게도 지난 1년 동안 무작정 노출해준 영어가 저를 도와주었습니다. 첫째가 영어책과 영어 DVD를 즐겨보니 손이 덜 가서 조금이나마 살 것 같았고, 재밌어 죽겠다는 표정으로 DVD를 보고 책을 읽는 걸 보면 묘한 해방감마저 들었지요.

엄마표 영어가 좋다는 건 알지만 도무지 시작할 엄두가 나지 않는다는 엄마가 많습니다. 아직도 영어책을 해외사이트에서 사야 한다고 알고 있는 사람도 있고, 엄마가 영어를 어느 정도 할 줄 알아야 엄마표 영어를 할 수 있다는 고정관념에서 못 벗어난 사람도 있습니다. 모두 오해입니다. 쿠팡에서 기저귀를 사듯, 영어 원서도 그냥 국내 사이트에서 사면 됩니다. 배송도 빠르고, 원하는 원서는 모두 골라 살 수 있습니다. 엄마의 영어 실력은 한두 줄짜리 그림책을 읽어줄 수 있을 정도면 충분합니다. 한 페이지의 절반

이상이 글인 영어책을 읽는 방법은 따로 있으니 걱정하지 않아도 됩니다. 엄마의 영어 실력보다 중요한 건 엄마의 박수 소리입니다. 그저 박수로 쭉쭉 실력을 밀어 올리는 게 엄마 역할의 대부분입니다.

"독서가 어떻게 취미가 돼요? 독서가 쾌락이어야 평생 독서하는 어른이 되죠." 정재승 카이스트 교수가 한 방송 프로그램에서 한 말입니다. 영어 독서가 딱 그렇습니다. 재밌어서 계속 읽게 하는 것이 엄마표 영어의 본질입니다. 영어 독서 습관만한 유산이 또 있을까요? 책이 끊이지만 않게 해주면 영어를 평생 즐기며 살 수 있습니다. 공교육 체제에서 실용 영어가 강조되고 글쓰기와 말하기의 수행평가 비중이 늘어난다면 더 힘을 발휘할 학습법이기도 합니다. 중요한 건 하루라도 빨리 시작하는 것입니다.

"그 집 아이는 어떻게 그렇게 영어를 잘해요?" 하고 묻고 싶어도 괜한 오해를 살까 봐 질문을 못 하는 엄마들이 많습니다. 그런 분들께 속 시원히 '이런 방법도 있고, 참 좋다'고 알려주고 싶었습니다. 그래서 글을 쓰기 시작했습니다. 아이를 더 키우고 나서 쓰면 과정보다는 결과에 힘을 실을 것 같아 지금 용기를 내었습니다. 내가 뭐라고 이런 글을 쓰나 망설이지 않았다면 거짓일 겁니다. '블로그에 육아일기를 꾸준히 올리는 부지런한 엄마도 아니고, 엄마표 영어를 십수 년 한 것도, 영어 학원을 운영한 것도 아닌데… 아이들이 더는 나를 찾지 않을 때가 곧 올 테니 내 시간이 많아지는 그때 글을 쓰는 게 낫지 않을까?' 고민하기도 했습니다.

하지만 지금의 절실함이 사라졌을 그때, 희미한 기억으로 무엇을 기록할 수 있을까요? 엄마표 영어를 어떻게 진행했는지, 어떤 마음으로 했었고, 뭐가 효과적이었고, 무엇이 난감했는지 쓰는 것은 소설 쓰는 것보다도 어려울 것 같았습니다. 지금이라면 지난 4년간 짧고 굵게 부대낀 경험을 자세하게 풀어낼 자신이 있었습니다. 내 경험상 10년 전 경험담보다 최근 3~4년 이내의 경험담이 실질적인 도움이 되었던 것도 글 쓸 용기를 내는 데 한몫했습니다.

두 아이를 직접 키우고 살림하며 영어책을 읽히는 일상의 날것을 보여주려고, 영어 교육에 대해서 더도 덜도 말고 딱 내 경험을 풀어보려고 했습니다. 간혹 자랑같이 들리는 대목이 있을지도 모릅니다. 그런 곳은 얼른 넘기고 와 닿는 경험과 문장에만 눈길을 주며 쭉쭉 읽어나가시길 바랍니다. 분명히 이 책은 두 번째, 세 번째 읽을 때 보이는 것이 더 많을 겁니다. 서로의 경험이 만나 주는 울림은 그 자체가 큰 응원이 되기 때문입니다.

"사막에서 가장 큰 죄악은 물을 찾고도 그것을 말하지 않는 것이다."
에티오피아에서 전해져 내려오는 말입니다. 아이의 영어를 떠올렸을 때 답답하고 막막한 엄마들에게 이 책이 목마름을 해소해주는 개운한 생수 한 모금이 되길 진심으로 바랍니다.

수수마미 양민정

차례

추천사 | 아이는 영어와 친해지고, 엄마는 아이와 친해지는 방법　　004
머리글 | 최소 비용으로 최고의 효과를 거두는 엄마표 영어 육아　　006

Part 1 엄마표 영어 목표 세우기

Chapter 1
당신이 지금 엄마표 영어를 시작해야 하는 이유

01 | 엄마표 영어로 대한민국 영어 사교육의 현실을 돌파하자　　017
02 | 글로벌 인재가 되는 가장 좋은 방법, 엄마표 영어　　024
　+ 영어가 도구가 되면 빛을 발할 온라인 교육 서비스　　031
03 | 돈 버는 엄마표 영어　　033
　+ 왕초보를 위한 엄마표 영어 용어 설명　　044

Chapter 2
누구나 할 수 있는 엄마표 영어

01 | 엄마가 해야 할 것 vs 하지 말아야 할 것　　047
02 | 성공한 엄마표 영어의 세 가지 공통점　　055
03 | 엄마표 영어의 성공적인 시작 전략　　059

Part 2 엄마표 영어 환경 만들기

Chapter 3
영어 노출 환경을 만드는 방법

01 | 아이의 눈과 손이 닿는 곳을 영어책으로 채우자　　067
02 | 영어책, 빌리지 말고 사야 하는 이유　　076
03 | 영어 노출 시간을 확보하는 방법　　083
04 | 엄마의 시간을 확보하는 방법　　092

05 | 엄마가 먼저 책을 읽자 103
+ 일상생활에 도움이 되는 엄마표 생활 영어 107

Chapter 4
영어를 놀이처럼 즐기게 하자

01 | 책에 낙서를 허락하라 111
02 | 책이 곧 활동지다 116
03 | 엄마의 말투만 바꿔도 영어가 즐거워진다 121
04 | 놀이가 우선이다 126
05 | 슬럼프를 이겨내는 방법 132

Part 3
엄마표 영어, 이렇게 하자

Chapter 5
엄마표 영어, 언제 어떻게 시작할까?

01 | 엄마표 영어를 시작하기 전의 약속 139
02 | 엄마표 영어, 언제 시작해야 할까? 142
    다섯 살, 눈높이에 맞게 부담 없이 시작할 수 있는 시기 143
    일곱 살, 빠른 효과를 볼 수 있는 최적의 시기 145
03 | 엄마표 영어 3단계 시나리오 149
04 | 영어책과 영상, 음원 구하는 방법 154
    이 책에서 소개하는 교육용 영어 영상(DVD)의 특징 155
    영어책 쉽게 구하는 방법 156
    영어 영상 구해서 제대로 보여주는 방법 161
    영어 음원 구하는 방법 166
    알아두면 좋은 어린이 채널 167
    유료 채널 Netflix 활용하기 169

Chapter 6
엄마표 영어 3단계, 이렇게 한다

- **01 | 엄마표 영어 준비 단계 - 동요 + 한두 줄 그림책**   171
  - 준비 단계에 들려주면 좋은 영어 동요   172
  - 영어로 관심을 유도하기 좋은 한글-영어 그림책   174
  - 첫 시작으로 읽어주기 좋은 한두 줄짜리 영어 그림책   178

- **02 | 엄마표 영어 1단계 - 영상 + 그림책**   184
  - 1단계 | 영어 영상과 영어 그림책   186
  - 1단계 | 영상이 없어도 흥미롭게 볼 수 있는 영어 그림책   198

- **03 | 엄마표 영어 2단계 - 영상 + 영어책(그림책/리더스북)**   200
  - 2단계 | 영어 영상과 영어 그림책   203
  - 2단계 | 읽기 연습에 좋은 리더스북   212
  - 2단계 | 영상이 없어도 흥미롭게 볼 수 있는 영어책   216
  - 2단계 | 가지고 놀면서 보기 좋은 장난감 책   218
  - 2단계 | 이맘때 사주고 두고두고 쓸 수 있는 영영그림사전   219

- **04 | 엄마표 영어 3단계 - 영상 + 영어책 읽기 + 챕터북 집중 듣기**   222
  - 3단계 | 첫 시작으로 좋은 챕터북   224
  - 3단계 | 이 외에도 재미있게 볼 만한 챕터북   232
  - 3단계 | 영상이 있는 챕터북   234
  - 3단계 | 영화로 읽는 영어 원서 시리즈   248
  - 3단계 | 첫 시작으로 좋은 쉬운 소설   252

- **05 | 일곱 살에 시작하는 엄마표 영어 가이드**   256

- **06 | 워킹맘이라 엄마표 영어를 할 시간이 없다고?**   260

- **07 | 두 아이에게 동시에 영어를 노출시키는 방법**   263
  - 나이 차이가 서너 살 미만인 경우   265
  - 나이 차이가 서너 살 이상인 경우   266

Part 4

엄마표 영어 레벨 업

Chapter 7
말하기와 쓰기로 연결하기

01 | 많이 읽고 많이 들으면 결국 입과 손이 움직인다   271
02 | 입을 트이게 하고 어려운 책도 읽게 하는 영어 뮤지컬   275
03 | 콘텐츠를 먼저 채워라   281
04 | 영어 말하기의 물꼬를 틔우는 방법   284
05 | 낙서가 쓰기로 이어지다   289

Chapter 8
엄마표 영어로 언어 이상의 효과를 거두다

01 | 아이와 사이가 좋아지는 효과적인 방법   297
02 | 엄마표 영어와 수학 간의 긍정의 상관관계   299
03 | 영어로 음악에 입문하다   303
04 | 영어로 아이의 인생에 날개를 달아주자   308

Q&A

엄마표 영어 궁금증 해결

묻기 힘들었던 질문들에 대한 솔직한 대답   316

Part **1**

엄마표 영어 목표 세우기

Chapter **1**

당신이 지금
엄마표 영어를 시작해야 하는 이유

01 엄마표 영어로 대한민국 영어 사교육의 현실을 돌파하자

유치원에 다니기 시작하는 다섯 살 무렵이면, 대부분의 아이들이 교재가 있는 짧은 영어 수업을 한 번쯤은 경험하게 된다. 큰아이도 어린이집에 다니던 네 살부터 한 달에 한 권씩 영어책을 집에 들고 왔다. CD가 딸려있는 두세 줄짜리 그림책과 워크시트였는데, 대부분 그대로 책장으로 향했다.

어쩌다 한 번씩 CD를 틀어주면서도 비슷비슷하게 들리는 song과 story, chant가 왜 반복되는지도 모르겠고, 고맙기는커녕 오히려 반감이 들었다. 결정적으로 한글도 모르는 애들에게 정말 이걸 읽으라고 주는 건지 이해가 되지 않았다.

계륵처럼 늘어가는 영어책들이 열 권 넘게 쌓이고 아이가 다섯 살이 되던 해 1월, 처음으로 엄마표 영어에 대해 알게 되었다. 잠수네 영어, 쑥쑥몰

등 시중에 나온 엄마표 영어책들을 통해서다.

당시 나는 유아 영어에 반감이 잔뜩 쌓여있던 차였다. 아이 영어 교육의 필요성을 부지불식간에 느끼고 있었지만, 그런다고 영어 유치원에 보내는 건 엄두가 나지 않았다. 영어 유치원은 원비가 감당하기 힘들 정도로 비쌌을뿐더러, 최대한 하원 시간을 늦춰도 오후 3시였다. 그러니 퇴근까지 아이를 돌볼 도우미를 따로 구해야 하는 워킹맘인 내 현실에 도무지 부합하지 않았다.

워킹맘의 아침은 그야말로 하루하루가 전쟁이었다. 7시 55분에 어린이집에 데려다주고 8시까지 출근을 해야 하니 눈도 제대로 못 뜨는 아이를 둘러업고 부랴부랴 엘리베이터에 타던 날들이었다. 일찍부터 기관에 보내서 그런지 아이는 병치레도 잦았다. 감기라도 걸리면 입맛이 없어 밥을 안 먹는 아이 입에 김에 싼 밥을 대충 밀어 넣고, 유치원 가방에 먹을 약을 챙겨 넣어 들여보낸 후, 퇴근하면 아이를 데리고 늦게까지 하는 소아청소년과에 찾아가 진료를 받고, 집에 와서 다시 간단히 밥을 비벼 먹이고, 씻기고, 재운 뒤에 식판을 닦는 하루의 반복이었다.

이렇다 보니 엄마표 영어 관련 책들을 정독하기 전까지는 일상이 똑같았다. 섣불리 시도하는 것도 시간이 나야 하는 법이니까. 관련된 몇 권의 책을 정독한 뒤에 인터넷 사이트도 둘러보았다. 외계어 같기만 했던 원서 제목이 대충 눈에 들어오기 시작하고, 다른 제목, 같은 내용이 머리에 들어오기 시작했다. 그러자 비로소 엄마표 영어를 시도할 용기가 생겼다.

처음 시도는 노부영 베스트 영어책이었다. 책 10권을 사서 연달아 CD를 틀어주기 시작했다. 그것을 시작으로 아이의 반응을 살피며 계속 영어책과 DVD를 사 모았다. 귀동냥을 하다 보니 '이건 학원 교재로 쓴다더라.', '이건 어느 학원 코스북이랑 연계가 된다더라.' 등의 소식도 알게 되었고, 영어 유치원에 다니는 주변 엄마들을 통해 내가 산 것과 같은 책을 유치원에서는 어떻게 읽게 하는지도 비교할 수 있게 되었다.

넓고 얕게 영어 교육 시장을 접한 후 영어 서점에 가니 주인아주머니와도 대화가 조금 통했다. 커피 한 잔을 사 들고 가 대뜸 연락처를 주고받았고, 간간이 책을 주문하면서 궁금한 것도 슬쩍 물어보았다. 지금 생각해보면 쓸데없는 질문들이었지만 당시엔 답이 얼마나 절실했는지 모른다. 직장에 다니며 첫 아이를 키우는, 열정만 가득한 초보 엄마는 그렇게 이리저리 정신없이 시간을 쪼개어 다니며 정보를 모았다. 그러다 보니 어느 순간 내가 따라 하고 싶지 않은 우리나라의 영어 사교육 시장이 한눈에 보였다.

우리나라의 영어 사교육 실태

본격적인 영어 사교육은 다섯 살부터 방향이 갈린다. 영어 유치원에 보내느냐, 일반 유치원에 보내느냐가 바로 첫 갈림길이다. 영어 유치원을 염두에 둔 엄마들은 학습식과 놀이식 영어 유치원 중에서 선택하게 되는데, 여섯 살, 일곱 살에 영어 유치원으로 옮겨가는 경우엔 학습식 영어 유치원을 선호한다. 이왕이면 같은 기간에 효과가 눈에 드러나는 학습식을 선택하게 되는 것이다.

일반 유치원을 다니는 아이들에게 있어 본격적인 영어 사교육의 첫 시작은 초등학교 저학년이다. 대부분의 엄마가 초등학생이 되면 영어 학원에 다니는 것이 필수라고 여긴다. 굳이 꼭 1주일에 다섯 번씩 학원에 다니며 영어 공부를 해야 하냐고 물으면 마치 공기 없이 살 수 있다고 우기는 사람 취급을 받을 정도다. 영어 학원은 그 종류도 다양하다. 지역별로 차이가 있겠지만 주로 일반 유치원을 나온 아이들이 가는 학원과 영어 유치원을 나온 아이들이 가는 학원으로 나뉜다.

영어 공부에 있어 기관과 엄마표의 장단점에 대한 논란이 분분하던 몇 년 전부터는 원서 읽기가 주를 이루는 영어 도서관식 학원도 늘어났고, 영어 원서 대여점도 곳곳에 보인다. 말하기와 쓰기는 엄마표로는 안된다며 고학년 아이들을 대상으로 이를 보완하는 보습학원도 속속들이 등장했다. 원어민 1:1 과외나 소그룹 과외를 하는 아이들까지 포함하면 영어 사교육을 받지 않는 아이가 거의 없는 게 현실이다.

부모인 우리는 영어 전공자가 아닌 이상에야 수능이 끝나고 고등학교를 졸업하면서 영어 공부 역시 졸업한 세대다. 입시를 위해 치열하게 공부했던 영어는 급격하게 하강 곡선을 그리며 잊힌다. 직장에서 영어 관련 일을 한다거나 유학을 위해 영어를 다시 공부하는 일부를 제외하고는 대부분이 그렇다. 아이의 영어 실력이 늘어나는 것을 보고 엄마보다 외려 아빠가 더 신나고 좋아하는 경우도 많이 보았는데, 직장에서 실용 영어 능력이 얼마나 요긴한지 체감하셨던 분들이다.

굳이 비유하자면 영어는 자전거 타기와 마찬가지다. 삶의 이곳저곳에서 쓰임새를 발휘하려면 몸에 익어야 한다. 언제든 원할 때 꺼내 쓰고 싶다면, 자연스럽게 시간을 두고 익힌 다음 계속 써먹어야 한다. 그런데, 입시를 위한 영어 공부는 몸에 익히는 실용 영어와는 거리가 멀다. 입사할 땐 토익 900점을 넘을 정도로 치열하게 공부했는데도, 전혀 써먹을 수 없는 기술이 되어 버린다. 그래서 평생을 두고 아픈 약점이 되는 것이다.

엄마표 영어가 영어 학원을 이긴다

입시를 위한 영어가 아니라, 몸에 체득되는 영어가 되기 위해 가장 적합한 방법이 바로 엄마표 영어다. 엄마표 영어의 가장 큰 장점은 자연스럽게 영어를 익힐 수 있다는 점이다. 엄마표 영어는 제도권 밖으로 모험을 하는 것이 아니다. 오히려 학원에서 배우는 영어보다 실효성 면에서 낫고, 아이를 둘 이상 키우는 집이라면 주식 불어나는 것보다 훨씬 보람 있는 투자다.

무엇보다 가성비가 갑이다. 영어책과 영어 DVD를 사느라 최대 월 20~30만 원을 들인다고 해도, 영어 유치원의 1/5에 불과하고, 영어 학원의 반값이다. 직장에 다닌다면 유치원이나 학원 픽업을 고민하지 않아도 되는 것 역시 큰 장점이다. 뭐가 뭔지 몰라 헤매는 시기도 초반뿐이다. 눈 딱

감고 1년 정도 지나고 나면 그냥 영어를 듣고 보고 읽는 것이 우리 집 문화가 된다. 그 사이, 아이의 영어는 눈덩이처럼 불어나 있다. 게다가 원서로 된 영어책은 평생을 두고 읽어도 못 읽을 정도로 많으니 100세 시대의 글로벌 단짝이 아닐 수 없다.

말하기와 쓰기는 엄마표로 안 된다는 말은 기억 너머로 보내 두어도 좋다. 그 산 증인이 바로 나다. 안되면 그때 가서 다른 방법을 찾아보자며 배짱으로 밀어붙였더니 결론적으로 아이의 손과 입은 슬슬 영어를 뱉어냈다. 시간의 힘은 생각보다 강했다.

학원을 비난하려는 것은 아니지만 영어가 일부 학원의 문구대로 '스킬'이라면 차라리 'c 언어'를 배우는 편이 낫다. 컴퓨터는 숨겨진 의도도 없고 그네들만의 문화도 없으니 말이다. 언어를 제대로 구사하려면 문화를 알고 다양한 쓰임새에 익숙해져야 한다. 그러기에 책 읽기를 바탕으로 한 엄마표 영어야말로 효과가 그만이다. 책을 읽다 보면 문화, 배경, 쓰임새가 순차적으로 짜 맞춰지고, 그 안에 녹아있는 문법도 자연스레 익힐 수 있다.

그간 직장맘으로 3년, 직장을 휴직하고 전업맘으로 6년을 살았다. 아이는 하나만 낳아 키우려 했으나 어쩌다 다섯 살 터울로 하나를 더 낳는 바람에 외동 엄마와 다둥이 엄마의 입장을 다 겪었다. 영어 전문가는 아니지만, 나름대로 교육업계 종사자이기에 교육의 흐름을 놓지 않고 있었다. 다른 사람의 엄마표 영어 노하우로 시작했지만, 하다 보니 나만의 노하우라 자신할만한 것들도 꽤 생겼다.

"자기는 진짜 오래도 한다. 그때 그만두지 말고 계속할걸…." 하는 지인들만 해도 수십 명은 넘는다. 그 오래가 그래 봤자 만 4년이다. 둘째 아이의 영어도 첫째 때 하던 대로 하고 있다. 첫째 기저귀 갈던 실력으로 둘째도 가는 것처럼 말이다. 솔직히 둘째에겐 영어뿐만 아니라 학습에 대해 별반 기대가 없고 열정도 예전 같지 않다. 그래도 둘째는 첫째가 하는 모습을 보고 자연스레 영어에 노출이 되어서인지, 아직 만 3세에 불과하지만 영어를 놀이처럼 즐긴다. 5년 터울로 아이를 낳아서 데자뷔처럼 육아 전쟁을 겪고 있지만 그래도 새로운 방법을 찾아 헤매지 않아도 되는 것이 좋다.

평범한 월급쟁이 4인 가족, 애 둘 딸린 보통 엄마의 일상은 엄마표 영어를 하기에 넘치지도 모자라지도 않았다. 본격적으로 엄마표 영어를 겪어낸 지난 4년간, 얄밉게 숨긴 팁도 있었다. 괜히 구설에 오르내리기 싫었고, 정보 글로 풀어내려니 시간이 부족했다. 이제는 엄마표 영어에 자신이 없다는 엄마들에게 도움이 되고 싶다. 나도 많은 책과 조언으로 도움을 받았기 때문에 진실한 조언가의 역할의 크기를 안다.

다시 한번 말하지만 '엄마표 영어', 할 만하다. 아이가 영어와 친해지는 길이 영어 유치원이나 영어 학원에만 있는 게 아니다. 이제부터 엄마표 영어, 도대체 무엇을 어떻게 굴리면 좋을지 조심스레 풀어보려 한다.

02   글로벌 인재가 되는 가장 좋은 방법, 엄마표 영어

매년 3월, 아이가 새 학년이 되면 들고 오는 종이가 여러 장 있다. 그중 하나가 '자기소개서'다. 식탁에 놓인 그 종이를 아이와 함께 채우다 보면, 잘 나가다가 '장래희망'에서 왜 그렇게 막히는지 모르겠다. '부모가 원하는 아이의 장래희망'이란 질문 앞에서는 더 답이 없다. 결국 사천만의 정답, '아이가 원하는 것'이라고 써서 건네준다.

사실 이런 질문으로 진지하게 고민할 새가 없었다. 매년 3월은 그랬다. 한 달 내내 뭐 그렇게 챙길 것이 많고, 변하는 게 많은지…. 그래도 아이의 뜻을 제대로 알고 싶어서 저녁을 먹고 이를 닦는 아이에게 슬쩍 물어봤다.

"너는 진짜 뭐하면서 살고 싶어?"

"나? 가수나 배우지! 엄마는 그것도 몰랐어?"

아이는 자기의 길에 대한 답을 바로 내놓았다. 다시 해맑게 이를 닦는 아이의 모습을 보자 실실 웃음이 나왔다. '저놈을 키우면서 놓치고 사는 건 없을까?', 나중에 가서 '그때 그럴걸, 이건 꼭 해줄걸…' 하는 후회를 하기는 정말 싫었다. 가뜩이나 엄마의 시행착오로 이리저리 부딪히며 자란 애틋한 첫째 아이인데, '내가 저 아이를 그냥 나처럼 키우는 건 아닐까?'란 생각이 들자 정신이 번쩍 들었다. 내 아이가 엄마의 복사본이 되면 정말 큰일이다.

아이 키우는 일은 보통이 아니다. 일찍 낳으면 이른 대로, 늦게 낳았으면 늦은 대로 똑같이 허둥대며 실수와 실패를 계속한다. 하루가 1년보다 긴 날도 많고, 그 하루 안에 희로애락이 다 들어있는 날도 부지기수다. 아이 둘을 낳고 키우면서 남부럽지 않게 바빴다. 육아에 몰방하던 휴직 기간의 오전 11시, 나만 종종 대며 바쁠 뿐, 아파트 단지는 너무나 조용해서 서글펐다. 유치원에서 주는 주간계획표가 없으면 오늘이 무슨 요일인지도 헷갈렸고, 매번 예상을 빗나가는 아이들의 행동을 마주하다 보니 성격도 예민해졌다.

복직하고 나면 둘째도 예전에 첫째가 그랬듯 어린이집 불을 켜면서 1등으로 등원해야 할 터였다. 안쓰러운 마음에 휴직 중에는 기관에 보내지 않고 계속 데리고 있었지만, 나의 삶엔 내가 없었다. 그러니 가끔 아이를 아직 안 낳은 친구들과 만나면 대화가 뚝뚝 끊길 수밖에.

어느 날 신문에서 '멍 때리기 대회' 기사를 봤다. 얼마나 출전하고 싶었는지 모른다. "엄마!" 소리가 안 들리는 곳에서 멍 때리고 싶었다. '시청 앞 잔디밭에 혼자 앉아있으면 얼마나 좋을까?' 아무것도 하지 않아도 되는 곳이라면 그곳이 어디든 가고 싶을 정도로 수시로 지치는 게 육아 일상이다. 아침에 울리는 알람을 빛의 속도로 끄는 이유도 혼자 있는 시간이 절실해서다.

내가 선택한 삶인지라 24시간 어린아이 둘과 꼭 붙어있는 애환을 누구에게 하소연할 수도 없었다. 그냥 버텼다. 첫째한테 잘해주는 날은 둘째가 꼭 어딘가 다쳤고, 둘째를 안고 물고 빨며 보낸 날은 첫째가 투정을 부리며 엄마가 밉다고 했다. 오르락내리락 시소 타듯 균형을 맞추고 나면 곧 잘 시간이었다. 그래도 그 기간이 허무하게만 느껴지지 않았던 것은 조금씩 드러나는 첫째의 영어 실력 덕분이었다.

"영어를 언제, 어떻게 가르쳐야 하지?"는 나뿐만 아니라 대한민국 엄마라면 모두가 고민하는 공통의 숙제일 것이다. 거기에 '4차 산업혁명'이라는 커다란 관문 하나가 턱 하니 얹어졌다. 4차 산업혁명을 온몸으로 겪어야 할 아이들이 준비해야 할 것은 뭐가 또 그리 많은지, 정신이 하나도 없다. 아이의 미래에 대한 정보를 찾아보면 죄다 '창의융합인재'에 바탕을 두고 있었다. '창의력은 어떻게 기르지?', "당장 코딩 공부를 시켜야 하나?', '문과 체질인지 이과 체질인지부터 봐야 하나?' 그런데 그 많은 것 중에서 장기적으로 불변하는 것은 역시 영어였다.

조기유학, 영어 유치원, 국제학교 등은 한바탕 휩쓸고 지나갈 유행으로

만 알았는데, 유창한 영어 실력은 무슨 일을 하든 아이에게 날개를 달아주는 존재였다. 수능 영어가 절대평가로 바뀌고, 알파고 이상의 인공지능이 나오는 시대에도 여전히 유창한 영어 실력은 국제시장에서의 손과 발이다. 영어를 안 써도 사는 데 불편함 없었던 건 우리 때 일이고, 10년 후, 20년 후의 아이들에게는 상황이 다를 거라는 확신이 들었다. 몸에 배어있어야 할 영어를 어른이 되어 필요할 때 배우라고 하는 건 무책임해 보였다. IT 강국에서 자라지만, 영어에 익숙지 않아 수많은 정보에 접근조차 못 하는 안타까운 일이 벌어질 것이 자명했다.

'칸 아카데미'는 "나는 공짜로 공부한다"(알에이치코리아)의 저자 살만 칸이 인터넷으로 무상교육을 제공하는 사이트이다. 그가 칸 아카데미를 만들고 책을 낸 시기가 내가 고등학생이었을 때니 무려 20년 전 일이다. 당시 난 이런 게 세상에 있는지도 몰랐다. '인터넷 강의'라는 게 있다는 것도 대학에 와서 처음 알았는데, 동시대에 이런 걸 고안하고 나누고 사는 사람도 있었던 것이다.

동영상 사이트이자 애플리케이션으로도 개발된 칸 아카데미는 회원 가입 절차가 없고, 모든 콘텐츠가 무료이다. 아주 쉬운 단계부터 어려운 단계까지, 수학, 역사, 지리 등을 모두 배울 수 있다. 다 좋은데 결정적으로 죄다 영어다! 소리도, 글자도 영어인지라 뭔 얘기인지 알 수가 없었다. '이렇게 좋은 게 공짜인데 영어라니!' 줘도 못 먹는 현실이 슬펐다.

칸 아카데미뿐만이 아니다. 지금은 해외 유학을 가지 않아도 공부할 수 있는 길이 많다. 온라인 대학 MOOC를 통해 해외 유수 대학의 강의를 무료로 들을 수 있고, 수료증을 받으면 학위로 인정받을 수 있는 시대가 되었다. 그렇지만, 그 단맛을 모두 보려면 '영어'라는 장벽을 넘어야만 한다.

미국의 유명한 사회생태학자인 피터 드러커는 이미 1997년 '포브스' 잡지와의 인터뷰에서 "30년 후 대학 캠퍼스는 역사적 유물이 될 것이다. 현재의 대학은 살아남지 못한다."라고 폭탄선언을 했다. 미래학자인 토머스 프레이 역시 "2030년이면 세계 대학의 절반이 사라질 것이다."라고 예측했다. 굳이 출산율 감소를 언급하지 않더라도 이러닝 기반의 가상대학이 늘어날 것이라는 예측은 2000년대 초반부터 있었다. 여기에 평생교육의 개념까지 더해지면 국경과 나이를 넘나드는 교육의 장 앞에서 영어의 중요성과 쓰임새는 증가할 수밖에 없다.

뿐만 아니라 세계 최고의 언어학자 스티븐 크라센은 "읽기 혁명"(르네상스)에서 "외국어를 배우는 사람들이 즐겁게 책을 읽으면 단순한 일상 대화 수준에서 시작해 차원이 높은 문학 공부나 비즈니스에 필요한 언어를 구사하는 수준으로 발전한다."라고 했다. 작가 유시민은 외국어에 대한 아쉬움을 토로하며 "20대 청년으로 돌아간다면 영어를 불편함 없이 구사하는 능력을 길러 지식의 전달에 제한이 없었으면 한다."라고 했다.

나 역시 내 아이가 뭘 공부하고 뭘 즐기며 살지는 모르지만, 도구 삼아 쓰는 영어가 편했으면 좋겠다는 생각이 들었다. 영어로 된 사이트를 보면 당황하여 카테고리 몇 개를 눌러보다가 슬쩍 창을 닫는 엄마와는 다르기를 바랐다. '영어소통능력', 이거 하나만은 꼭 키워줘야겠다는 의지가 불타올랐다.

온라인 기반 학습의 질이 엄청난 속도로 발전하고 있는 상황에서 우리 아이의 미래 교육을 가늠하는 첫 번째는 영어를 자유롭게 사용하는 능력이다. 빅 데이터가 산업의 기반이 되는 시대, 자료 검색과 전공 분야 공부를 제대로 하려면 영어와 친해져야만 한다. 화면을 뒤덮은 영어에 겁부터 먹는다면 애초에 검색이든, 공부든 시작이 어렵기 때문이다. '구글'이 국내 어떤 검색 엔진보다 효과적이라고 하지만, 우리나라에서만큼은 그 명성에 비해 좀처럼 대중화되지 않는 이유도 결국 대다수가 영어에 자신이 없어서이다. 영어라는 지렛대의 힘을 빌려 '선뜻' 가고 '기꺼이' 할 수 있게 해주려면 생각을 바꿔야했다. '이렇게 널려있는 정보와 기회들을 영어가 모국어인 사람들만 이용하고 있는 건 아니잖아?'라고 생각을 바꾸니 겁도 없어졌다.

그때부터 아이 영어 교육의 목표를 '명문대 합격'에 두지 않고 글로벌 시대에 도전하고 어울리며 사는 '글로벌 인재'가 되는 것에 두었다. 영어 교육의 목표를 단순히 수능 영어 고득점으로 삼으면 정작 대학생이 되어 내내 바쁠 터였다. 두꺼운 원서, 토익 점수, 교환학생, 어학연수 등에 치어 영어를 다시 시작하는 마음으로 20대 초반을 보내게 하는 것보다, 엄마와 함께하는 시간이 가장 긴 유치원부터 초등 저학년 시기에 슬슬 영어에 익숙해지는 것이 훨씬 효율적이라고 판단했다. 학원을 끊으면 그대로 끊기는 '기관 영어'가 아니라, 흥미를 계속 유발하는 '엄마표 영어'는 급변하는 교육 환경을 고민했을 때, 글로벌 인재가 되는 가장 걸맞은 방법이었다.

그렇다고 엄마의 의지를 보여준답시고 다섯 살 아이를 몰아붙이기 시작하면 다른 아이들이 10년 후에 영어를 본격적으로 공부할 때, 학을 떼고 돌아설 게 불을 보듯 뻔했다. 그러니 아이도 나도 지치지 않게 쉬엄쉬엄 가기로 했다. 아이가 재미있게 영어책을 읽는 것, 그 하나에만 목표를 두었다. 읽어온 것들이 거미줄 치듯 이어지다가 적절한 때에 아이의 흥미를 톡 건드려 주는 것이야말로 자기주도 학습을 위한 최선의 방법이라고 생각했다. 더군다나 영어를 익히는 목적을 의사소통능력에 두었을 때 정작 중요한 '말할 거리', 즉 콘텐츠를 따로 구하는 수고를 하지 않아도 된다는 것도 장점이었다. 이 역시 '독서'를 통해 쌓인 정보가 해결해주기 때문이다. 영어로 익혀온 사회, 문화, 역사, 지리, 과학 지식이니 다시 번역할 필요도 없다. 엄마도 모르는 광활한 세상. 그 탐색의 시작에 엄마표 영어가 있었다.

> "언어를 쉽게 배우려면 그 언어에 자주 노출되어야 하고, 그것도 사춘기 이전에 노출되어야 한다."
>
> – 어린이 언어 전문가 로버타 미치닉 콜린코프 –

영어가 도구가 되면 빛을 발할 온라인 교육 서비스

MOOC(무크)

'수강 인원의 제한 없이(Massive) 누구나(Open) 온라인(Online) 환경에서 학습할 수 있는 공개강좌(Course)'로 세계 명문 대학의 강의를 무료로 들을 수 있다. 단순히 동영상만 시청하는 것이 아니라 질의응답, 퀴즈, 토론 등의 학습 활동을 하며, 학습 커뮤니티, 스터디그룹 활동 등 쌍방향 커뮤니케이션 학습이 가능하다. 전 세계적인 MOOC 플랫폼으로는 Khan Academy(칸 아카데미), Coursera(코세라), edX(에덱스), FutureLearn(퓨처런), Udacity(유다시티) 등이 있다. 우리나라도 교육부와 국가평생교육진흥원 주도로 국내 우수 대학의 최고 강좌를 제공하는 '한국형 무크(K-MOOC)'가 2015년에 출범하였다.

TED(테드)

미국의 비영리 재단. 정기적으로 기술, 오락, 디자인(Technology, Entertainment, Design) 등과 관련된 강연회를 개최한다. 최근에는 과학에서 국제적인 이슈까지, '알릴 가치가 있는 아이디어(Ideas worth spreading)'를 모토로 하는 다양한 분야의 강연회를 개최하고 있다. 강연은 보통 18분 이내에 이루어지는데 강연 하나하나를 'TED TALKS'라고 부른다. TED의 웹사이트에는 현재 2,900건이 넘는 강연이 무료로 공개되어 있다.

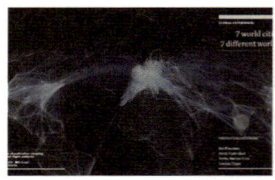

Minerva School(미네르바 스쿨)

미래 대학의 대안으로 떠오르고 있는 교육 기관. 캠퍼스가 없는 대신 세계 7개 도시에 기숙사가 있다. 모든 수업은 온라인 화상 수업으로 이루어진다. 학생들은 전원 기숙사 생활을 하는데, 4년간 기숙사가 있는 도시들을 돌며 현지의 문화와 산업을 배운다. 현재 하버드대학보다 들어가기 힘들 정도로 인기가 높다.

Google Books Library Project
(구글 북스 라이브러리 프로젝트)

2004년 구글이 전 세계 도서관과 합의하여 장서를 스캔하고 디지털화한 후 데이터를 도서관에 기부하기 위해 시작한 프로젝트다. 전 세계 대학 도서관의 책을 전자문서로 만들어 무료로 공개했는데 현재 2,500만 권에 달하는 책의 정보를 25% 정도 무료로 볼 수 있다. 책 제목만이 아니라 본문 내용도 검색할 수 있어 책을 구입하기 전에 참고하기 좋다.

Itunes U(아이튠즈 유)

애플이 아이튠즈 안에 별도의 카테고리로 만들어 제공하는 교육 서비스이다. 2012년부터는 단순한 강의 시청 서비스를 넘어서 다양한 학습 활동까지 수행할 수 있는 교육용 소프트웨어로 발전시켰다. 스탠퍼드, MIT, 예일 및 라트로브 대학, 도쿄대학, 스미스소니언 도서관, 내셔널 시어터 외 다수의 전 세계 명문 교육 및 문화 기관이 기꺼이 강의, 비디오, 책 등을 공개하고 있다.

03 돈 버는 엄마표 영어

애 낳고 언제부터 영어 교육에 본격적으로 관심을 가지게 될까? '한글 뗀 다음에? 유치원에 보내고 나서?' 아니다. 동네 친구 엄마가 아이가 파닉스를 공부한다고 할 때다. 빠르면 아이가 네 살 되는 해 10월, 매번 동네에서 만나 같이 유모차를 밀던 엄마가 영어 유치원에 상담을 다녀왔다는 소리만으로도 심장을 철렁이게 하기 충분하다.

주변의 얘기를 들으면 일단 조급해진다. 목소리 큰 엄마가 먼저 시작한 영어 교육법이 최고인 것 같다. 불안할수록 귀가 얇아지니 수많은 정보가 순식간에 밀려들어 온다. 가격이 너무 비싸거나 너무 싼 방법을 제외하고 봐도 혼란스럽긴 마찬가지다. 저게 자랑인지, 정보인지 모를 글들은 볼 수도 없고 안 볼 수도 없다.

'아이가 영어로부터 자유로워지려면 다섯 살부터 영어 유치원에 보내야 한다는데…', '만약 여섯 살에 보내게 된다면 학습식 영어 유치원을 보내야 따라잡는다는데…', '초등학교 1학년에 남들이 좋다는 영어 학원에 보내려면 '읽기 듣기 쓰기 말하기'의 네 가지 영역을 고루 공부한 후에 레벨테스트를 봐야 한다는데…' 정말, 이게 정답인 걸까?

영어 교육비의 압박에서 자유로워지자

기관을 통해 영어 공부를 시작하는 나이는 크게 5세, 8세, 11세로 나뉜다. 5세는 영어 유치원으로 시작하고, 8세는 초등 1학년, 11세는 초등 4학년에 시작하는 것이다. 어떤 시기에 시작하여 어느 레벨이냐에 따라 갈 수 있는 영어 학원의 수준도 천차만별이다. 시작도 하기 전에 진입장벽이 생기는 것이다.

일반 유치원에서 하는 영어는 경쟁이랄 게 없어서 엄마들의 표정도 밝다. 알파벳, 파닉스를 배우고 한두 줄짜리 영어 그림책을 따라 읽으며 노는 위주의 수업을 받는 이때는 아이들이 집에서 알파벳 송만 불러도 박수를 받는다.

그런데 놀이터에서 노는 아이들의 수가 확 줄어드는 7세 후반이 되면 사정이 조금 달라진다. 입학통지서가 나오기 전에 본격적으로 영어 학원을 알아보고 테스트를 본다. 그것도 학원 안에서 반을 나누는 시험이 아니라 학원 입학 여부를 결정하는 레벨테스트이다. 내 돈 내고 보내는 곳인데 입학테스트를 받아야 하는 것이다.

매년 10월, 11월이 되면 내년도 입학을 결정하는 영어 학원 테스트가 시작되는데, 상대적으로 학원 레벨이 높은 곳이 먼저 시작한다. 테스트에서 떨어지면 대기자 명단에 올려놓고 다른 학원을 찾아 다시 테스트를 받는다. 선착순 접수에 늦으면 아예 테스트를 보지 못하고, 영어 유치원에 다니지 않았던 아이는 그 선택지마저 확 줄어든다.

짐작하겠지만 수업료도 매우 비싸다. 만약 내가 영어 유치원을 선택했다면 최소 월 100만 원의 원비에 교재비, 원복비, 방과 후 학습비 등으로 50만 원, 게다가 월 80만 원 전후의 도우미 비용이 필요했다. 다섯 살부터 일곱 살까지 8,280만 원, 거기에 초등 6년 동안을 주 3회에서 5회 영어 학원에 다니게 되면 월 50만 원에서 80만 원까지, 최소 3,600만 원. 어림잡아도 1억이 넘었다. 영유를 포기하고 애프터스쿨이나 학원을 보낸다고 해도 1년에 최소 600만 원에서 천만 원이 들었다. 이 돈이면 온 가족이 매년 해외여행을 갈 수 있는 돈이었다. 그만큼의 비용을 들여 영어 교육에 몰방하고 싶진 않았다. 그렇게 영어에 돈을 투자하게 되면 분명 투자 대비 효과에 목을 매게 될 것이고, 아이에게 엄한 잣대를 들이대게 될 것이 뻔했다.

고정 지출이 되어버릴 영어 교육비 앞에서 자유로울 엄마가 몇이나 되겠는가. 생활비를 아끼고 줄여 보낸 학원에서 아이의 실력이 그대로인 것 같을 때는 이게 투자인지 지출인지 헷갈리기 시작하지만, 주식투자가 아니니 마이너스라고 그냥 뺄 수도 없을 것이다. 휙 지나가는 유명 영어 학원 셔

틀버스에 붙은 현수막의 문구가 마음을 자극하고, 어쩌다 동네 영어 학원 전단지를 보면 마음이 흔들린다. 정말이지 아이 영어 교육만큼 엄마를 수시로 흔드는 게 또 있을까?

비교는 절대 금물이다

나 역시 불안하기는 마찬가지였다. 엄마표 영어를 하다가 1년쯤 지나니 내 아이의 영어 실력이 어느 정도인지 확인하고 싶어졌다. 일곱 살 겨울이었다. 무엇을 어떻게 확인하는지도 모르는 채 가까운 대형 영어 학원에 전화를 걸어 시간약속을 하고, 아이와 함께 갔다. 상담실에서 함께 간단히 이야기를 나눈 후 아이를 다른 방으로 데려가 이것저것 물어보더니 종이로 테스트를 보았다.

잠시 후 돌아온 원장님과 선생님이 심각한 표정으로 지금 들어갈 반이 없다고 했다. 읽기, 듣기, 말하기와 쓰기의 편차가 너무 커서 그렇단다. 떨어지는 영역을 보완한 후 기존 반에 넣어주겠단다. 특히 쓰기가 너무 부족해서 이대로 가면 아이가 소외감을 느낄 수 있으니 리터니 반에 넣는 것도 고려해보겠다고 했다. 그러고는 내게 "아이가 리터니냐?" 하고 물었다. "그게 무슨 뜻이냐?"라고 되물었다. '토종' 임을 증명하는 완벽한 대답이었다. 그런데 들어갈 반이 없다더니만 계속 내게 아이의 영어 공부 방법에 대해 물었다. 누가 인터뷰를 하러 온 건지 모를 정도였다.

한 시간 가량의 상담을 마친 후, 아이는 책상 위에 놓인 사탕을 한 손에 하나씩 집어 들고는 또 놀러 오겠다고 인사를 하고 상담실을 나왔다. 돌아오는 길에 '우리 집에 있는 책들이 거기에도 다 있었다.'며 해맑게 사탕을 까먹었다. 그렇게 영어 학원과의 인연은 끝이 났다.

엄마표 영어에 대한 확신이 흔들릴 때 필요한 건 용기와 결단이다. 최고의 방법은 어디에도 없다. 가는 길 내내 크게 불안해하지 않고, 가던 길 뚝 끊이지만 않으면 된다. 정 불안하면 영어 유치원이나 학원 스케줄에 맞춰서 내 나름의 계획을 짜면 된다.

아이가 초등학교에 입학한 후, 학원 입학테스트 시즌이 되면 난 우리 집 영어 책장을 뒤집어서 정리하고 새로 읽을 책들을 사서 제일 좋은 자리에 꽂아둔다. 봄맞이 대청소는 내년 봄으로 미룰지언정, 책장 정리는 잊지 않는다.

방학을 앞두고 영어 캠프 이야기가 들리면, 아이 수준에 맞춰서 권수가 좀 많거나 긴 시리즈물을 찾아 사서 꽂아둔다. 그럼 방학 기간에 딱 맞춰 다 보지는 못하더라도, "방학 때 도대체 뭘 한 거니?"라는 소리는 안 나온다. 실제 영어 캠프에 보내더라도 점심 후에는 챕터북 집중 듣기를 하고 오니, 이래저래 큰 오르내림 없이 무서운 방학을 보내는 좋은 방법이다.

엄마표 영어를 한 시간만큼 아이가 읽은 책이 늘고, 실력이 쌓인다는 느낌이 오면 학원의 전략적 꼬임이나 지인들의 정보는 그냥 흘려보내게 된다. 친한 엄마들과 모여도 팩트가 뭔지를 먼저 점검하게 된다. 꾸준히 하고 있는 게 있으니 걸러서 보이고 들린다.

대부분의 학원에서는 '읽기, 듣기, 말하기, 쓰기'의 네 영역이 고르게 발달해야 한다고 강조한다. 그런데 내가 생각하는 영어 글쓰기의 개념과 시기는 학원과는 조금 달랐다. '쓰기'야말로 아이에게 모든 결정권을 넘겨야 하는 영역이라고 믿었다. 자기 생각과 경험과 지식을 풀어내는 것이 쓰기의 본질인데, 일정한 틀에 맞춰 단어만 바꿔서 쓰는 연습은 억지스럽다고 여겼기 때문이다. 쓸 내용이 없고, 쓰고 싶지 않은데, 무엇을 풀어낼 것인가? 무엇보다 한글 글쓰기도 익숙하지 않은 상황에서 영어로 글을 쓰는 것은 시기상조로 보였다. 어른들도 듣기가 되어야 말하기가 되고, 읽기가 되어야 쓰기가 되는데, 모국어가 아닌 이상 네 가지 영역이 동시에 고르게 발달하기 어렵다. 게다가 쓰기는 읽기가 어느 정도 누적되면 자연스럽게 발화된다고 믿었기에 연습하거나 강요하지 않았다.

영어 학원 레벨테스트를 보고 온 지 1년 후, 아이는 스스로 영어로 글을 쓰기 시작했다. 말문이 터진 것도 비슷한 시기였다. 책에 나온 글의 형식을 따라 쓰며 재미를 붙이더니 매일같이 글을 써댔다. 영어로 글쓰기는 제일 나중에 나타나고 반드시 나타난다는 것, 쓰기야말로 쓸 거리와 표현능력이 아이 머릿속에서 조합되어야 시작된다는 사실을 아이가 증명해준 것이다.

엄마표 영어를 할 때 마음이 급하면 길게 못 간다. 마음을 내려놓고 천천히 가야 한다. 주변에는 엄마표 영어를 하는 아이보다 학원에 다니는 아이가 더 많기 때문에 이것저것 엄마를 불안하게 하는 소식이 많이 들릴 수밖에 없다. 최대한 귀를 닫자. 이 둘은 방향과 속도가 전혀 다르므로 비교하는 것은 의미가 없다. 학원에서 사용하는 교재 출판사가 어디인지, 레벨은 몇인 걸로 하는지, 하루에 몇 시간 하는지를 두고 우위를 따져봤자 오히려 혼란만 줄 뿐이다.

그런다고 영어 유치원이나 영어 학원이 아이가 영어를 익히는 데 있어 효과적인 방법이 아니란 것은 아니다. 영어 유치원과 엄마표 영어를 병행하는 분들도 많다. 결국은 엄마가 아이의 성향과 상황에 따라 어떤 방법을 선택하느냐의 차이일 뿐, 그 모두가 존중받아 마땅한 방법이다.

처음엔 나도 아는 교재 제목을 들으면 아는 척도 하고 싶었고, 뭐 하나 아는 얘기가 나오면 나머지도 다 알고 있는 양 으스댄 적도 있었다. 제대로 알고 있는 것도 아니면서 전문가인 척해야 아이를 잘 키우는 엄마인 줄 알았다. 하지만 점차 입을 다물게 되었다. 그것이 얼마나 경솔한 행동인지 깨닫게 되었기 때문이다.

전문가가 아닌 주변 사람들의 조언이 나에게 도움이 되기 위해서는 내가 알고 있는 것이 그와 비슷하거나 많아야 옥석을 구분할 수 있다. 영어 교육 역시 마찬가지다. 엄마표 영어책들을 제대로 읽고 공부한 뒤 엄마표 영어를 시작하면 쓸데없는 비교를 막을 수 있다. 차츰 내 아이에게 맞는 엄마표 영어 방법의 흐름을 잡아나갈 수 있기 때문이다.

계획표가 아니라 권수와 편수가 중요하다

큰아이가 첫 생활계획표를 짰을 때다. 커다란 동그라미를 하나 그리더니 벽시계를 보고 그대로 숫자를 써넣었다. 7시 반에 일어나겠다며 거창한 계획을 세우던 아이는 곧 "엄마, 큰일 났어!" 하며 종이를 들고 나를 찾았다. 학교가 끝나는 시간이 1시 반이라 잠을 잘 시간이 없다는 것이었다. 24시간이 아니라 12시간을 두고 계획을 짜니 그럴 수밖에. 나는 종이를 받아 들고는 웃느라 정신이 없었고, 기분이 상한 아이는 다시는 계획표라는 것을 짜지 않았다. 그렇게 아이의 생활계획표 짜기는 허무하게 막을 내렸다.

아침에 지각할까 봐 서두르는 것은 아이가 아니라 엄마다. 아이는 시간 관념도 없고, 왜 서둘러야 하는지도 모른다. 그런 아이에게 계획표란 하나의 낙서에 불과하다. 바라보는 시선이 전혀 다르기 때문에 엄마만 속이 터지는 것이다.

엄마표 영어 시간표를 정해 몇 시까지 이것저것 하자고 새끼손가락을 걸어봤자 별 소용이 없다. 영어는 시간 개념이 아니라 권수와 편수 개념으로 가야 한다. 몇 시까지 읽으라고 하는 게 아니라 이거 한 권만 읽는 거라고 말하는 것이다. 영어 영상(DVD)도 "몇 시까지 보고 끄는 거야."라고 말해봤자 아이의 발악으로 끝나고 만다. "하루에 두 편만 보는 거야."라고 얘기하는 것이 훨씬 효과적이다.

시간 단위 계획표는 아이의 집중과 흥미의 흐름을 끊을 수 있어서 도리어 해롭다. 그렇다고 아무 계획 없이 진행할 수는 없는 노릇이니, 순서만 간단히 써두고 시작하면 된다. CD로 하는 영어 흘려듣기야 가습기처럼 그냥 틀어두는 것이니 순서에 넣을 것도 없다. 책 읽어주는 것, 읽는 것, 영상(DVD) 보는 것, 집중 듣기 하는 것 등 단계마다 해야 할 일의 순서만 정해두고, 끝나는 시간은 아이가 결정하게 놔둬야 한다. 아이와 싸울 것 같을수록 욕심을 내려놓고 아이에게 여유같이 구는 편이 오히려 도움이 된다.

뭐니 뭐니 해도 가장 중요한 것은 멀리 보는 거다. 20년 뒤, 내 아이가 성인이 될 때는 너무 먼 미래라 감이 안 온다. 10년을 최대로 잡고 앞을 내다보면 조급함이 가신다.

고등학교 선생님이라는 직업상, 고등학생 자녀를 둔 엄마들과 이야기를 나눌 기회가 많았다. 아이가 없었을 때는 그냥 지나쳐버렸던 이야기들이, 첫째를 낳고 엄마가 되자 다르게 들리기 시작했다. 상담을 하다 보면 아이 아빠는 모르는 엄마만의 고민이 꽤 많았다.

정작 위태위태한 3년을 버티고 있는 쪽은 아이가 아니라 엄마였다. 아이와 대화가 안 되는 것은 그냥 운명처럼 받아들이셨지만, 아이의 성적이 포기할 수 없는 인질처럼 둘 사이를 갈라놓기도 했고 가깝게 하기도 했다. 40대 후반, 50대 초반 여성이 감내해야 할 것이 한둘이겠는가. '갱년기와 사춘기의 비극적 만남'이라며 웃으면서 시작한 이야기는 심각해지다가 눈시울이 붉어지며 끝난다. '기본에 충실하게 아이를 키우지 못한 엄마 탓'이라며 마무리되는 경우도 많았다. 아이 상담인데 아이보다 엄마의 마음 고민이 얼마나 큰지 알 수 있었다.

"제가 다섯 살짜리 딸이 있는데요. 12년 전으로 돌아가셨다고 생각하고 저한테 지혜 좀 나눠 주세요."

저마다 복잡한 가정사와 다른 상황을 가진 학부모들이셨지만, 나의 질문에는 모두 웃음을 지으셨다. 나를 낮춰서 편안한 분위기로 마무리하려고 던진 질문으로 상담의 2부가 시작된다.

'절대 아이에게 많은 걸 시키지 마라, 무조건 책을 많이 읽혀라, 많이 놀게 해라, 애도 애지만 남편이랑 사이좋게 지내라….' 조언이 끝도 없이 나온다. 과거로 돌아가서 나온 진심에는 '국·영·수'도 없었고 '입시'도 없었다. 무엇이 남는 장사인지, 모두 알고 계셨다. 사례에서 건진 배움 덕분에 나는 수시로 10년 후를 내다본다. 목적이 뚜렷하게 떠올라 힘이 되기 때문이다.

엄마표 영어를 하는 수많은 분들처럼 나도 처음에는 경험담을 무작정 따라 했다. 그렇게 따라 하면서도 절대 귀에 안 들어온 말이 있었다. '기대하지 말라는 것'과 '엄마 마음을 내려놓으라'는 것이었다. "그게 가능하나?"는 반문은 숨겨둔 채 일단은 따라 했다.

실제로 해보니 '내려놓으라는 말'이 무슨 뜻인지 와 닿았다. 영어 공부는 아이가 하는 것이고, 아이가 얻는 것이다. 엄마와 아이를 분리하는 내공이 필요했다. 영어는 애를 키우면서 포기의 미학을 항상 되새겨야 할 아주 작은 부분일 뿐이었다. 엄마표 영어 1년이 넘어가다 보니 '아이의 평생을 두고 내가 중심을 제대로 잡아야 한다'는 철학이 새겨졌다.

말로도, 행동으로도, 앞에서 끌지 말고 제 발로 걸어가는 걸 뒤에서 봐야 한다. 아이의 아웃풋을 기다리고 재촉하지 않았더니 어느 날 갑자기 말을 하고 글을 썼다. 그러나 조금이라도 닦달하면 입을 안 열고 펜을 잡지 않았다. 엄마의 조바심으로 아이가 방향을 돌려서 반대로 가버리는 걸 볼 때마다, 반면교사하며 느낀 진실이기도 하다.

엄마표 영어는 읽은 원서의 권수와 즐겁게 본 영상의 편수 자체가 포트폴리오다. 뭐가 더 필요한가? 재미로 읽고 봤기 때문에 포트폴리오는 고스란히 아이 머릿속에 들어있다. 작가별, 스토리별로 내용을 연결 짓고 비슷한 점을 찾아내는 데에도 아이들이 도사다.

불안함이 몰려와서 기분이 널뛰기하거나 아이를 재촉할 때가 있다. 그럴 때마다 '힘을 빼는 신호등'을 켜자. 영어로 미래를 열어주겠다면서 오히려 갈 길을 잃고 있는 건 아닌지 살펴보고 호흡을 가다듬을 필요가 있다.

왕초보를 위한 엄마표 영어 용어 설명

몇 년 전의 나는 '영유(영어 유치원)'가 뭔지 몰랐다. 그러니 '챕터북'이 뭔지, '집중 듣기'가 뭔지도 몰랐을 수밖에…. 그래서 남몰래 검색을 해가며 엄마표 영어의 맥을 짚어나갔다. 나처럼 왕초보들을 위해, 누군가에게 묻기도 어려운 엄마표 영어 관련 용어 몇 가지를 소개한다.

AR 레벨 :

Accelerated Reader Level의 약자. 영어책을 지문의 난이도에 따라 숫자로 분류해 놓은 것이다. AR 레벨이 2.5라면 미국 초등학교 2학년 책 중에서 50%의 학습 과정 난이도의 책이라고 생각하면 된다. AR 레벨은 일종의 읽기 레벨로, 르네상스 러닝에서 만든 AR 레벨 외에도 Lexile Level, DRA Level 등 여러 리딩 레벨이 쓰이고 있다.

그림책 :

픽처북, 스토리북 등으로도 불리며 그림의 비중이 높은 책이다. 에릭 칼, 앤서니 브라운 등 유명한 작가들의 원서가 대부분 그림책이다. 많아 봐야 두세 줄 정도의 글이 대부분이지만 의외로 읽기 어려운 책들도 많다. 살아있는 생생한 대화체나 라임을 맞춘 단어를 사용했기 때문이다. 그만큼 그림책을 많이 접한 아이들은 표현이 다채로워진다. 무엇보다도 '재미'가 기본인 그림책은 아이들에게 호응이 좋을 수밖에 없다. 글이 짧으니 영어를 못 하는 엄마도 큰 부담 없이 읽어줄 수 있어 엄마가 영어를 입에 붙이기에도 좋다.

리더스북 :

그림책에 익숙해진 아이들이 챕터북으로 넘어가기 전, 읽기 연습을 위한 책이다. 얼리 리더스(Early readers), 이지 리더스(Easy readers) 등으로 불리기도 한다. 대표적인 것이 오알티(ORT, Oxford Reading Tree)나 런투리드(Learn to Read) 등 출판사가 기획한 시리즈물이다. 읽기 연습을 쉽게 하기 위해 기획된 책인지라 그림책보다 표현의 수준이 높진 않지만 기본적인 문장의 유형을 익히기에 좋다.

챕터북 :

말 그대로 이야기가 몇 개의 챕터로 나누어진 소설책이다. 60페이지 내외의 얇은 책부터 200페이지가 넘는 책까지 다양하다. 두꺼워질수록 문장의 구조가 복잡해지고 주제도 세분된다.

흘려듣기 :

엄마표 영어 커뮤니티나 책마다 약간 다르게 정의되어 있다. 영상을 보고 듣는 것을 흘려듣기라 하기도 하고, 책이나 영상 보는 것 이외에 노래를 들려주는 것을 지칭하기도 한다. 우리 집에서는 '책 없이 CD 듣기와 화면 없이 소리 듣기'를 흘려듣기로 정의했다. 뒹굴뒹굴 놀면서, 밥 먹으면서, 욕조에서 물놀이하면서, 차 안에서 등 상황을 가리지 않고 CD나 영어 영상(DVD)을 틀어두면 자유롭게 영어로 듣고 말하기에 익숙해진다.

집중 듣기 :

흘려듣기처럼 커뮤니티나 책마다 약간씩 해석이 다르다. 각자의 경험에 따라 정의를 내린 것이므로 정설이 있을 수는 없다. 이 책에서 '집중 듣기'란 'CD를 틀어놓고 귀로는 소리를 들으면서 눈으로는 책 속의 글을 따라 읽는 것'이다. 세이펜을 활용할 경우, 꼭 책상 앞에서 책을 읽을 필요가 없어 좋지만, 두꺼운 챕터북을 여러 번으로 나눠 집중 듣기를 할 경우에는 CD가 더 편리하다.

Chapter **2**

누구나 할 수 있는
엄마표 영어

01 엄마가 해야 할 것 vs 하지 말아야 할 것

우선 '엄마표 영어'니 당연히 '엄마가 영어를 잘해야 한다.'는 오해를 풀고 넘어가야 하겠다. '엄마표 영어'에서 '엄마'는 아이와 가장 가까우면서 시시때때로 책을 읽어주는 사람이다. 매사 웃는 낯에 상냥한 선생님이 아니다. 한때 어학연수라도 다녀왔거나 영어 전공자일 필요도 없다.

아이에게 원어민 수준의 발음으로 영어책을 읽어줄 수 있는 엄마가 과연 몇이나 될까? 대부분의 엄마가 대학교 1학년 때 교양 영어 수업 들은 게 영어에 대한 마지막 기억일 것이다. 제아무리 전공을 했다 하더라도 영어를 쓰지 않고 10년의 공백이 있으면 다 똑같다. 엄마표 영어를 할 때 엄마의 영어 실력은 출발점이 비슷하다는 얘기다.

'엄마표 영어'를 한다는 소문이 퍼져서인지, 간혹 "아이와 영어로 대화

하느냐?"라고 물어오는 분들이 있다. 그런 질문이 가장 당황스럽다. 애써 짧게 대답해주는 것도, 스펠링을 알려주는 것도 한계에 다른 지 오래이기 때문이다. 사실 구글 사전을 찾아주기에도 바쁘다.

다행히도 첫째는 아직도 엄마가 자기보다 영어를 잘한다고 믿는다. 이는 아이가 아직 어린 유치원, 초등학교 때에 엄마표 영어를 시작해서 얻는 장점이다. 엄마의 밑천이 다 드러날 때쯤 되면 '내 아이가 우리 가족 전부를 통틀어서 최고의 영어 의사소통능력을 갖출 것'이라는 확신을 가지게 된다. 엄마의 영어가 아이의 유리천장이 되는 일은 결코 없다. 그러니 영어 실력에 대한 마음의 부담을 부디 내려놓길 바란다.

엄마의 영어 실력보다 중요한 건 엄마의 역할이다. 엄마표 영어를 할 때 엄마가 꼭 해줘야 할 것과 하지 말아야 할 것, 다음 두 가지만 확실히 구분하고 시작하자.

엄마가 꼭 해줘야 할 두 가지

1. 영어책 읽어주기

말 그대로 아이가 혼자 영어책을 읽기 전까지 한두 줄짜리 영어 그림책과 서너 줄짜리 리더스북을 읽어주는 것이다. 포인트는 자주, 되도록 매일 읽어주는 것이다. 원어민 발끝에도 못 미치는 엄마 발음도 부끄럽고, 혹시나 아이가 엄마 발음을 따라 할까 봐 걱정될 수도 있다. 그러나 쓸데없는 기우다. 아이의 발음은 영어 영상(DVD)과 CD 소리를 고스란히 따라간다. 결정적으로 발음과 영어 실력은 비례하지 않는다.

그보다 신경 써야 할 것은 영어책 읽어주기다. 사실 처음에 영어책을 읽어주려고 앉으면 후딱 일어나 도망가는 바람에 잡기 놀이를 조금 하다가 불같이 화내고 끝나는 날도 많았다. 그러나 하루 5분, 10분, 어쩌다 20분, 또다시 5분, 이렇게 흘러가다 보니 어느덧 아이가 먼저 책을 빼 들고 와서 읽어달라고 하는 날이 찾아왔다.

의외의 복병은 남편이었다. 남편이 듣는 데서는 실감 나게 책을 읽어줄 수가 없었다. 소리를 지르며 "헤이! 와우!" 하며 책을 읽어주기가 왠지 창피했다. 그것은 엄마가 넘어야 하는 장벽이다. 설령 남편 앞에서는 소리 죽여 읽어주더라도, 아이가 책을 가지고 오면 무조건 대환영하자. 엄마의 반응에 따라 책을 가지고 오는 빈도와 가지고 오는 책의 양이 달라진다.

Part 3에서 설명하겠지만 엄마표 영어 1단계에서는 CD보다 엄마 목소리가 우선이어야 한다. 그래 봤자 하루 30분이다. 아이가 혼자 책을 읽어보려고 하면, 그때부터는 책에 딸린 CD를 틀어주거나 세이펜을 활용해서 아이가 읽을 수 있는 글 양을 늘리자. 딱 1년이면 읽어주기 노동에서 졸업할 수 있다.

2. 영어 영상(DVD) 보여주기

영어 영상(DVD) 보여주기는 아이가 어릴 때 가장 효과적인 엄마표 영어 수단이다. 책 읽는 재미를 붙이기 전까지는 영어 영상(DVD)을 보여주는 시간의 비중이 큰 게 당연하다. 아무것도 모를 때에는 '영어 소리 만화'도 재미있다는 인상을 주기 위해 틀어주고, '뭘 좀 알아듣는다' 싶으면 영어책을 더 읽게 하기 위한 당근으로 틀어주는 것이 좋다.

그런데 영어 영상(DVD)만 틀어줘도 아이가 즐거워하는 시간이 계속되다 보면 '이러다 영상물에 중독되면 어쩌나?' 하는 고민이 시작된다. 이럴 때는 화면을 끄고 소리만 들려주는 것으로 방법을 바꿔보자. 얼른 화면을 켜달라고 하겠지만, "TV에 문제가 생겼다."라고 얼추 둘러대면 소리만 들어도 대충 무슨 상황인지 아는 아이는 의외로 꺼진 화면 앞을 못 떠나고 놀더라도 그 앞에서 놀면서 오가며 듣는다.

어르고 달래는 건 분명 투자다. 1, 2년 차의 경우 하루 한 시간을 넘기지 말고, 더 보겠다면 소리만 듣는 건 허용하는 식으로 조절하면 된다. 나는 주로 간식으로 꼬드겼다. 약속한 한 시간이 지나 화면이 꺼지는 게 억울한 눈치면, 아이가 좋아하는 간식을 들이밀었다. 여름에는 "눈이 나빠질 수도 있고 TV가 고장 날 수도 있으니 좀 쉬자. 귀로는 계속 들을 수 있어." 하면서 아이스크림을 내밀었다.

눈으로 안 보고 대사만 귀로 듣는 걸 '흘려듣기'라고 한다. 흘려듣기는 우리 집 공기와 같았다. 공기청정기를 온종일 틀어놓고 살 듯, 플레이어에서 계속 소리가 흘러나오게 했다. 처음에 적응시킬 때에는 못 알아들어서 그런지 자꾸 끄라고 했다. 그럴 때는 끄는 대신 볼륨을 작게 줄였다가 슬슬 소리를 다시 키웠다.

영어를 습득할 때 가장 좋은 건 귀가 뜨이는 것이다. 어떤 방식으로든 영어 소리에 노출되는 시간이 쌓여나가자 배경음악과 생활 소음 사이로 흘러나오는 대사도 무리 없이 알아들었다. 아이의 발음도 확연히 달라졌다. 이렇게 흘려듣기로 듣기 실력과 상상력을 동시에 키운 다음, 연계된 책을 읽으면 효과가 좋은 게 당연하다.

엄마가 절대 하지 말아야 할 두 가지

1. 책 정리하기

첫째가 다섯 살이던 시절로 돌아간다면 다시는 하지 않을 것의 일 순위가 책을 예쁘게 정리하는 거다. 그러면 아이가 책을 안 본다는 걸 이젠 알기 때문이다.

영어책은 두꺼운 'Hardcover(하드커버)'가 대부분인 한글책에 비해 크기도 작고 얇은 'Paperback(페이퍼백)'이 많다. 딱히 정리벽이 있지 않더라도 책이 여기저기 흩어져 있으면 자꾸 착착 모아서 한자리에 놓고 싶어진다. 그러다 조금 두께가 있는 책을 읽기 시작하면 1번부터 마지막 번호까지 순서에 맞춰 꽂고 싶어진다.

나 역시 아이가 책을 빼놓으면 책 제목도 보지 않고 번호만 보며 제 위치를 찾아 끼워 넣는 일종의 강박증이 있었다. 혹여 한 권이라도 잃어버릴까 봐 전전긍긍하기도 했다. 이제 간신히 시리즈물에 진입했는데 중간에 한 권이라도 빠지면 스토리 전개에 큰 지장을 줄 것 같았다.

그림책 보여줄 땐 찢어도, 낙서를 해도 별말 안 했으면서, 이상하게 읽기 레벨이 올라갈수록 책을 신줏단지 모시듯 정리했다. 하도 얇아서 꽂아놔 봐야 책등의 제목도 잘 안 보이는 책들인데 말이다.

지나고 보니 순서가 뒤죽박죽이어도, 설령 한 권이 아예 없어지더라도 아무 일도 일어나지 않았다. 20권, 30권이 세트인 책을 사줘도 어차피 순서 대로 보지 않았고, 책 표지가 재밌어 보이는 걸 먼저 집어 들었다. 여자아이 인데도 좀비가 그려져 있는 책이 제일 먼저 당첨됐다. 아이는 아무 걱정 없이 읽고 보며 즐겼는데 엄마만 동동거렸던 거다.

그러니 아이 영어책을 순서대로 정리하고 책꽂이에 죄다 꽂을 생각은 아예 하지 않았으면 좋겠다. 얇은 책은 밟아서 딸려오는 게 정상이다. 장마철이면 바닥에 쩍쩍 들러붙는 얇은 영어책들을 전부 상자에 쓸어 넣고 싶겠지만, 영어책을 책꽂이나 상자에 정리하면 아이 눈에 절대 안 띈다. 온 집 안이 이사 가기 전날 같아야 엄마표 영어를 제대로 하는 집이다.

아이가 어릴수록 더 그러하다. 특히 리더스북 시리즈물은 통째로 바닥에 깔아줘도 된다. 그러다 챕터북을 읽기 시작하며 두꺼운 책이 늘어나면 집은 순식간에 정리가 된다. 청소기를 돌리기 전에 바닥 정리할 때도 1분이 채 안 걸린다. 제발 그때까지는 보이는 족족 책장에 꽂지 않았으면 좋겠다.

아예 널브러진 영어책들이 전부 만 원짜리 지폐라고 생각하는 건 어떨까? 흐뭇하고 기분 좋게 바라보는 여유를 가질수록 이긴다. 아이가 엄마 눈치 보지 않고 마음껏 영어책을 가지고 놀수록 머리와 가슴에 차곡차곡 영어와 자유가 함께 쌓여 나갈 것이다.

2. 칭찬에 인색하기

고민이 많고 불안한 엄마는 칭찬이 잘 안 나온다. 쳇바퀴 돌 듯 피곤한 육아 일상 속에 환한 표정이 어디 쉬운가. 그래도 칭찬하는 습관을 들여보자. 전략이라 생각하고 노력하다 보면 어느새 몸에 배어 덜 어색한 날이 온다.

처음 엄마표 영어를 시작했을 때는 아이가 책 한 줄을 읽어도 물개박수를 쳤다. "어쩜 그렇게 잘 읽니? CD 소리랑 네 목소리랑 똑같네!" 하며 수시로 머리를 쓰다듬었다. 그러다 어느 날부터인가 영어책 읽는 게 당연한 일인 듯 아이에게 무심해지고 말았다. 그러자 아이는 전혀 엉뚱한 다른 일로 떼를 쓰기 시작했다. 엄마가 초심을 잃어버린 걸, 제일 먼저 내 아이가 알아챈 것이다.

죄다 틀리게 불렀지만 영어 DVD 주제곡을 따라 부르며 방방 뛰던 게 어찌나 기특하던지, '어쩜 아이가 놀면서도 영어를 중얼거린다.'며 남편에게 문자를 보내던 시절이 있었는데, 이내 시끄럽다며 부를 거면 작게 부르라고 돌변한 엄마가 얼마나 야속했을까. 둘째 임신 막달부터 산후조리 때가 잔소리의 정점이었다. 종일 아이와 투덕거리다 재우고 나면 그제야 좀 정신이 들어 후회를 거듭했다.

사실 아이 입장에서는 안 그래도 어색한 언어를 접하는 중인데 칭찬도 안 해준다면 영어를 이유 없는 노동이라고 느낄 수밖에 없다. 그러니 아이의 작은 시도와 변화에 칭찬을 아끼지 말아야 한다. 마음을 편히 먹지 않으면 쉽지 않은 일이기도 하다. 부단히 칭찬할 거리를 찾고, 표현을 찾아 노력해야 한다. 비록 표정과 말이 따로 놀더라도 "대단하다.", "멋지다!", "어쩜!"을 해줘야 '영어책 = 엄마 칭찬'이라는 인식이 생긴다. 아이와 함께 있을 때면 언제든 작은 것에도 칭찬을 쏟아낼 준비를 해둬야 수월하게 영어를 익힐 수 있다.

거실 가득 널브러진 책에 눈살 찌푸리지 말고, 소리가 끊이지 않게 CD와 DVD를 틀어주며, 책을 읽어주다 뭐라도 반응을 보이면 칭찬하며 하루하루를 보내는 것. 다시 말하지만 엄마표 영어에서 엄마의 역할은 아이의 눈과 귀에 노출될 수 있는 영어 소리와 책을 최대한 제공하고 칭찬하는 것뿐이다. 판 벌여놓고 즐기고 누리라고 하는 것이 전부인 것이다.

조용하고 먼지 하나 없는 집이 그립거든 주말에 혼자 카페에 가서 온전히 내 시간을 즐기다 오자. 집안 꼴이 귀신 나올 것 같아도 1~2년 후, 저 책들이 다 책장에 꽂힌 모습을 상상하며 조금만 참아 보자. 그리고 나만의 시그니처 칭찬을 몇 개 정해서 수시로 말해주고 쓰다듬어 주자. 머지않아 일상 속에 아이 영어가 녹아나는 기쁨이 무엇인지 알게 될 것이다.

02 성공한 엄마표 영어의 세 가지 공통점

'엄마표 영어'란 단어를 처음 접한 뒤, 그에 대해 좀 더 알고 싶어졌다. 그런데 정작 아이에게 읽힐 영어책을 도대체 '어디서, 뭐부터 사야 하는지' 알 수가 없었다. 광고인지 경험담인지 분간할 수 없는 정보로 뒤섞인 카페나 블로그 글만 믿을 수는 없었다. 그래서 무작정 엄마표 영어 교육법을 다룬 책들을 사서 보기 시작했다. 온라인 서점에서 '엄마표 영어'라는 키워드를 넣고 검색하여 나온 베스트셀러 상위 세 권은 바로 주문하고, 나머지는 제목을 써둔 뒤 직접 서점에 가서 보고 골랐다. 돌이켜 보면 관련된 책을 대부분 산 셈이었다.

그렇게 사 온 책을 일주일을 잡고 몰아서 읽으며 밑줄을 쳤다. 다 읽은 후에 밑줄이 가장 많았던 책 한 권에다 나머지 책들에서 본 내용을 옮겨 쓰는 식으로 나만의 엄마표 영어 핵심 노트를 만들었다.

　엄마표 영어 관련 책들을 읽고 정보를 검색하다 보니 보름이 지났다. 책이 두껍다고 해도 서너 권이었고, 집중해서 본 덕에 사실 책을 읽는 시간은 일주일 남짓이었다. 그런데도 시간이 보름 가까이 걸렸던 건 책을 읽는 중간중간 컴퓨터 앞에 앉아 검색을 했기 때문이다. 책에 소개된 내용보다 더 좋은 게 어딘가에 있을 것 같았다. 금쪽같은 정보가 무협지의 비기처럼 전해질 것 같아 저자가 운영하는 카페나 블로그에도 다 들어가 보았다.

　그렇게 자료 수집을 하면서 깨달은 사실은 '웹서핑은 시간 낭비'란 것이었다. 웹서핑을 하며 찾은 정보들은 광고가 꽤 많았고, 중복된 정보들이 대부분이었다. 내게 책을 읽으며 생긴 지식이 없었다면 이리저리 휩쓸려 삼천포로 빠졌거나, 시작도 못 했거나, 자칫 돈부터 날렸을 게 뻔했다. 결국 내게 남은 건 책을 보고 찾은 정보가 전부였다. 그렇게 처음 내게 엄마표 영어에 대한 기준을 제시해 준 책들은 공통으로 푸름이닷컴과 잠수네 회원들의 경험담과 노하우를 담고 있었다. '애들이 다 이렇구나' 싶어 동질감도 느꼈고, 아이가 한 걸 일일이 다 기록해두는 열정에 기가 살짝 죽기도 했지만, 그중에서 내게 도움되는 것만 찾고 기억하려 했다.

　어떤 책은 0~3세를, 어떤 책은 초등 이후를 엄마표 영어의 적기로 주장하는 등, 책에 소개된 사례마다 차이는 있었지만 내가 그를 통해 파악한 중요한 공통점은 모두 다른 방법으로 자기 아이에게 엄마표 영어를 적용했다는 점이었다. 저마다 다른 개성과 기질을 타고난 아이들에게 가장 적합한 방법을 찾아낸 엄마가 쓴 책들이었기 때문이다. 책을 통해 내가 발견해 낸 엄마표 영어의 공통점은 다음과 같았다.

1. 영어책을 빌리지 않고 샀다

영어책을 빌리는 곳과 영어 도서관 이용법을 알려준 책도 있었지만, 정작 저자 본인은 아이에게 책을 사주었다. 형편이 좋지 않았다는 엄마도 자기 옷을 안 사고 책을 샀단다. 영어책을 사본 기억이라곤 "성문영어"와 "맨투맨"이 전부였던 나는 처음엔 아이의 영어책을 사주는 것이 돈도 아깝고 어색했다. 한번 읽고 말지도 모를 책을 돈을 들여 산다는 것에 일말의 죄책감도 들었다. 그래도 샀다. 내 쇼핑을 줄이고 아이 앞으로 나온 가정양육수당으로 책을 샀더니 가계부에 구멍 나는 일도 없었다.

2. 영어책 외에 CD나 DVD를 구해서 자주 틀어주었다

다들 아이가 집에 있는 시간에는 최대한 영어 영상이나 음원에 노출해주라고 강조하고 있었다. '책이면 족하지, DVD를 사라니…' 처음엔 영상을 보여주는 것에 대한 거부감도 있었고, 아무리 재미있는 영상이더라도 한글도 모르는 아이에게 영어 자막만 보여주면 과연 내 애가 봐줄까 싶었지만, 너무나 중요한 사항이라 하니 책을 살 때 꼭 CD나 DVD가 있는지 확인하고 함께 샀다.

3. 한글 동화책을 많이 읽어주었다

한글 동화책을 많이 읽어주라는 것은 최근에 나온 책일수록 강조하는 부분이라 더 눈길을 끌었다. 내가 엄마표 영어를 시작한 건 불과 4년 전이었지만, 당시엔 조기 유학, 조기 영어 교육의 폐단을 지적하는 뉴스가 매일 같이 나왔었다. 조기 영어 교육의 효과를 집마다 조사해볼 수도 없는 노릇이었고, 신문기사나 영어 학원 전단지의 내용을 전부 믿을 수도 없으니 답답했다. 그런데 영어책뿐만 아니라 한글책 다독을 강조하는 책일수록 최신 도서였으니, 절대 놓치면 안 될 중요한 사항인 것 같았다. 엄마표 영어가 처음 언급되고 이 방법으로 공부하던 아이들이 사춘기를 맞이할 때 즈음이기에 다양한 결과가 나왔을 텐데, 부족한 부분을 보완하는 방안으로 한글책 읽기가 뒤늦게 강조되는 느낌을 받았다.

위의 세 가지는 나의 경험상, 엄마표 영어에 성공하기 위해 꼭 따라야 할 것이다.

엄마표 영어 관련 책을 낸 엄마 중에는 영어를 잘하는 엄마도 있었고 못 하는 엄마도 있었다. 영어를 잘 못했지만 엄마표 영어를 시도하다 보니 저절로 엄마의 영어 실력 역시 일취월장한 경우를 보면 부러울 뿐이었다. 그래도 다행인 건 대부분의 영어 동화책이 단어도 쉽고 문장 길이도 짧아 읽어주는 데 큰 무리가 없다는 점이었다. 내 아이가 어린 것이 여러모로 다행이었고, 기회였다. 이것이 엄마가 세상에서 제일 예쁘고 뭐든 다 잘한다고 믿는 어린 시절에 엄마표 영어를 시작해야 하는 또 하나의 이유였다.

03 엄마표 영어의 성공적인 시작 전략

"읽기는 언어를 배우는 최상의 방법이 아니다. 그것은 유일한 방법이다."

– 언어학자 스티븐 크라센 –

'시작이 반'이라는 말은 엄마표 영어에서도 통용된다. 사실 대부분의 엄마가 아이가 어렸을 때는 영어 동요 CD를 사서 틀어주며 어영부영 영어를 노출하다가 정작 엄마표 영어가 빛을 발하기 시작할 대여섯 살 무렵부터는 유치원에 어설프게 영어 공부를 의지하기 시작한다. 그러다 초등학교에 가서는 본격적으로 학원에 아이의 영어를 맡긴다. 대부분이 이렇다 보니 엄마표 영어를 시작하는 것만으로도 시작이 반인 건 맞다.

그러나 준비가 안 된 시작은 곧 끝이 나버린다. 엄마표 영어의 가장 중요한 핵심은 재미와 지속성이다. 그에 대한 마음의 준비 없이 시작한다면 효과를 보기도 전에 지쳐버리고 만다.

세상에 널린 엄마표 영어 교육법을 모두 다 따라 할 수는 없다. 그러니 무엇은 반드시 지키고, 무엇은 포기할지에 대해 구체적으로 고민하고 시작해야 했다. 나는 읽고 보고 듣는 것의 절대량이 채워지기 전까지는 다른 활동을 추가하지 않기로 했다. 게다가 시간이 부족했으므로 다채로운 엄마표 영어 놀이 활동이나 에세이 쓰기, 영어 토론하기 등은 애초에 없는 것이라 여기고 시작했다. 워킹맘이나 다둥이 엄마의 경우, 이 결심이 매우 중요하다. 성공한 사람의 모든 것을 따라 하려고 하면 금세 지쳐 포기하기 십상이다.

다음은 엄마표 영어를 성공적으로 시작할 수 있었던 나만의 전략이다. 돌이켜 생각해보아도, 누구에게나 권할만한 방법이기도 하다.

첫째 주, 엄마표 영어 관련 책을 사서 독파한다

처음 일주일은 엄마표 영어 교육 방법에 대해 집중적으로 공부하는 기간이다. 한 권이 아니라 세 권 이상의 책을 보고 정리하면, 남의 영어 교육법을 정리하는 와중에 나만의 영어 교육법이 생긴다. 나와 내 아이의 성향, 수준을 고려하며 읽기 때문이다. 그러므로 엄마표 영어 관련 책을 독파하는 것은 당장 아이에게 읽힐 영어 원서를 사는 것보다 훨씬 중요한 일이다. 내 아이를 가장 잘 아는 엄마가 책을 통해 내 아이의 상황에 맞는 정보를 정리하는 것은 이후 엄마표 영어를 지속하는 데 있어 무엇보다도 중요한 가이드라인이 되기 때문이다. 그래야 여기저기에서 주워들은 정보에 흔들리지 않을 수 있다.

둘째 주, 아이에게 필요한 영어책과 영어 영상을 구한다

다음 일주일은 아이에게 필요한 책을 사고, 영어 영상을 구하고, 집 안 환경을 영어책과 영상을 노출하기 편한 환경으로 만드는 시간이다.

영어책과 DVD는 대표적인 온라인 영어 서점 - 웬디북, 키즈북세종, 동방북스, 이렇게 세 군데만 봐도 좋다. 처음에는 책 제목이 눈에 하나도 안 들어올 것이다. 나 역시 그랬다. 분명히 지난주에 엄마표 영어책의 핵심을 모두 읽었고 곳곳에 밑줄을 치고 모퉁이를 접어두었는데도 눈에 안 들어왔다. 이러다 아이 영어책을 영영 못 살 것 같았다. 그렇다고 닫아버릴 수는 없으니 카테고리를 하나씩 눌러서 그 안의 내용을 찬찬히 둘러보았다.

'이런 걸 리더스북이라고 하는구나.', '24페이지면 이 정도 두께구나!', '챕터북은 보통 리딩 레벨 2점대 이상이구나.' 하는 수준으로 훑어봤다. 베스트셀러 목록에 나온 책들은 표지 외에도 책 본문이 어떻게 생겼는지, 글 양은 어느 정도인지 하나씩 찬찬히 살펴보았다.

영어 서점에 책이 100만큼 있다면 10만큼만 둘러본다는 마음으로 봤다. 챕터북은 그 당시엔 언감생심 보려 하지 않았고, 지금 당장 읽어줄 만한 그림책과 리더스북 위주로 보다 보니 시간도 그렇게 많이 안 걸렸다. 그렇게 며칠이 지나자 대충 난이도에 대한 감이 왔다. 영어 영상도 마찬가지였다. 몇 년 전만 해도 유튜브에 지금 같이 영상이 많지 않았기에 영어 DVD도 온라인 영어 서점을 둘러보며 내용을 파악했다.

엄마표 영어 관련 책을 정독하고, 아이 영어책과 DVD를 대충이라도 둘러보는 작업이 각각 일주일을 넘으면 안 된다. 늘어지면 포기하기 쉽기 때문이다. 일주일이면 되는 일을 한 달간 질질 끌 필요는 없다. 게다가 여러분에게는 이 책이 있으니 여러 권의 책을 살 필요도 없다. 이 책을 구석구석 읽으며 내 아이가 좋아할 만한 책과 영상을 확인하는 데는 일주일이면 충분하다.

셋째 주는 아이를 살살 꼬드기는 시간이다

영어가 무섭고 어려운 것이 아닌 즐거운 놀이가 되려면 마지막 일주일간의 워밍업이 중요하다. 아이의 반응을 잘 살피면서 아이에게 "좋아.", "재밌어."란 소리가 절로 나오게 꼬드겨야 한다. 내 아이를 가장 잘 아는 사람은 엄마이니 아이를 꼬드기는 방법, 즉 당근을 주는 방법 역시 엄마가 상황에 맞게 계획해야 한다. 아이가 어떤 칭찬이나 보상을 받으면 좋아하는지 잘 관찰하고 영어에 대한 첫 경험을 즐겁게 만들어주는 것이다.

예를 들어 짧은 영어 그림책을 읽어줄 때 끝까지 잘 듣고 앉아 있으면 칭찬과 함께 사탕을 준다거나, 영어 그림책의 내용으로 아이와 놀이를 이어나간다거나, 읽어준 책의 권수대로 스티커를 붙여 스티커 판이 완성되면 작은 선물을 사주는 것처럼 칭찬과 놀이, 보상을 하나로 엮는 것이다. 이런 과정으로 엄마표 영어를 시작하면 아이에게 영어책 읽기가 즐거운 놀이가 되는 것은 시간문제다.

이게 전부였다. 첫 1년은 혼란스러웠다. 처음엔 내 돈을 주고도 무슨 책을 사야 할지 몰라 쩔쩔맸고, 아이를 상전으로 모시며 책을 읽어주는 것이 힘들기도 했다. 괜히 엄마표 영어라는 걸 알아서 이게 웬 고생인가 싶을 때도 있었다.

내 아이가 천재인 것처럼 느껴지는 날도 있었지만, 그 반대인 날이 더 많았기에 힘이 빠지기도 일수였다. DVD를 볼 때 안 도망가고 그저 바라만 봐줘도 고마웠던 게 엊그제 같은데, 어느새 눈 나빠진다고 그만 보라고 끄는 날도 많았다.

하지만 중요한 것은 시작했다는 거다. 시작했기 때문에 슬럼프도 있고 내 맘 같지 않게 꼬이는 날도 있는 거 아닐까? 아이와 큰 싸움 없이 1년이 잘 흘러가자 그 이후는 훨씬 쉬워졌다. 아이도 나도 습관이 됐기 때문이다. 그때 다시 밑줄 치고 메모했던 책을 들춰보니 빙긋 웃음이 나왔다. 지금 큰아이는 600페이지가 넘는 영어책을 내가 시키지 않아도 며칠 걸려서 혼자 읽는다. 실력과 흥미가 균형을 이루는 날이 오면 이렇게 또 다른 독서의 세상이 펼쳐진다.

영어 노출 시간 대비 효과는 아이마다 천차만별이기 때문에 기간을 정해둘 수는 없다. 그러나 시작도 전에 걱정만 하다 포기하는 우를 범하진 말자. 사부작사부작 노출한 효과는 반드시 몇 배가 되어 돌아온다.

Part 2

엄마표 영어 환경 만들기

Chapter 3

영어 노출 환경을
만드는 방법

01 아이의 눈과 손이 닿는 곳을 영어책으로 채우자

결혼 후 신혼집의 콘셉트는 '심플'이었다. 방문 크기 절반만 한 결혼사진은 방바닥에 비스듬히 세워두었고, 창문엔 하늘하늘한 흰색 커튼을 걸었다. 식탁에는 종종 와인 잔이 올랐고, 설거지는 소꿉놀이 같았다. 어쩌다 맘먹고 대청소라도 하는 날엔 반짝반짝 빛이 났고, 어디를 찍어도 눈에 거슬리는 것 없이 산뜻했다. 선반에 몇 권 꽂아둔 책은 읽고 즐기는 것이 아니라 인테리어 소품에 불과했다.

물론, 아이를 낳고 나서 상황은 급변했다. 거실 전면에 붙박이 책장이 있는 전셋집을 구했는데, 말이 책장이지 금세 잡동사니 수납장이 되었다. 아래쪽 칸에 딱 맞는 수납 바구니를 찾느라 온갖 쇼핑몰을 뒤졌다. 손이 닿는 곳에 기저귀와 물티슈, 아이 옷, 가제수건 등이 있어야 했기 때문이다.

이때도 역시 정작 책장의 주인이 되어야 할 책은 맨 위 칸에 자리했다. 혹여 잡고 일어서다 떨어져서 아이 발등을 찍으면 안 되니까. 유리컵이 식탁 가장자리에 있으면 얼른 안쪽으로 들여놓는 버릇도 생겼다. 아이 손이 닿지 않는 위치에 TV 리모컨을 올려놓는 것도 중요했다.

책이 눈에 띄기 시작한 것은 첫째가 서너 살쯤 되던 해였다. 슬슬 아이 책을 사들이면서 책장에 넣는 물건들의 위치를 다 바꿨다. 아이의 시선이 닿는 높이는 무조건 책 자리가 됐다. 몇 권 안 되는 영어책은 앞표지가 보이게 세워놓느라 자리를 엄청나게 차지했다. 그걸 집어 들게 하는 게 목적이었지만 정작 아이는 장난감을 낚아채다가 딸려오는 책이 귀찮은 눈치였다. 아이의 반응은 시큰둥했지만 점점 장난감을 줄이고 책을 늘렸다.

사실 내겐 아이가 걷고 뛸 정도로 크면 우리 집 거실이 대학 시절 나의 로망이었던 해가 잘 드는 연구실처럼 될 거라는 믿음이 있었다. 아이도, 나도 의자에 앉아 은은한 스탠드 불빛을 받으며 책을 볼 수 있을 줄 알았다. 환상이 깨지는 데에는 그다지 오랜 시간이 걸리지 않았다. 서재 분위기를 연출해주리라 믿고 산 기다란 스탠드 램프는, 아이가 잡고 흔들어대는 바람에 일주일도 안되어 처음 배달 왔을 때처럼 3단으로 분리해서 베란다 창고로 보내졌다. 멋진 서재의 로망은 그렇게 스탠드 램프와 함께 사라져 버렸다.

책을 어떤 기준으로 꽂아둬야 할지 생각할 겨를조차 없었다. 책을 빼서 뒤로 내던지는 게 뭐 그렇게 재미있는지, 아이가 책장 앞에 서면 난 멀찍이 떨어져서 책을 피하기 바빴다. 영어책이든 한글책이든 두꺼운 표지로 된 유아용 책은 모서리가 흉기이므로, 새 책을 사면 무조건 네 귀퉁이를 내리찍어 둥글게 만들어야 했다. 귀퉁이가 뭉개진 책은 아이가 던져봤자 다행히 멍만 들고 끝났다.

눈물겨운 환경의 변화에 익숙해질 무렵, 전면 책장으로 눈길을 돌렸다. 유아 영어책이야 말로 표지가 곧 내용이니, 전면 책장이 꼭 필요해 보였다. 아이가 빼보기 쉽도록 책 표지가 보이게 꽂을 수 있는, 아이 키에 맞춰 나온 낮은 전면 책장을 사들였다. 집 안 인테리어에 맞춰 하얀색으로 된 철제 책장을 사고, 벽과 유리에 붙일 수 있는 천으로 된 책꽂이도 여러 개 샀다.

결과적으로 다 소용없었다. 철제 책장은 다리를 낚아채 넘어뜨렸고, 벽에 붙인 책꽂이는 잡아떼 버렸다. 그때마다 작고 가벼운 영어책들은 우수수 나뭇잎 떨어지듯 흩어졌다. 몇 번을 다시 바로 하다가 결국은 모두 내다 버렸다. 시행착오 끝에 나는 책 외에는 아무것도 사지 않기로 했다. 그런데, 그래도 충분했다.

책을 수시로 바꿔 노출해주는 방법

전면 책장을 내다 버린 후, 난 그냥 영어책들을 꽂아두지 않고 차곡차곡 쌓아두고 읽어주었다. 그러다 쓰러뜨리면 또 쌓아 놨다. 간혹 쌓인 책들의 순서를 바꿔주는 게 다였다. 책꽂이에 정리하지 않고 아이 손에 닿는 곳에 두니 더 자주, 쉽게 읽었다. 손바닥만 한 책이나 인형 달린 책은 바구니에 모아 두고 원할 때마다 꺼내 읽었다. 이후 매월 영어 그림책을 새로 살 때마다 이전에 읽어주던 책은 책꽂이에 정리하고, 새로 산 책들을 바닥에 쌓아두고 읽어주었다. 자연스럽게 책을 바꿔가며 읽어준 것이다.

그런데 8페이지에서 24페이지 내외의 리더스북은 아이에게 보여주기에 참 애매했다. 노출은 해줘야겠는데 너무 얇고 작아 바구니에 넣어두거나 겹쳐두면 쉽게 손이 닿지 않았다. 그래서 찾은 방법이 스카치테이프였다. 아이가 관심을 보인 책을 스카치테이프로 벽이나 유리창에 붙였다. 책 표지가 보이게 붙여두었더니 영어 단어를 포스트잇에 써서 붙이는 것보다 백배는 효과가 좋았다. 책장 옆면에도 붙였고 냉장고 옆에도 붙였다. 냉장고 옆면이 그렇게 넓은지 그때 처음 알았다.

화장실에도 책을 몇 권 쌓아줘 보았는데 슬쩍 보는 듯하다가 떨어뜨려 버렸다. 책이 젖어 종이가 우글우글해지자, 이건 더러워진 책이라며 다른 거 보겠다고 난리였다. 그 이후로 화장실에 책을 두는 건 포기하고, 대신 화장실 문에 스카치테이프로 두어 권을 붙여놓았다. 당시엔 아이 성화에 화장실 문을 열고 볼일을 보던 때라 화장실 문밖에 책을 붙여두었는데, 책이 떨어져 있으면 읽은 거로 쳤다.

책을 바꿔 붙이는 데 눈물겨운 테이프 노동이 필요했지만, 아이가 사과 따 먹듯 한 권씩 떼다가 획획 넘겨보면 고마웠다. 그렇게 리더스북에 익숙해지고 집중 듣기도 20분 남짓 할 때가 되자, 드디어 책들을 책장에 꽂기 시작했다. 이제 제 손으로 책을 꺼내 보기 시작했기 때문이다.

가장 좋은 자리를 책에게 양보하자

쌓인 책만큼이나 중요한 것이 손에 책이 닿기 쉽게 하는 것이다. 그러다 보니 지금도 우리 집에서 제일 좋은 자리는 영어책이 차지하고 있다. 집이 좁아서 아이 시선이 닿는 목 좋은 곳이 몇 군데 없는 것이 아쉽지만 대신 최대한 높은 책장을 사서 서너 번째 칸부터 책을 채우고, 아래 한두 칸 정도는 비워뒀다. 책이 헐렁헐렁하게 채워져 있어야 아이 스스로 꺼내 봤기 때문이다. 정리한답시고 손가락 하나 들어가기도 힘들게 책을 빽빽이 꽂으면 아이는 물론이고 엄마조차 손이 잘 안 간다.

하루에도 열댓 번씩 불을 켜고 끄는 화장실 스위치 옆자리도 책장이고, 딩동 소리가 나면 둘째가 달려가서 인터폰을 받는 현관 바로 옆에도 영어책을 잔뜩 꽂아뒀다. 뭐니 뭐니 해도 영어책 혼자 읽기의 일등 공신은 식탁 옆 영어 책장이다. 아이 키우는 집에서 식탁은 밥만 먹는 곳이 아니어야 한다. 엄마도 아이도 가장 많이 머무르고 수시로 지나가는 곳이므로, 그곳이야말

로 반드시 책을 두어야 하는 장소이다.

벽지 색이 뭐였는지 기억도 안 날 정도로 사방이 책이라 심란할 때도 있다. 게다가 바닥 가득 널린 책을 보면 청소 생각에 한숨이 나기도 한다. 하지만 마음을 편히 먹으면 책만큼 정리 정돈하기 쉬운 게 없다. 다만 책만 있다면 말이다. 자잘한 소품들, 쓰지도 않으면서 계속 눈에 띄는 살림들만 없다면 책과 청소는 절대 상극이 아니다. 청소기를 돌릴 때는 한편에 밀어두면 된다. 책을 발로 툭툭 밀어내면서 청소기를 돌리면 허리 한 번 안 굽히고 금방 치울 수 있다.

디즈니 영화 '미녀와 야수'를 보면 야수가 미녀의 눈을 가리고 서재로 데려가는 장면이 나온다. 안대를 풀고 천장까지 빼곡한 책들을 보면서 미녀의 표정은 두려움에서 놀라움과 호감으로 변한다. 돈다발이 아닌 책을 보고 기뻐하는 미녀도 보통 여자는 아니지만, 실은 야수가 사다리까지 놓인 서재에서 책을 읽는 존재라는 사실도 야수를 충분히 매력적으로 보이게 만든다. 공간은 사람을 만든다. 그러니 영어책 읽는 환경을 만들어 주는 것은 엄마표 영어의 기본이다.

책장 정리는 안 할수록 좋다

아이가 클수록 집이 좁아지는 느낌이 들기 마련이다. 나뿐만이 아니라 다들 그렇다고 했다.

"애들 키울 땐 다 그래. 어쩔 수 없어. 대충하고 살아."

청소는 매일 하는데 여전히 사람과 물건이 뒤엉켜있는 느낌이어서 아이의 책이 늘어날 무렵, 제자리에 정리정돈을 하기로 했다. 책장 칸마다 이름표를 붙여두고, 아이에게 책 넣을 자리를 알려줬다. 책을 읽다 말고 아무 데나 두면 동생이 밟고 넘어질 수도 있다며 "이놈!" 하고 엄포를 놓았다. 그런데 정리정돈을 위해 새로운 규칙을 만들수록 늘어난 잔소리만큼 아이의 어깨가 처졌다.

결국 책장에 붙인 이름표를 자로 벅벅 긁어서 떼어버렸다. 원래 하던 대로 책을 마음대로 보고 꽂고 놔두게 했다. 아이가 그림을 그린 종이나 영어로 짧게 글을 쓴 종이를 파일에 넣는 것도 그만뒀다. 아이의 작품 중 벽에 붙이고 싶은 것도 아이 스스로 정하게 했다. 나머지 작품은 파일에 보관하는 대신 구석에 날짜를 쓴 후 사진으로 찍어두고 버렸다. 뚱뚱한 클리어 파일을 집에서 치우자 속이 다 시원했다. 실체는 종이가 아니라 글쓰기 의욕인데 그걸 몰랐다. 본질을 잊지 않기 위해서라도 잘 모으지 말고 잘 버려야 했다.

책도 마찬가지다. 순서대로 꽂지 않았다. 챕터북 집중 듣기를 할 때도 1권부터 차례대로 보라고 하지 않았다. 아이는 표지가 마음에 드는 것부터 봤다. 예쁜 색, 예쁜 그림이 있는 것부터 집어 들었는데 하필 그게 마지막 권이면 말도 못 하고 속으로 애가 탔다.

그러던 어느 날 아이가 먼저 말했다.

"엄마, 이제 차례대로 볼래."

"왜?"

"책을 읽다 보니 'Remember? Last time we've~.' 이런 게 자꾸 나와. 차례대로 읽어야 더 재밌는 거 같아." 하며 1권부터 뽑아갔다.

책장 정리를 안 했더니 아이가 책을 더 서슴없이 꺼냈고 더 많이 봤다. 게다가 재미있게 본 책들은 좀처럼 잊어버리지 않았다. 책장이 뒤죽박죽 엉망인 듯 보여도 아이 머릿속엔 차곡차곡 예쁘게 언어 벽돌이 쌓여 있었다.

나는 그것을 아이의 입과 글로 영어가 드러나기 시작한 3년 차가 되어서야 알았다. 그리고 그제야 겉보기식 정리 강박을 완전히 버릴 수 있었다. 아이가 읽는 책들의 주인공은 바뀌었지만 엇비슷한 스토리 전개가 많았다. 본의 아니게 겹치는 사건들을 수시로 접하면서 머릿속 스토리가 재배열되고 순서를 맞춰가는 게 보였다. 아이의 말하기와 쓰기를 통해서다.

재구성이 가능해야 콘텐츠를 재생산할 수 있다. 그렇게 되려면 무엇보다 일단 읽은 책이 많아야 한다. 그러니 기다리자. 그때까지 책장은 청소기 돌리기 좋게 책을 얹어두는 역할만 하면 된다. 깔끔하게 순서에 맞춰 정리된 책장은 이미 아이의 것이 아니다. 아이의 영어 실력과 흥미는 책을 순서대로 배열해 둔다고 느는 게 아니다. 자유시간이 통으로 확보된 날들이 이어지면 아이의 영어 실력은 저절로 올라간다. 특히나 리더스북을 넘어 챕터북을 읽기 시작하면 원서 읽기의 결정권은 엄마의 손을 떠난다. 드디어 아이의 필요에 따라 책장 정리를 하는 날이 오는 것이다.

"스스로 자제력이 좋다고 말하는 사람들은 유혹을 적게 받는 환경에서 살고 있는 경우가 흔하다."

– 미국 인디애나주립대 사회학 교수 제시카 칼라르코 –

직관적이어서 편할 것, 그래서 오래 할 것. 이것이 영어 환경 만들기의 원칙이다. 아이의 의지를 시험하기보다는 선택지를 줄여주는 게 낫다. 그러니 책 정리는 당분간 눈을 감자. 아이가 내 키만큼 자랄 때쯤 영어를 한국어만큼 자연스럽게 사용하길 바란다면 말이다.

02 영어책, 빌리지 말고 사야 하는 이유

우리 집은 벽마다 책이다. 크기도 두께도 들쑥날쑥한 영어 그림책은 300권 쯤 있고, 리더스북은 한 뼘에 30권으로 잡고 세어봤더니 대략 1,000권 정도 꽂혀 있다. 챕터북은 300권쯤 된다. 모두 큰 아이가 4년간 보고 듣고 읽은 것이다. 사실 책의 권수로만 따지자면 이 정도의 영어책은 그다지 많지 않을 수도 있다.

처음에 멋모르고 몇십만 원어치씩 그림책을 살 때는 사실 돈이 무척 아까웠다. 세금 내듯 꼬박꼬박 책을 사들이긴 했는데 평소 고정 지출을 줄이지 않은 상황에서 영어책 구매로 인해 추가 지출이 늘어나자 금세 가계부에 구멍이 났다. 영어 그림책을 꽤 많이 사서 읽어준 것 같았는데 아이의 영어는 제자리인 것 같았고, 티가 안 나니 힘이 빠졌다. 게다가 책이 얇아서 아무리 사도 책꽂이 한 칸을 채우지 못했다. 괜히 그림책을 뒤집어서 가격이 얼마인지 확인하고 나면 더 속상했다. 크기가 손바닥만 한 것도, 방석만 한 것도 대부분 만 원이 넘었다. 밑 빠진 독에 물 붓는 건 아닌가 걱정도 됐다. 그림책은 글도 한두 줄인데 왜 이렇게 비싼 건지, 어딘가에 묘책이 있을 것 같아 또 한참 헤맸다.

그래서 찾았던 곳이 영어 도서관이었다. 아이를 데리고 한 번 가 본 후에 혼자서 두세 번 더 가보았다. 역시 명성대로 없는 책이 없었다. 유명한 시리즈물은 여러 세트를 갖춰두고 있었고, 책 뒤에 CD도 가지런히 꽂혀있어 구성도 완벽했다. 대신 추천 목록에 있는 "Magic Tree House" 같은 책들은 이미 대출이 많이 된 상태였다. 재미있게도 뒷번호로 갈수록 빳빳한 새 책이 많았다. 뒤로 갈수록 글 양이 많아져서 두께가 앞번호 책들의 두 배는 되기 때문이었다.

영어 도서관이 갖춘 책의 수량과 종류는 나무랄 데가 없었다. 아이들이 앉아서 볼 자리도 많았다. 하지만 엄마, 아빠를 비롯해 온 식구를 총동원해서 대출한다고 해도 일주일에 한 번씩 책을 가지러 드나들 자신이 없었다. 아이가 흥미를 보이는 책을 이전 사람이 제때 반납할지도 의문이었다. 이래저래 에너지가 낭비될 것 같았다. 그래서 영어 도서관에서 책을 대여하는 것은 아이가 스스로 골라 보는 것을 즐기는 때로 미루기로 했다. 대신 아이에게 맞춰서 쉬운 수준의 책을 사주기로 했다. 당시엔 '내가 너무 게으른 걸까?' 고민하기도 했지만, 결론적으로는 참 현명한 판단이었다.

아이의 흥미와 영어 실력은 일치하지 않는다

아이가 처음 읽는 영어책이었으니, 당연히 영어 그림책 중에서 제일 난이도가 낮은 책을 골라 사서 읽어주었다. 플랩북 형태로 된 까꿍책, 사물의 이름을 하나씩 짚어 읽어주는 책 등이 그것이었는데, 책을 사서 읽어주다가 비로소 깨달았다. 처음엔 영어 실력과 흥미가 엇박자라는 것을.

당시 아이는 다섯 살로, 한창 자기는 아기가 아니라 어린이라고 우기던 때였다. 엘리베이터에서 만난 아줌마, 아저씨들이 "애기 어디 갔다 와?" 하고 말을 걸면 "애기 아니에요!"라고 버럭 소리를 지르던 시절이다 보니 처음 보는 영어 그림책에 'peekaboo(까꿍)'나 'nappy(기저귀)'가 나오면 일단 덮어버렸다. 사실 그런다고 그 영어 그림책의 문장이 결코 쉽거나 유치한 건 아니었음에도 그림에 아기가 나오면 이건 아기들이 보는 책이니 다른 책을 읽어 달라고 했다.

그럴 때면 일단 다른 책을 읽어줬다. 강아지나 공주가 등장하는 책을 읽어주면서 슬쩍 안 보던 책을 끼워 넣으면 또 잊어버리고 잘 봤다. 결과적으로는 아이가 안 보는 그림책을 괜히 샀다고 자책할 필요가 없었다. 처음엔 덮어버렸던 책이었지만 어느 순간 목욕할 때 인형을 홀딱 벗겨놓고는 책에 나온 내용을 그대로 따라 하며 물티슈로 기저귀를 만들고 있었다.

그림책은 제 값어치를 톡톡히 했다. 내버려 두었다가 읽어달라고 할 때 읽어주었더니 얼추 비슷한 상황이 나오면 그 책을 기억해냈다. 그림을 기억하고 있었고, 그때 들렸던 엄마 목소리도 얼추 떠올려 가면서 "그때 그거!" 라며 호들갑을 떨었다. 한 번 쓱 지나가면서 보는 것 같아도 그게 결국 워밍업이었다. 즉, 아이의 영어 실력은 A부터 Z까지 순서대로 쌓아 올라가는 것이 아니었다. 내가 만약 아이의 영어 그림책을 돈을 주고 사지 않고 영어 도서관에서 빌려다 읽었다면 이렇게 아이의 흥미에 따라 다양한 책을 끼워 넣어가며 읽을 수 없었을 것이었다.

어쨌든 이렇게 그림책을 마구 사들이다 보니 가계부에 구멍이 보이는 게 현실이었다. 매달 전집 한 세트를 들일만한 돈을 몰아서 영어 그림책을 사는 데 쓴 게 잘못이었다. 아이 핑계를 대면 엄마의 쇼핑은 용감해지지 않던가. 무모한 짓을 몇 달간 하고 나서야 매달 장보는 비용에서 책 가격만큼을 빼내어 큰 구멍 없이 책을 살 수 있었다. 그리고 다시 몇 달 후, 매달 책을 사는 금액과 엇비슷한 돈이 입금되는 것을 알았다. 바로 양육수당이었다.

양육수당으로 영어책을 사자

엄마표 영어를 안정적이고 효과적으로 하는 가장 확실한 방법은 가정양육수당과 아동수당을 건드리지 말고 그 돈으로 고스란히 영어책을 사는 것이다. 취학 전 연령의 아이를 가정에서 키우면 가정양육수당을 지원받는데, 월령에 따라 다르지만 보통 10~20만 원 정도다. 2018년 9월부터는 이와는 별개로 월 10만 원가량의 아동수당을 추가로 지원받는다. 그러니 양육수당이나 아동수당이 입금되는 날, 바로 그만큼의 영어책과 DVD를 사자. 평소 가장 즐겨 찾는 온라인 영어 서점의 장바구니에 사고 싶은 책을 담아두었다가 양육수당이 들어오는 날 사는 것이다. 구매 후 이틀이면 책이 도착하니, 미리 책장 한 칸을 비워놓으면 된다. 수당이 입금되는 날 책을 사는 습관만 들여도 정기적으로 책을 사줄 수 있다.

새로 산 책은 아이의 눈에 띄도록 바닥에 늘어두고, 여러 번 읽은 책은 비워두었던 책장에 꽂자. 그렇게 몇 개월만 하다 보면 크게 신경 쓰지 않아도 새 책이 차곡차곡 쌓이고, 몇 년이 지나면 거실은 내 아이 맞춤용 도서관이 된다. 누구한테 얻어온 책이나 중고로 산 책이 아니라 내 돈 주고 의미 있게 산 책은 확실히 많이 읽어주게 된다. 게다가 반납해야 하는 책이 아니니 아이가 책에 낙서를 하더라도 웃으며 넘길 수 있게 된다.

매월 말이나 초에 꾸준히 새로운 책을 손에 쥐게 되면 엄마도 그 일정에 맞춰 미루지 않고 책을 읽어주게 된다는 장점이 있다. 새 책이 올 때마다 지난달에 봤던 책들을 들여다보면 저절로 진행 상황도 점검할 수 있다.

책이 오자마자 아이가 바로 읽은 적도 없지만 영어책 사주고 후회한 적도 없다. 묵혀두면 결국 읽었기 때문이다. 늦어도 6개월 안에는 한 번이라도 보게 된다.

책 구매에 흐름이 생기면 내 아이의 성향을 파악하기도 쉽다. 아이가 좋아할 만한 책을 골라놓고 책을 사기 전에 아이와 인터넷 서점에서 미리 보기를 훑어보며 상의하는 것도 좋은 방법이다. 모니터 화면을 통해서 자기가 고른 책이 도착하면 아이는 직접 택배 상자를 뜯으며 반갑게 책을 맞이한다.

'자기주도 학습'이야말로 진짜 내 공부가 되듯, 아이 스스로 고른 책은 아이가 즐겨 읽는 책이 된다.

한 번 읽었다고 중고로 팔지 말자

영어 그림책뿐만 아니라 리더스북, 챕터북의 주제 또한 아이 또래의 생활과 연계되어 있다. 그래서 에피소드 역시 주인공들만 바뀔 뿐 반복되는 경우가 많다. 리더스북에서 쥐들이 핼러윈 파티를 했다면 챕터북에서는 초등 2학년 아이들이 같은 핼러윈 파티를 더 짓궂게 하는 식이다.

그러니 동생이 있든 없든, 흥미를 놓치지 않게 하려면 영어책을 단계별로 모두 사주는 것이 좋다. 또한 한번 읽었다고, 혹은 새 책을 샀다고 읽은 책을 중고로 파는 것은 절대 금물이다. 영어책은 풀어치워야 하는 문제집이 아니다. 보통 아이들은 레벨 4점 대 책을 집중 듣기 하면서도 2, 3점 대 책을 술술 넘겨본다. 쉬운 것, 어려운 것을 넘나들며 읽으면서 즐거운 원서 읽기 습관이 만들어지는 것이다.

고백하건대 엄마표 영어를 하기 전에는 빽빽하게 책장이 들어선 집을 보면 숨이 막혔다. 하지만 이제 와 돌이켜보니 그 책들이 모두 읽은 책들이라면, 각 단계의 책들이 연결되어 환상적인 선순환을 만들어냈을 것 같아 부럽기만 하다.

그래서 지금은 똑똑하게 잘 자랐다는 애들이 방송에 나오면, 그 집 책장을 줌인해주는 순간을 기다린다. 읽은 책이 곧 그 사람이라는 걸 이제 알기 때문이다. 그러니 우리도 집을 모든 레벨의 영어책이 가득 꽂힌 도서관으로 만들어 보자. 아직 집 안에서 뛰어다니며 노는 것이 제일 좋은 시기일 때 눈과 발과 손에 책이 차이게 하는 것이다.

03 영어 노출 시간을 확보하는 방법

하교 후 놀이터에서 두어 시간을 놀린 다음, 더 놀고 싶다는 아이들을 간신히 집 안에 데리고 들어와 욕실로 밀어 넣는다. 동시에 하는 일이 거실에 있는 CD 플레이어를 트는 것이다. 주로 어제 봤던 DVD를 틀지만 둘째 아이가 듣던 영어 동요 CD가 끼워져 있으면 그걸 틀기도 한다. 무엇이 되었든 영어 음원을 틀고 나서 옷을 갈아입고 애들을 씻긴다.

무조건 CD 플레이어 틀기. 이 작은 습관만으로 아이들의 듣기 실력을 키웠다고 해도 과언이 아니다. Replay 모드에 두고 한번 켜면 좀처럼 끄지 않기 때문에 집 안에서는 내내 영어가 울려 퍼진다. 일명 흘려듣기. 밥을 먹을 때엔 식탁 위에 플레이어를 올려 두고 오며 가며 듣는다.

'저놈이 언제 책 보겠다고 하나 보자!', '듣고는 있는 건가? 볼륨을 키워 볼까?' 이런 고민하지 말고 그저 틀어두자. 방법은 아이에 맞춰 엄마가 정하는 것이다.

나는 현관문을 닫고 들어서면 우리 집이 미국이라고 여기기로 결심하고 부지런히 틀었다. 그래 봤자 온종일 틀 수도 없었다. 아이가 대여섯 살 때는 아침 출근 전에 잠깐, 퇴근 후 두세 시간이 전부였다. 온전히 짧게 여러 번 보고 듣고 즐기다가 원서 읽기로 이어지게 하는 것이 목적이었다. 그리고 그 효과는 놀라웠다. 경험으로 단언컨대 DVD, CD 소리 흘려듣기는 원서 읽기 습관을 들이는데 가장 효과적인 방법이다. 눈과 귀로 영어가 익숙해지면 영어책 읽기도 훨씬 수월해진다.

영어 노출 시간을 늘리는 최고의 방법 - 흘려듣기

"TV가 고장 났나 봐. 어떡하지? 그냥 소리라도 들을까?"

아이가 DVD를 보고 있을 때 몰래 화면을 껐다. 다행히도 다섯 살 아이는 이 어설픈 얘기에도 속아주었다. 엄마의 말을 그대로 믿는 유아기, 바로 이때가 흘려듣기에 최적인 시기이다. 아이는 까만 화면을 초점 없는 눈으로 보다가 자기 방으로 휙 들어가더니 이내 색종이 한 뭉치를 꺼내 들고 나와서 TV 스피커 앞에 털썩 주저앉았다. "Caillou"에서 흘러나오는 대사를 들으며 종이접기를 하는 것이었다.

하나도 안 들리고 재미없다면 넓은 자리를 다 놔두고 굳이 화면이 꺼진 TV 앞에 쭈그리고 앉아있을 이유가 없었다. TV 스피커에서 가끔 주인공의 웃음소리가 들리면 아이는 맥락도 모르고 일단 따라 웃었다. 소리로 듣는 것도 나름 재미있다고 느낀 아이는 흘러나오는 소리를 부담 없이 받아들였다. DVD에 음악과 효과음이 섞여서 나오기 때문인지 화면이 없어도 절대 지루해하지 않았다. 오히려 집중해서 듣는 효과가 있었다.

그 당시 우리 집에는 거실에 TV가 있었다. 그래서 집에 들어와 씻기자마자 TV에서 멀찍이 앉혀놓고 좋아하는 DVD를 틀어주었다. 미국에서 온 거라 한글 자막은 안 나온다고 거짓말을 하고는 자막도, 소리도 영어로 틀었다. 어쩌다 잘못 눌러서 한글 자막이 나오면 번개 같은 속도로 영어 자막으로 바꾸고는 "우아, 큰일 날 뻔했어. 한글로 나오면 바로 고장 나서 다시는 못 보거든. 다시 영어 자막 잘 나온다. 화면도 잘 나오고. 그렇지? 다행이야, 정말." 하고 거짓말을 했다. 아이를 위한 마음에서 거짓말이 술술 나왔다. 어쩔 수 없지 않은가. 그 덕분에 첫째는 일곱 살 때까지만 해도 한글 자막이 나오면 영상이 죄다 지워져서 나중에 동생이 보려고 할 때 못 보는 줄로 굳게 믿고 있었다.

사실 다섯 살, 여섯 살은 한글 자막을 틀어달라고 조를 나이도 아니었다. 더듬더듬 읽는 속도에 비해 순식간에 자막이 지나가니 한글 자막이나 영어 자막이나 비슷하게 느껴졌기에 가능한 속임수였다. 그리고 무엇보다 그때까지 아이가 한글로 된 애니메이션에 거의 노출되지 않았던 것이 이 방법이 성공할 수 있었던 가장 큰 요인이다.

한글로 된 애니메이션에 익숙해진 아이라면, 내용을 잘 모르는 영어 영상에 대해 거부감을 느끼고 외면하기 십상이다. 그러니 엄마표 영어를 고민하고 있다면 한글 영상 노출은 당장 금해야 한다. 만약 이미 한글 영상에 많이 노출되었다면 영어 영상으로 유도하기까지 많은 노력이 필요하다.

둘째 젖먹이 시절엔 거실에 영어 DVD를 틀어주고 안방에 들어가 둘째를 재웠다. 거실에 남겨진 첫째는 간식을 먹으며 DVD를 보면서 30분에서 한 시간 정도를 혼자 보냈다. 둘째를 재우고 나오면 화면을 끄고 소리를 들으며 놀았다. 첫째가 한참 DVD에 빠져있으면 끝날 때까지 DVD를 보도록 그냥 두고 내 볼일을 보았다.

당시에도 지금도, 시간표 같은 것은 애당초 없었다. 교육용 영어 DVD는 한 편이 10분~30분 남짓으로 짧기 때문에 두 아이를 먹이고 재우고 치우는 사이사이 DVD를 바꿔 틀어주느라 바빴다. 대신 그럴 때마다 아이의 의견을 물었다. 대부분 "그만 끌까, 말까?", "오늘은 어떤 DVD를 보고 싶니?" 등의 질문이었다. 간단한 의견 나눔이긴 했지만, 이렇게 아이의 의사를 묻고 존중하고 확인하는 과정이 아이와 나 사이를 좀 더 가깝게 만들어주었다. 엄마 사랑을 둘째에게 빼앗겨서인지 툭하면 심통을 부리던 첫째였는데, 이처럼 매사 아이의 의견을 물어봐 주는 게 기분 좋은 눈치였다.

이렇게 공기처럼 틀어두는 소리와 화면은 공부한다는 생각 없이 영어를 접하게 해 주었다. 다만, 남편이 퇴근하고 집에 돌아오면 CD 플레이어를 껐다. 아이가 CD 소리를 듣느라 집에 들어선 아빠를 쳐다보지도 않는 것이 좋아 보이지 않았기 때문이다. 또한, 일을 마치고 이제 막 들어온 사람에게는 영어 CD 소리가 소음일 수 있었다. 그래서 아빠가 집에 돌아오면 아이들과 아빠가 충분히 함께 반가워할 시간을 가지게 한 뒤에 기회를 봐서 다시 틀거나, 내일 들려줄 CD로 갈아 끼워 놓고 책을 보며 놀다가 잤다.

기나긴 방학을 버티게 할 수 있게 해 준 것도 DVD였다. 요즘 판매되는 휴대용 DVD 플레이어는 작은 노트북만 한 크기인데, 충전을 한 뒤에 무선으로도 쓸 수 있어서 욕실에서 쓰기 그만이었다. 욕조에 물을 받아두고 장난감 몇 개를 띄워놓아 놀 수 있는 준비를 마친 뒤에 변기 뚜껑을 닫고 그 위에 휴대용 DVD 플레이어를 올려놓으면 욕실이 극장으로 변했다.

욕실 밖으로 들려오는 참방참방 물소리와 주인공들의 대사를 들으며 나는 둘째를 돌보고 밥을 먹었다. 마지막 마무리로 샤워기로 몸을 헹구고 머리를 감겨줄 때는 플레이어의 뚜껑을 덮어서 화면 없이 소리만 들었다.

만일 아이를 태우고 장거리 운전을 자주 하는 엄마라면 차 안에서의 시간을 십분 활용해야 한다. 꼼짝없이 앉아있어야 하는 상황을 여우같이 활용하는 거다. 대부분 영어 동요 CD를 틀어주다가 마는데, 나는 디즈니 영화 원서 CD를 자주 틀어주었다. 차 안에서 CD로 듣고, 집에서 DVD를 보고 들으며 동화에 익숙해졌을 때쯤 디즈니 영어 원서를 들이밀면 흔쾌히 읽었다. 절반은 들어본 거라 그런지 글 양이 많은 책임에도 불구하고 책장을 술술 넘긴다. 이 방법으로 꽤 많은 영어 원서를 읽었다.

자는 동안에도 영어에 노출되는 것이 효과적이므로 잠자리에서도 머리맡에 영어 CD를 틀어준다는데, 장거리 출퇴근을 하는 아빠와 다 함께 자던 때라 그 방법을 쓰는 것은 곤란했다. 대신 차를 타는 시간과 집에 머무르는 시간만큼은 영어 흘려듣기가 가능하도록 이것저것 틀어두었다.

어떤 방법을 사용하든지 간에 기억해둘 것은 단 하나다. 무슨 소린지 알겠냐며 다그치지만 않으면 된다. 이렇게 흘려듣기 시간이 쌓이면 아이도 모르는 사이에 노출되는 영어 자막과 소리의 양이 상상을 초월한다. 어느 순간 같은 속도로 대사를 따라 하기도 하고, 먼저 가로채기도 한다.

그때까지 묵묵히 틀어주고 기다리는 게 좀 지루하겠지만 노출의 힘을 믿어야 한다. 깨끗한 집의 비결은 자주 청소하는 것이란다. 자주 틈틈이 하는 것을 무슨 수로 이기겠는가. 영어 노출도 마찬가지다. 애 키우는 집은 집 자체가 스터디존이다. 그러니 수시로 집 안 곳곳에서 영어 소리가 흘러나오게 하자. 마음만 먹으면 어디서도 가능한 것이 영어 노출이다.

책 읽기의 황금 시간대를 찾아라

일상 속 영어 노출의 중요성은 아무리 강조해도 지나치지 않다. 그런데 DVD 보기나 CD를 틀어 흘려듣기를 하는 것은 결국 영어책을 아이 눈으로 읽기 위한 물밑작업이라는 걸 잊으면 안 된다. 흘려듣기와 독서를 병행하는 건 상관없다. 하지만 후자가 빠진 채 흘려듣기만 진행하면 얻는 것보다

잃는 것이 많다. 그러니, 무조건 영어책을 직접 읽는 시간을 만들어야 한다.

하원 후 집 앞 놀이터에서 놀고 들어와 씻고 내복으로 갈아입자마자, 동생이 낮잠 잘 때, 잠자리에 들기 한 시간 전 등 아이의 상황에 따라 다르겠지만, 아이도, 부모도 정적인 활동에 집중할 수 있는 시간대를 찾아내야 한다.

첫째 아이의 경우, 주로 밥 먹는 자리에서 스스로 책을 봤다. 우리 집은 저녁 먹는 시간이 이르다 보니, 아이가 충분히 놀고 쉬면서 책 읽기에 집중할 수 있는 황금 시간대가 우연히 밥 먹는 시간과 맞아떨어진 것이다.

본격적으로 책을 보며 밥을 먹은 것은 여섯 살이 되어서였다. 당시 직장 가까운 곳으로 이사를 한 덕분에 저녁 준비에 비교적 시간 여유가 있었다. 큰아이를 씻긴 후 혼자 옷을 입으며 노는 동안 얼른 저녁밥을 차렸는데 어느 날 정신을 차리고 보니 아이가 식탁 위에 있던 책을 보면서 우물우물 밥을 먹고 있었다.

그래서 영어책 몇 권을 슬쩍 식탁에 올려놓았다. 일부러 재밌고 쉬운 영어 리더스북을 올려놓고는 이거 무슨 내용인지 알 것 같냐며 먼저 말을 걸고 꼬드겼다. 아이는 책 내용은 잘 몰라도 주인공 이름은 대충 알고 있었기 때문에 엄마의 의도도 모르는 채 책장을 넘겨 보았다. 그러다 책에 빠져서 조용히 책을 읽기 시작하면 나도 조용히 밥을 먹었다. 아이 밥이야 식으면 데워주면 되었다. 식탁에서 책 읽는 게 습관이 되니, 얼른 밥을 다 먹이고 설거지한 다음에 책을 읽어줘야 한다는 부담감도 사라졌다. 서너 권을 읽는 동안 밥공기가 비워지면, 읽은 책의 내용에 대해 몇 마디를 주고받으며 식탁을 치웠다.

평일 저녁 식탁에는 큰아이와 나, 단둘이었는데 그전에는 유치원 친구 얘기, 내일 준비물 얘기가 전부였을 뿐, 아이는 밥도 제대로 먹지 않고 장난치느라 바빴다. 그런데 책을 읽으며 대화를 나누다 보니 저녁 식탁이 풍성해졌다. 두세 줄짜리 영어책일지라도 아이가 한 장 한 장 넘기며 혼자 읽는 게 그렇게 기특할 수가 없었다.

그래서 아이의 손이 뻗는 곳에 책을 두기 위해 식탁 옆에 책장을 마련하였다. 식탁 옆 책장에는 주로 읽기 쉬운 책이나 이미 집중 듣기를 한번 한 책들을 꽂아두었다. 아이가 좋아할 만한 것 중에서 내가 읽히고 싶은 책들도 어김없이 식탁 옆에 꽂았다. 저녁을 먹으며 읽었던 영어책과 같은 제목의 DVD를 틀어주면 둘째 밥을 먹인 후 나도 좀 편히 밥을 먹을 수 있었다. 식사시간도, 식사습관도, 영어 노출 속에 물 흐르듯 놔뒀더니 육아 난리통 속에도 내가 밥 먹을 시간이 생긴 것이다. 비록 서서 먹긴 했지만 안 끊기고 먹으니 훨씬 행복했다. 식탁에서 책을 읽으면 어깨너머로 아이가 요즘 어떤 책을 주로 보는지 파악하기도 쉬웠다.

밥상머리 교육에 문제가 있지 않냐고? 어차피 다섯 살은 제 자리에 앉아서 장난치지 않고 밥을 먹는 것 자체가 쉽지 않은 나이다. 그래서 식탁이 놓인 장소가 아니라 아이가 밥을 먹는 곳을 식탁으로 여기기로 했다. 베란다에 이불을 널어놓았더니 이불이 텐트라며 거기로 밥을 갖다 달란 적도 있었다. 얼른 주먹밥을 만들어서 배달해주었다. 이럴 때 주먹밥을 받친 쟁반은 영어책이다. 혹시 몰라서 두 권을 더 넣었다. 엉덩이가 시릴까 봐 얇은 담요 한 장을 바닥에 깔아주었더니 널린 이불 아래서 야금야금 잘도 먹고 잘도 읽었다.

아이들이 좀 더 큰 요즘은 모두 식탁에 둘러앉아 밥을 먹은 후에 첫째는 혼자 책을 읽고, 둘째에게는 내가 책을 읽어준다. 하지만 첫째가 대여섯 살까지는 이렇게 살았다. 그렇게 밥을 먹으며 본 영어책이 꽤 많다. 실상 리더스북은 거의 다 이렇게 읽고 넘어왔다고 해도 과언이 아니다.

모두가 내 아이처럼 식사시간에 책을 읽으라는 것은 아니다. 그런다고 책 읽기를 반드시 책상 앞에서 해야 하는 것도 아니다. 소파도 좋고, 식탁도 좋고, 거실 마룻바닥이어도 상관없다. 아이가 마음 편해하는 장소와 시간을 찾아내면 집중해서 효율적으로 책을 읽을 수 있다. 그 장소와 시간을 찾아내고, 그것을 지켜봐 주는 것은 결국 엄마의 몫이다.

04 엄마의 시간을 확보하는 방법

첫째가 주차장을 가로질러 오다가 차 옆면을 훑고 지나왔다. 차 옆면이 깨끗해졌다. 순간 잠든 둘째가 탄 유모차를 밀고 있던 두 주먹에 힘이 들어간다. 첫째는 어제 빨아서 입힌 하얀색 패딩 점퍼를 입고 있었다. 입술을 꽉 깨물고 집에 들어서자마자 물티슈로 벅벅 닦아봤지만 더 번질 뿐이었다. '그래, 하얀색 옷을 사준 내가 잘못이지.'

결혼 8년 차 되던 해, 둘째를 낳았다. 직속상관인 첫째를 잘 모시며 가르쳐드리는 와중에 아무것도 할 줄 모르는 상관이 한 명 더 온 느낌이었다. 아이가 한 명인 게 편한 거였다는 걸 둘째를 낳고 절절히 느꼈다. 엄마가 감당해야 할 시공간이 달라졌달까? 아이 셋 엄마가 힘들다는 소리를 안 하는 것은 그럴 시간조차 없어서일지도 모른다.

게다가 둘째를 낳고 한동안은 감정을 조절하기가 힘들었다. 소리를 치든 안 치든, 첫째 아이는 내 표정과 말투를 고스란히 뒤집어쓰고 눈치를 보았다. 미안하다는 생각을 하면서도 얼른 화를 풀어내지 못했다. 그렇게 에너지를 다 써버리니 저녁밥을 할 때가 되면 항상 피곤했다. 온몸에 주유 경고등이 들어와 있는 것 같았다. 화는 내가 내놓고선 애가 눈치를 보면 또 왜 그렇게 속상한지….

아이 키우는 것도, 살림하는 것도, 도대체 내 마음대로 되는 게 하나도 없는 것 같아 기운이 쭉쭉 빠지는 날이 계속되었다. 영어고 나발이고 내 역량으로는 이 모든 걸 해내기가 버겁다고 느껴지기도 했다. 시간 단위로 기분이 바뀌는 날은 나조차도 당황스러웠다. 기본적인 살림만 하기에도 벅찬데 영어책 읽어줄 시간을 확보하려니 대대적인 전환이 필요했다.

다행히 살림과 육아의 쳇바퀴를 좀 더 천천히 돌리는 법이 있었다. 내가 찾아낸 쉽고 효과 좋은 팁 몇 가지를 소개한다. 육아에 치이는 상황에서 영어책은 또 어떻게 읽어줄지 한숨부터 나오는 엄마들에게 분명 도움이 될 것이다.

미니멀리스트가 되어야 한다

책을 빼고는 다 버리고 줄여야 한다. 그중 우선은 옷이다. 옷이 줄어들면 청소와 빨래가 한결 쉬워진다. 일단 100리터짜리 쓰레기봉투를 사서 아이들 옷부터 버리기 시작했다. 서랍을 열고 미련 없이 버렸다. 최근 일주일 동안 입은 옷이 아니면 버린다는 심정으로 골라냈다. 깊숙이 넣어 있는 것들은 죄다 버렸다. 있는지도 몰랐던 옷들이 꽤 나왔다. 물려받은 옷도 마찬가지다. 없었어도 잘 살았던 옷이니 미련 없이 버렸다. 특히 부피가 큰 겨울 패딩과 코트들은 하나씩만 남기고 다 버렸다. 서랍장이 헐렁해지자 잘 열리고 잘 닫혔다. '옷걸이를 사야 하나, 옷장을 사야 하나?' 매일 하던 고민도 사라졌다. 차곡차곡 옷을 접어서 정리하는 건 나중으로 미뤘다.

아이 옷을 정리한 다음 내 옷을 정리했다. 아이를 낳은 후에 안 입은 옷들은 모두 버리기로 했다. '누구 줘야지.' 하면서 옆으로 빼놓으면 시간이 한없이 흐르니 무조건 봉투에 담았다. 특히 집에서 입는 옷은 한두 벌만 빼고 버렸다. 이내 빈 옷걸이들만 찰랑댔다. 그 옷걸이도 버렸다. 장롱 서랍을 활짝 열고 환기를 시켰다. 옷들이 서로 꽉 끼어있던 공간에 바람이 들어갔다. 산타할아버지 선물 보따리만 한 쓰레기봉투를 바로 질질 끌고 나가서 헌 옷 수거함에 하나씩 넣었다. 어차피 누군가에게 쓰임이 있을 거로 생각하니 죄책감이 들진 않았다. 빈 쓰레기봉투를 착착 접어 집에 들어왔더니 기적이 일어났다. 또 버리고 싶어진 것이다.

방석, 커튼, 아기 때 쓰던 속싸개까지, 옷장 구석구석을 정리한 다음 주방 찬장 문을 열었다. 코팅이 벗겨진 프라이팬, 수납용 바구니, 팔이 닿지도 않는 찬장 깊숙한 곳에 있던 유리 물병, 몇 년째 사용 안 한 돌솥, 냄새 밴 보온병, 어린이집에 다닐 때 쓰던 아기 식판도 다 버렸다. 장 볼 때 계산대에서 물건 담듯 빨리 처리했더니 반나절 만에 정리가 끝났다.

물건을 버린 날부터 당장 살림이 수월해졌다. 세탁기에서 빨래를 꺼낼 때, 품 안에 껴안고 옮길 필요가 없었다. 애들 내복과 양말, 내 홈웨어를 버린 덕분이다. 적당한 양으로 돌아가니 빨래도, 헹굼도 더 잘 됐고, 빨래를 개는 것도 금방이었다. 이후, 옷장에 옷을 갖다 넣을 때마다 조금씩 정리를 했다. 옷이 별로 없으니 옷을 꺼낼 때 다른 옷들이 튀어나오지도 않았고, TV에 먼지도 덜 앉았다. 빨랫감을 줄였더니 집 안의 먼지도 머리카락도 줄어든 것이다. 옷을 버렸는데 청소까지 쉬워질 줄이야…. 공기청정기 한 대 더 들인 것만큼 효과가 좋았다.

그 이후 나도 아이도 제복을 입고 살기 시작했다. 레깅스에 긴 티셔츠나 긴 남방, 청바지를 입는 날엔 줄무늬 티셔츠가 끝이다. 아이들도 주로 편한 바지에 면 티셔츠다. 스티브 잡스도 검은 목폴라가 좋아서 매일 입었던 게 아니었고, 마크 저커버그도 회색 마니아라서 만날 그 옷만 입는 게 아니다. 결정과 관리에 낭비되는 시간을 줄이려면 집중을 위한 단순화가 필요했다. 놀이터에 수시로 쭈그리고 앉을 수 있는 옷이 지금 나와 아이들에게 딱이었다.

버리기는 내가 가진 것의 옥석을 가리는 일이다. 불필요한 짐을 버리면 애 키우기도 한결 쉬워진다. 가족은 넷이지만 아직 둘째가 어리니 식탁 의자도 하나 버렸다. 아이용 식탁 의자까지 4개가 전부다. 거치적거리는 의자 하나를 버렸을 뿐인데 아이가 지나다니다 쿵쿵 부딪힐 일도 없고 청소하기도 쉽다. 식탁 아래에서 책도 보고 밥도 먹는다. 식탁이 'Magic Tree

House'도 되고 'Puppet Show' 극장도 된다. 분명 같은 집인데 방 하나가 덤으로 생긴 것 같다. 수시로 왔다 갔다 하는 식탁 주변이 깔끔해지니 엄마의 시간도 늘어난 것 같아 너무 만족스럽다.

가전의 기능을 최대한 활용하자

가전제품에는 대부분 예약기능이 있다. 그동안 있는 줄도 몰라 쓰지 않았던 예약기능을 제대로 활용하기 시작했더니 우렁각시가 따로 없었다.

첫째가 초등학교에 다니기 시작할 무렵, 휴직 중이었다. 아시겠지만 초등학교 1학년은 오후 1시 전후면 수업이 끝난다. 그래서 둘째 아이랑 바람도 쐴 겸 첫째를 데리러 나가서 놀이터에서 실컷 놀다 데리고 들어왔었다.

집에서 나가기 전에 미리 세탁기나 건조기, 전기밥솥을 돌아올 시간쯤에 끝나도록 예약 버튼을 눌러놓고 나갔다. 4시쯤 집에 들어오면 금방 지은 밥 냄새가 우리를 맞아주었다. 미세먼지가 많은 날은 외출 전에 문을 활짝 열어 환기를 시키고 공기청정기를 가장 세게 튼 후 10분 예약을 눌러놓고 나갔다.

식기세척기도 도움이 됐다. 달랑 저녁 한 끼 먹었을 뿐인데 싱크대에는 온갖 그릇과 수저가 다 쌓인다. 그까짓 설거지, 얼른 손으로 해치우고 말지 한 시간 넘게 기계를 돌리나 싶었던 적도 있었다. 그러나 피로 누적으로 수액을 몇 번 맞아보고 깨달았다. 가사는 최대한 내 몸을 덜 쓰는 것이 남는 거라는 걸.

옷이야 필요한 것만 남기고 버리면 되지만 밥 해 먹는 것은 버리고 줄이는 데 한계가 있었다. 피곤이 밀려오는 저녁 시간, 어서 빨리 앉고 눕고 싶은 마음이 간절하다면 식기세척기가 답이다. 대충 헹궈 넣고 전원 버튼을 누르면 바로 휴식을 취하거나 아이들과 함께할 수 있다. 커피 한 잔 내려 마시고, 아이들에게 책을 읽어주다 보면 어느새 식기세척기가 삑삑거린다. 한 시간 반이 지난 것이다. 식기세척기 문을 열고 따뜻한 김이 훅 올라오면 애들은 산신령이 나온다며 소리를 지르고 손뼉을 쳤다. 그렇게 오늘 살림 종료다. 그릇 개수만큼이나 많은 영어책이 수북이 쌓여 있었다.

집안일이 앞으로 뒤로 쌓여있으면 엄마표 영어가 힘들어진다. 입으로는 글을 읽으면서도 머리가 복잡하고 엉덩이가 자꾸 들썩거린다. '엄마'가 살 만해야 '엄마표 영어'도 지속할 수 있다. 가전제품을 요령껏 활용하면 책 읽어주는 시간이 확실히 늘어난다. 그리고 어느덧 책 읽어주는 중간중간 살림을 해치우는 고수가 될 수 있다.

밥 차리는 시간을 줄이자

겨울방학을 보내는 엄마의 최대 난제는 '뭘 해먹일 것인가'이다. 아침 먹은 지 한 시간도 안 된 것 같은데 벌써 12시. 밥 차리느라 지쳐 점심 한 끼는 나가서 사 먹기로 했다. 식당에 자리를 잡고 앉았는데, 아직 어린 둘째가 한 숟가락 받아먹더니만 두 손으로 식탁을 쓸어버렸다. 숟가락이 날아가 옆 테이블 손님 발밑으로 떨어졌다. 쫓겨날까 봐 급히 휴대폰으로 동영상을 틀었더니 마주 앉아있던 첫째가 자기도 보고 싶다며 보챈다. 이쯤 되면 혼이 절반은 나간다. 평일이지만 점심시간이라 손님들이 몰려드는데 달랑 메뉴 두 개 시키고 오래 앉아있는 우리는 이쯤 되면 공공의 적이다. 어쩔 수 없이 밥을 마셨다.

"마지막이야! 아~ 해!"

고개를 젓는 첫째를 눈빛으로 제압해서 입 안 가득 밥을 퍼 넣어주고 둘째를 안고 일어났다. 앉은자리를 돌아보니 냅킨이 수북하다. 냅킨은 또 언제 뽑았을까. 이렇게 겨울방학 중 외식이 끝났다.

'내가 다시는 애들 데리고 외식하나 봐라!'

작년 겨울방학은 둘째가 이유식을 먹던 때라 첫째 밥까지 합치면 하루 여섯 끼를 준비해야 했다. 입이 짧은 둘째 때문에 고생하는 동시에 첫째가 하도 먹을 것을 찾아 대서 주방에서 살다시피 했다. 내 끼니는 당연히 대충 때울 수밖에 없었다. 실은 배가 고픈 줄도 몰랐다. 규칙적으로 먹지 않으면 공복감도 못 느낀다는 걸 그때 처음 알았다.

그러다가 3월이 되어 개학하자 정신없이 큰애 뒤치다꺼리를 하다가 어느 순간 체력이 바닥을 쳤고, 삼사일을 비실비실 앓았다. 둘째가 탄 유모차를 목발 짚듯 밀면서 첫째를 데리러 가는 길이 참 서러웠다. 체력과 시간을 모두 아낄 수 있는 방법을 찾아야 했다.

1. 인터넷으로 시장을 본다

대형마트에 가게 되면 장 보는 시간에 정리하는 시간이 필요하니, 인터넷으로 필요한 장을 보고 급하게 오늘 필요한 것은 동네 슈퍼나 생협에 전화로 주문을 했다. 이 둘을 병행했더니 완벽한 장보기가 됐다. 동네 슈퍼는 구매 금액이 2~3만 원 이상이면 전화로 주문을 받아 배달해준다. 인터넷으로 주문하기 어려운 쓰레기 종량제 봉투 같은 것도 이때 같이 주문했다.

2. 주방가전을 멀티로 활용한다

전기밥솥으로 밥을 할 때 반찬도 같이 만들었다. 쌀을 안친 다음 그 위에 작은 스테인리스 그릇 한두 개를 올려서 같이 쪘다. 달걀을 풀어 올리면 부드러운 달걀찜을, 생콩나물에 새우젓과 마늘을 넣고 무쳐 올리면 나물 반찬 하나를 뚝딱 만들 수 있다. 시금치도 마찬가지다. 김치찜도 해봤다. 생돼지고기랑 김치를 무쳐서 그대로 스테인리스 그릇에 넣어 올려두면 푹 익어서 나온다. 밥에 냄새가 밸 거라는 걱정은 안 해도 된다. 꺼낼 때 국물만 안 흘리게 조심하면 된다. 이렇게 반찬 만드는 시간을 줄이니 취사 완료 소리가 울릴 때까지 수저 놓고, 김과 김치를 꺼내놓은 후 최대한 30분 정도의 시간 여유를 가질 수 있었다.

3. 냉동실을 적극적으로 활용한다

밥을 하면 한두 공기는 즉시 퍼서 얼려뒀다. 국도 마찬가지다. 한번 끓일 때 많이 끓인 다음에 절반을 덜어 얼려두고 일주일 안에 먹는다. 방학 때 자주 먹었던 김밥도 냉동실 덕을 톡톡히 봤다. 김밥 쌀 때마다 조금씩 남는 단무지나 햄 등을 비닐로 잘 싸서 냉동해두었다가 다시 꺼내 쓴 것이다.

4. 매트 대신 쟁반을 사용한다

아이가 하도 숟가락을 바닥에 떨어뜨리기에 실리콘 재질로 된 식탁 매트를 산 적이 있었다. 그런데 매트 닦는 게 더 힘들어서 그냥 식당처럼 아이용 쟁반을 하나씩 마련해서 썼다. 물컵도 수저도 그 위에 올려줬다. 그랬더니 책을 보면서 밥을 먹어도 책에 음식이 덜 튀었다. 식탁에 책이 흩어져있어도 슬쩍 밀어놓고 쟁반 두 개를 놓으면 됐다. 그랬더니 잔소리를 안 하면서 책을 여기저기 놓아둘 수 있었다. 쟁반 덕에 행주질이 필요 없어진 식탁은 언제든 내 책상도 되고 아이 놀이 상도 됐다. 참고로 길이 55~60cm 사이인 쟁반은 싱크대에 세로로 걸쳐놓을 수 있다. 싱크대에 쟁반을 걸쳐놓고 밥상을 차리면 식탁에 왔다 갔다 할 필요가 없어서 한결 편리하다.

5. 저녁밥 먹는 시간을 살짝 앞당기자

우리 집 저녁밥 먹는 시간은 5시 반이다. 저녁을 일찍 먹으면 간식을 조금 주거나 건너뛰어도 되고 밥도 아주 잘 먹는다. 결정적으로 밥을 다 먹고도 자기 전까지 서너 시간이 통으로 남는다. 아이 연령에 따라 다르겠지만 저녁을 일찍 먹으면 영어책 읽어주거나 집중 듣기 하기에 딱 좋은 시간이 확보된다.

이렇게 밥 차리는 시간을 당겼더니 저녁 시간을 온전히 식사와 독서 시간으로 나눠 쓸 수 있었다. 식기세척기에 그릇을 넣고 나면 그때부터가 본격적으로 책 읽어주는 시간이었다. 첫째의 집중 듣기도 주로 이 시간에 했다. 책이 점점 두꺼워질수록 집중 듣기 하는 시간이 길어지는데, 동생이 안 매달리면서 통으로 두 시간을 낼 수 있는 때가 이때뿐이었기 때문이다.

내가 할 일은 책을 읽는 중간에 흐름이 끊기지 않도록 둘째 아이의 접근을 막는 것이었다. 과일을 깎아 첫째 아이 옆에 갖다 주고 둘째를 욕실로 데려갔다. 천천히 씻기면서 아예 나도 같이 씻는다. 로알드 달 영화를 보더니 책도 집중 듣기 할 거라며 두꺼운 책을 잡은 날은 둘째를 데리고 들어가 아예 욕실 청소를 했다. 최대한 천천히 놀다 나왔다. 실컷 목욕하면서 논 둘째는 금세 깊이 잠들었다. 만약 둘째가 없다면 같이 앉아서 책 보는 시간을 가지는 것도 좋다.

솔직히 육아에 치이다 보면 설거지가 휴식이고 피난처일 때도 있다. 하지만 아이에게 엄마의 설거지하는 뒷모습만 보여주는 건 바람직하지 못하다. 하루 중 조절할 수 있는 시간대와 노동이 무엇인지 찾아보고 최대한 요리하고 치우는 시간을 줄이자. 주방일과 아이 먹이는 일에 집착하면 절대 책 읽어줄 시간이 나지 않는다. 그러니 의식적으로 집안일에 방해받지 않을 시간을 만들어내야 한다.

이런 식으로 몰입하는 시간을 가지면서 점점 그 시간을 늘리면 엄마표 영어가 쉬워진다. 저녁 시간에 여유가 생기자 아이에게 화도 덜 내고 점점 상냥해졌다. 덩달아 무엇을 물어보든 기꺼이 대답하고 책을 읽어줄 수 있는 마음의 여유도 생겼다.

내 시간을 조절하는 법은 남편에게도, 아이에게도 의지할 수 없는 일이다. 반복되는 일과라면 그 효과는 더 크다. 쓸데없는 일을 솎아내고 요령을 키우자. 지금 우리 집 전기밥솥 위에는 덜 마른 운동화가 엎어져 있다. 따끈따끈하니 두 시간이면 다 마를 것이다.

편견을 버리고 온전히 내 일손과 시간을 줄여줄 수 있는 게 무엇인지 내가 가진 환경 안에서 찾아보자. 저녁 시간을 내 맘대로 주무르는 날이 올 것이다.

05 엄마가 먼저 책을 읽자

첫째를 학교에 보내고 둘째에게 밥을 먹이다 보면 내가 커피를 마셨는지 안 마셨는지 기억이 나질 않는다. 환기도 내 맘대로 못 한다. 환기를 시키려고 창문을 열었더니 둘째 아이가 여는 족족 따라다니며 도로 닫았다. 깔깔대며 재밌어 죽겠단다. 그러다 창 틈에 손가락이 끼어 울음이 터지는 것이 이어지는 수순이다.

저녁이라고 별반 다르지 않다. 샤워를 한 뒤 시트팩을 붙이고 나오니 둘째가 무섭다고 운다. 붙인 지 1분도 안 됐는데 "떼! 떼!" 하고 울면서 따라다닌다. '아무리 애가 둘이라고 해도, 천 원짜리 팩 하나 제대로 못 붙이나….'

한두 시간이라도 좋으니 온전히 내 시간을 갖고 싶었다. 커피 마시기, 집안일 하기, 피부 관리 등이 절실했던 게 아니다. 그저 방해받지 않는 시간이 필요했다.

육아를 하면서 동시에 내 시간을 확보하는 일은 쉽지 않았다. 그래서 남편과 협의를 보았다. 한 달에 두 번, 토요일 오후에 남편에게 애들을 맡기고 두세 시간쯤 내 시간을 가지기로 한 것이다.

보통 서점이나 카페에 갔지만 몸살 기운이 있을 때는 사우나에도 갔고, 동네 병원으로 수액을 맞으러 가기도 했다. 그러면서 내 기분과 체력을 충전했다. 영화를 보러 가면 대부분 졸다가 나왔다. 자다 일어나 햇빛을 받으면 당황스러웠지만 그마저도 행복했다. 보고 싶은 영상이나 강연을 내려받아서 공원이 보이는 카페에 가서 보기도 했다. 한 시간짜리 영상을 중간에 끊지 않고 본다는 사실이 기뻤고, 이어폰을 잡아당기는 아이가 없으니 살 것 같았다. 얼마나 집중해서 봤는지 영상이 끝난 후 고개를 들면 어깨가 뭉쳐있을 정도였지만, 그마저도 기뻤다.

유모차로 갈 수 없는 곳에 가서 안 시켜본 음료를 주문했을 뿐인데도 마음이 동동 떴다. 커피를 마시며 책을 읽고 영화를 보다 보면 천 원짜리 팩도 마음대로 못해서 서러웠던 마음이 얼음처럼 녹아내렸다.

쉬면서 동시에 채우는 데는 독서만 한 것이 없었다. 딸린 아이가 없으니 번잡한 주말 서점도 두려울 게 없었다. 책을 산 뒤에 커피 한 잔을 테이크아웃해서 주차장에 세워둔 차 안에서 읽기도 했다. 빳빳한 새 책을 내 공간에서 읽는 재미가 쏠쏠했다. 이 시간만큼은 노부영이나 디즈니 오디오북 CD가 아니라 김동률 노래도 듣고 드뷔시도 들었다.

집에서는 주로 쉬운 책 위주로 봤다. 독서는 카톡처럼 빨리 답해줄 필요가 없으니 애 보면서 같이 하기에 안성맞춤인 취미다. 주방 구석에 딱 붙어 애들 눈을 피해서 볼 때도 있었고, 아이 장단을 맞춰주다가 틈틈이 책을 보며 쉬기도 했다. 좋게 와 닿는 책은 두 번 보고, 흥미가 가지 않는 책은 5분보다 말기도 했지만, 어떤 책이든 한 권당 최소 한 줄 이상은 배울 게 있었다. 아이들 책으로 가득한 거실 한쪽을 내 책으로 채우니 뭐든 쌓이는 것 같아 뿌듯했다. 무엇보다 내 책이 늘어나는 것은 나만의 시간이 생겼다는 증거 같아서 꽉 채워진 일상에 숨을 불어넣어 주었다.

엄마가 책을 읽어서 얻는 소득 중 가장 큰 것은 아이가 책 보는 행동을 따라 한다는 거다. 아홉 살 첫째가 그랬고, 아직 어린 둘째도 마찬가지다. 돌이 지나자 그림책을 거꾸로 들고 앉아있었고, 신나게 팝업북을 잡아 뜯던 시절에도 엄마랑 언니가 무슨 책을 보나 살피느라 두 눈이 반짝반짝 빛났다. 책을 읽다 보면 신문도 보고, 관련 영상도 찾아보게 되게 마련이다. 아이는 그런 모습을 다 보고 따라 했다.

짐 론은 "우리는 가장 많이 어울리는 다섯 사람의 평균이 된다."라고 얘기했다. 반드시 면대면으로 만난 사람이어야 할 필요는 없다. 그 사람은 내가 읽고 있는 책의 저자일 수도 있고, 어제 본 유튜브 영상의 주인공일 수도 있다. 하다못해 내가 아이 영어책을 읽어줬으면 그 책의 저자일 수도 있다. 그의 말대로 나는 얼마든지 내 의지대로 나를 만들어갈 수 있었다.

독서를 할 때는 카톡 알람을 끄거나 아예 핸드폰을 멀리 두면 더 좋다. 핸드폰을 멀리했을 뿐인데도 주위에 내 아이가 있다는 것을 알게 되고, 책 읽을 시간도 저절로 만들어진다.

하루를 비집어 시간을 만드는 과정, 쟁취한 그 시간을 생산적으로 보내는 방법을 고민해보는 것만으로도 부정적인 생각이 사라진다. 게다가 책을 읽으며 아이 곁에 있어 주는 것은 나와 아이들 모두에게 귀한 선물이 된다.

일상생활에 도움이 되는 엄마표 생활 영어

사실, 처음엔 영어로 아이에게 말을 걸기가 쑥스러웠다. 큰 맘먹고 영어로 말을 걸면 아이는 내가 낯선 외계어를 쓰는 게 이상했던지 대답을 거부하기도 했다. 그런데 영어 영상에 6개월 이상 노출되자, 내가 하는 영어를 그다지 싫어하지 않았고, 1년 이상이 되자 자연스럽게 받아들이기 시작했다.

다음은 아침부터 잠자리에 들 때까지, 유용하게 써먹을 수 있는 엄마표 생활 영어다. 몇 문장되지 않으니, 용기 내어 써 보자.

아침에 아이 깨울 때

OO, wake up, or you'll be late for school.
(OO야, 지금 일어나야 지각 안 해)

아이가 제시간에 맞춰 등교 준비를 했을 때

I'm so proud of you for preparing without my help.
(네가 스스로 준비를 잘해줘서 엄마가 너무 기분이 좋아)

아이가 게으름 피우다 지각 일보 직전일 때

Let's hurry. You only have 5 minutes left.
(서두르자. 5분 남았어)

아이를 배웅할 때

Have fun. (재밌게 보내)

See you later. (이따 만나)

자기도 간다고 보채는 둘째에게

Say goodbye to your sister/brother. (언니/오빠한테 인사하자)

하교 후, 아이가 집에 오면

Did you have fun today? (오늘 재밌었어?)
Wash your hands before eating your snack. (손 씻고 간식 먹자)

피아노 레슨이나 태권도 학원에 다녀왔을 때

Excellent! You have been practising.
(실력이 많이 늘었네! 연습 많이 했구나!)

친구들이랑 놀러 나갈 때

Stay away from the road when you go across the street, OK?
(건널목 건널 때 노란 선 밖으로 서는 것 잊지 말고. 알았지?)

아이와 고민 이야기할 때

What's wrong? (무슨 일 있니?)
You are doing great already. (넌 충분히 잘하고 있어)
I love you-no matter what. (무슨 일이 있어도 엄만 널 사랑해)

아이를 칭찬해 줄 때

I'm so glad that you became my baby.(네가 엄마 아이라서 너무 기뻐)
You are good enough. (넌 충분히 잘하고 있어)

DVD 보는 것에 푹 빠져 있는데 저녁 먹을 시간이 됐을 때

You have 10 minutes until dinner. (10분만 더 보고 저녁밥 먹자)
When do you want to eat? (언제 밥 먹을래?)
If you've seen the DVD, you can turn off the power button.
(DVD 다 봤으면 전원 버튼 꼭 끄는 거야)

샤워할 때, 양치할 때

Be careful, the bathroom floor is slippery. (바닥이 미끄러우니 조심해)

애들이 안 씻겠다고 버틸 때 동생/언니/오빠와 경쟁 붙여 빨리 해치우기

Who wants to shower first?
(누가 먼저 샤워하러 들어갈까?)
Let's see who takes off her/his clothes first?
(빨리 옷 벗기 게임할까?)
Let's see who puts on her/his clothes first?
(누가 먼저 잠옷 입는지 볼까?)
Who wants the pink floss?
(핑크색 치실이 여기 있네? 누구한테 줄까?)

택배 왔을 때

I have a delivery! (택배 왔다!)
Who will have the bubble wrap? (뽁뽁이 가질 사람?)
I want you guys to share it. (같이 가지고 노는 거야)

아빠가 집에 왔을 때

Daddy's home! (아빠 왔다!)

잠자리에 들기 전에

No eating on the bed. (침대에서는 음식 먹지 마)
Sweet dreams. (좋은 꿈 꿔)
Sleep tight. (푹 자고)
See you in the morning. (내일 아침에 만나)

Chapter 4

영어를 놀이처럼 즐기게 하자

01   책에 낙서를 허락하라

손에 쥔 펜 하나로 온 집 안이 난장판이 되던 때가 있었다. 큼직한 벽걸이 보드를 사봤지만 소용없었다. 테두리에 그은 마커 자국은 지워지지도 않았고 마커 뚜껑은 매번 없어졌다. 뱀을 그린다고 하기에 바닥에 전지를 깔아줬더니 거실 매트까지 아나콘다 한 마리가 떡하니 누워 있었다. 남은 전지를 벽에 붙였더니 아이의 그림이 자연스레 벽지로 이어졌다.

보던 책에 낙서를 허용하기 시작한 것이 이 무렵이었다. 선이 삐져나오지는 않는지 엄마가 감시하고 있는 판국에 그림을 아무리 많이 그린다 한들 무슨 창의력이 생기고 자유를 맛본단 말인가. 책에 줄을 긋든 말든 내버려뒀더니 워크북이 따로 없었다. 아이는 여백과는 상관없이 마음대로 줄을 긋고 그림을 그렸다.

이렇게 책에 낙서를 허용하고 얻은 소득은 크게 두 가지였다.

첫째, 책을 친숙하게 여겼다. 아이가 낙서한 종이를 보면 그림이 반, 글씨가 반인데 그 위에 꼭 색칠을 했다. 유치원 수첩도 예외가 아니었다. 우리 아이의 수첩은 같은 반 아이들 수첩과 함께 한 바구니에 담아놔도 눈에 확 띈다고 했다. 하도 낙서를 해 놔서 선생님도 간신히 알림 글을 쓸 정도였다. 그런데 낙서를 가만히 들여다보니 나름 진화하는 것이 보였다. 아이는 결국 읽은 책을 그대로 따라 쓰고 있었다. 낙서인 듯 보였지만 잘 보니 뒤표지에 있는 문제 풀이를 해 둔 흔적이었다.

얇은 리더스북을 더듬더듬 읽으면 물개박수를 쳐주던 여섯 살 후반이었다. "Sight Word Readers"라는 얇은 책의 뒤표지에 단어를 쓰는 칸이 있었다. 아이는 종종 그곳에 단어를 따라 썼다. 아니, 그렸다. 남들이 보면 영락없는 낙서였지만 어느 날은 제법 잘 따라 그린(?) 영어단어도 보였다.

책을 읽을 때 글씨 중간에 줄을 그으면 읽기에 불편하다는 걸 깨닫고선 글씨 아래에 밑줄을 쳤다. 그때까지 알코올 솜 한 상자와 매직 블록 서너 개를 사두고 낙서 흔적을 지워가며 버텼더니 스스로 책을 아끼면서 낙서하는 법을 터득한 것이다.

또 다른 소득은 이런 낙서가 글쓰기의 시초가 되었다는 점이다. 글을 '읽는' 것과 글을 '쓰는' 것은 엄연히 사용하는 뇌의 부위가 다른 활동이다. 낙서가 길어지더니 그림이 들어가고 말풍선이 등장했다. 뭔가를 쓰는 순간만큼은 옆에 간식을 놔줘도 냉큼 집지 않을 정도로 꽤 집중했다.

책을 읽을 때는 머릿속으로 다른 생각을 하면서 읽는 게 가능하다. 심지

어 입으로 소리 내어 읽어도 다른 생각을 할 수도 있다. 하지만 글쓰기는 다르다. 낙서가 됐든 일기가 됐든, 다른 생각을 하면서 손으로 글을 쓸 수는 없는 노릇이다. 마음과 글자가 일치해야만 문장이 되고 비로소 글이 써지기 때문이다. 베껴 쓰기라면 또 모를까, 잡념을 하면서는 결코 다음 문장으로 나아갈 수 없다.

글쓰기와 집중은 하나라는 것을 알고 나니 아이가 낙서한 종이 쪼가리가 그렇게 소중할 수 없었다. 그러니 영어로 쓴 낙서라면 한 줄 쓰고 버리고 두 줄 쓰고 버리더라도 종이를 아껴 쓰라고 잔소리를 할 수가 없었다. 그냥 종이를 반으로 잘라서 빈 바구니에 담아두는 편이 나았다. 스케치북도 아예 반으로 잘라 주었다. 낙서는 메모가 되었고, 곧 글이 되었다.

책의 여백에 낙서하는 것을 제재하지 않았더니 그림을 따라 그리고, 글을 따라 쓰다가, 주인공을 바꿔서 만화도 그렸다. 이러한 경험은 초등학교에 가서 교과서의 탐구활동을 친근하게 느끼게 했고, 교과서에 나온 도표와 그림도 글의 일부로 받아들이게 했다. 엄마의 허락 하에 관련 영상을 찾아보고, 스스로 영상도 찍으며 책과 영상을 모든 분야에 활용하며 노는 바탕에는, 결국 책을 가지고 놀았던 경험이 자리 잡고 있다. 브이로그, 유튜브 등 영상 매체 활용능력이 필수인 이 시대에 책으로 각종 활동을 하며 유년기를 보낸 아이는 아이디어가 샘솟는 청년기를 맞이할 수 있을 거라 믿는다.

세계 최고 엘리트라면 누구나 탐내는 직장인 구글 본사에서는 복도에 아이디어를 마음대로 쓸 수 있다는 기사를 본 적이 있다. 아이디어 유출 문제 때문에 지금은 없앴다고 하지만 낙서의 힘을 제대로 인정한 사례여서 반가웠다. 내 집에서만큼은 아이가 기록과 표현에 자유롭길 바랐다. 그래서 마음껏 표현할 수 있는 곳을 한두 군데 확보해주어 숨통을 틔워주었다.

적어도 우리 집에서는 책이나 유리창, 욕실 벽에는 무슨 짓을 하든 내버려 두었더니 변기 안쪽에 사인펜으로 그림을 그리고 물을 내리면서 "Rainbow!" 하고 소리를 지르기도 했고, 변기에 튜브 물감을 짜 넣으며 '똥'이라며 웃기다고 데굴데굴 굴렀다. Peppa Pig의 얼굴을 그리고 대일밴드 수십 개를 그 위에 붙인 다음 옆에 'Ouch'라고 써두기도 했다. 그러면 밴드가 아깝다고 나무라는 것이 아니라 그날은 그 책을 읽어줬다.

난장판이 된 집 안을 보면서도 마음을 다스릴 수 있었던 이유는 그나마 아이의 쓰기 실력과 그림 실력이 조금씩 나아지고 있었기 때문이다. 지난달에는 종이에 달랑 하트 하나를 그려왔는데, 이번 달은 그 안에 'I love you'라고 써 오는 식으로 말이다.

그러니 아이에게 낙서를 허용해주자. 한번 써 봤을 뿐이더라도 엄마가 칭찬해준 단어는 이 방 저 방의 낙서에 자주 등장할 것이다. 영어 그림책에 'hi'라고 한 번 쓰는 것이 공책에 'hi, hi, hi' 세 번 쓰게 하는 것보다 훨씬 기억에 잘 남는다. 낙서한 것을 들고 와서 자랑할 때마다 칭찬을 해주면 자신감과 흥미가 부쩍 자란다. 스펠링을 뒤집어 가며 낙서처럼 쓰더라도, 어제 물어본 것을 또 물어보더라도, 마치 처음 보는 것인 양 칭찬해주다 보면 어느새 한 줄씩 스스로 읽기도 하고, 어느 날은 한 페이지를 읽기도 한다.

유리에 낙서를 허용하면 날이 흐린 건지, 우리 집 유리창이 더러운 건지, 분간이 안 되는 날도 많을 거다. 거울이라고 예외겠는가. 양치를 하다가 거울에 칫솔로 'mommy'라고 쓰더라도 몇 달만 참아보자.

"진짜 여기다 써도 돼?" 할 때 꾹 참고 고개를 끄덕거려주는 게 자발적 글쓰기의 시작이다. 서슴없이 쓰고 그리는 습관은 무한한 잠재력을 가졌다. 특히나 문자를 알게 될 무렵에는 무한 허용이 필요하다. 종이, 벽지, 유리창, 물티슈 등 원하는 모든 걸 내주고 창의력이 샘솟는 과정을 즐겁게 지켜보자.

02 책이 곧 활동지다

책을 많이 읽은 사람 치고 책 아끼는 사람을 못 봤다. 읽다 보면 쓰고 싶고, 귀퉁이를 접고 싶고, 밑줄을 치게 되기 때문이다. 이해하고 빠져들면 저절로 그렇게 된다. 생각나는 대로 끄적거리다 보면 나중에 펜이 생각의 속도를 못 따라잡아 아쉬울 때도 있다. 삼색 볼펜을 딸깍 눌러 색깔 바꿀 시간조차 아까운 거다. 그러니 읽고 쓰고 접는 과정이 전부 독서다.

아이도 마찬가지였다. 한글이든 영어든 그림책을 읽어달라고 할 때는 보통 그리기에 심취해 있을 때였다. 종이와 펜은 항상 함께였다. 네다섯 살 무렵 즐겨 읽던 한글 그림책은 일본 작가의 책을 번역한 것이 많아 유난히 고양이가 자주 등장했는데, 아이는 어쩌다 고양이 그림에 수염이 없으면 꼭 그려 넣었다. 전집으로 된 한글 그림책의 경우 뒷부분에 '함께 해 보아요' 같은 활동지가 붙어 있는데, 거들떠보지도 않았던 그 페이지에 관심을 보이기 시작한 것도 모든 책을 색칠 공부책처럼 가지고 놀던 때의 일이다. 아이는 활동지에 줄 긋기를 하고, 미로 찾기도 했다. 틀리면 수정테이프 대신 포스트잇을 그 위에 붙이고 다시 했다.

영어책도 마찬가지였다. 대부분 먹선으로 된 라인 그림만 있는 챕터북에는 색연필을 들고 달려들었고, 색칠하고 그리면서 자기 책으로 만들어갔다. 자기 표식을 해둔 책일수록 확실히 더 읽어달라고 했다. 몇 권 버리는 셈 치고 내버려 뒀더니 의외의 반응을 보인 것이다.

"Tiara Club" 챕터북에는 간간히 공주들 그림이 나오는데 공주가 흑백이라는 걸 용납할 수 없었는지 색연필로 예쁘게 색칠해 놨다. 그런데 공주님 머리카락이 노란 형광펜 잉크로 푹 젖어있었다. 챕터북은 대부분 재생지라 들고 읽기에 가벼워서 좋은 대신 형광펜은 닿기만 해도 잉크를 사정없이 빨아들인다. 빌린 책이 아닌 게 천만다행이었다. "이 책은 다 네 거야. 네 마음대로 해도 돼. 대신 동생도 나중에 읽고 싶을지 모르니까 글자랑 그림을 너무 없애지는 마." 하고 당부만 해두었다.

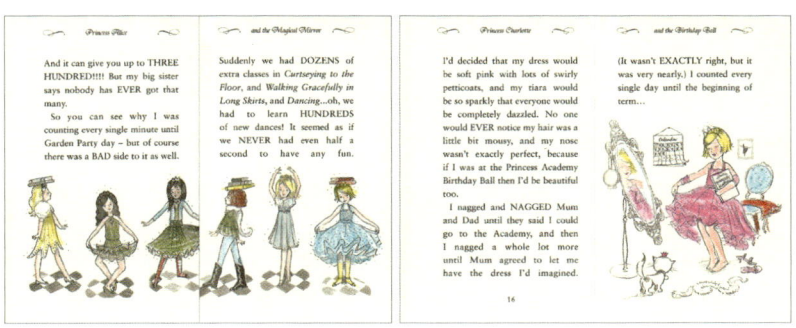

 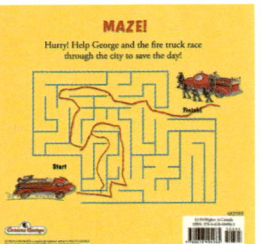 

따로 활동지를 사진 않았지만 영어 그림책이나 리더스북의 맨 뒷장, 즉 책 뒤표지를 보면 종종 아이가 그리고 오릴 것들이 나왔다. "Arthur Starter" 와 "Curious George" 같은 그림책이 그랬다. 미로 찾기, 그림 짝 맞추기, 단어 퍼즐, 커다란 주인공 얼굴 그림 같은 것이 죄다 뒤표지에 있었다. 내지와는 달리 빳빳한 표지를 아이는 꼭 가위로 오려냈다. 너덜너덜해진 책 표지를 보고 있자면 내 마음에도 숭숭 구멍이 뚫린 듯했지만 그래도 놔두었다. 미로 찾기도 연필로 하면 좋으련만 처음부터 사인펜을 갖다 댔다. 매번 틀려서 신경질을 내며 끝이 났지만 그래도 그걸 하기 위해서라도 그 책을 두세 번은 반복해서 보니 내버려 둘 수밖에 없었다. 그림들을 오린 다음에는 양 옆에 구멍을 뚫어서 가면이라며 얼굴에 쓰고 중얼중얼 영어로 놀기도 했다.

그때 내 눈에 들어온 게 복합기였다. 신혼 때 사놓고 1년에 한 번 연말정산 서류 뽑을 때나 쓰던 레이저 프린터였는데, 하도 안 써서 먼지가 뽀얗게 앉아 있었다. 오래간만에 프린터를 켜고 아이가 좋아하는 책 캐릭터 중에서 제일 크게 나온 페이지를 펼쳐 컬러 복사를 해주었다. 복사하는 법도 간단해서 한번 보더니 아이가 바로 따라 했다.

'윙' 소리가 나더니 Tiara Club 멤버들이 나오고, Geronimo가 나오고, Arthur가 나왔다. "My Busy Book"에 없는 인형을 찾아내라고 조르던 차였는데, 복합기의 컬러복사 기능이 묵힌 체증을 다 풀어줬다.

그다음부턴 책을 보다가 가지고 놀고 싶으면 바로 가서 복사한 다음에 오렸다. 빨대에 테이프를 붙여 'Puppet Show'를 하면서 놀기도 했다. 집중듣기를 하고 나면 복사해서 종이 인형 놀이를 하는 게 통과의례이던 때도 있었다. 기껏 한 페이지를 다 복사해서는 오백 원짜리 동전 크기로 얼굴만 오려 쓰니 비싼 레이저 잉크값이 생각날 때도 있었지만, 그래도 컬러복합기는 그렇게 한동안 열심히 일했다.

가지고 놀던 종이 인형들을 상자에 잘 담아뒀다가 목욕할 때 가져다주면 물에 불어 흐물흐물 풀어질 때까지 가지고 놀았다. Milly와 Molly가 "ORT"에 나오는 강아지 Floppy를 키웠고, Little Princess가 Clifford를 타고 소풍을 갔다. 왕왕 소리가 울리는 욕실은 훌륭한 극장이 되었다. 온몸이 벌게질 때까지 놀고 나면 국수 건지는 채반으로 두어 번 훑어서 건진 다음에 물을 뺐다. 스토리와 영어 대사를 상기시켜주는 고마운 놀잇감은 그렇게 아이의 손에서 탄생했다.

에이브러햄 링컨은 "나무를 베는 데 6시간을 준다면 그중 4시간은 도끼날을 가는 데 쓰겠다."라고 말했다. 엄마표 영어로 아이가 영어를 잘하길 바란다면 영어가 재미있다고 느끼는 데 최선을 다해야 한다. 마음껏 가지고 노는 재미는 아이를 신나게 만든다. 적어도 영어 소설을 읽기 전까지는 재미가 우선이어야 한다.

아이가 하는 짓을 보니 도무지 앞이 보이지 않는 것 같은 때일수록 재미와 흥미 위주로 책과 영상(DVD)을 골라주어야 한다. 임신 중에 입덧이 심하다고 아기를 빨리 낳아버릴 수 없는 것처럼, 영어도 절대적인 시간을 들인 다음에야 빛을 본다. 나 역시 일단 1년 만이라도 하자고 마음먹은 것이 이제 4년이 넘었다. 권수도, 속도도, 레벨도 욕심이 난다면 그럴수록 재미와 흥미로 돌아가야 한다. 비닐봉지에 가위, 풀, 테이프를 넣어서 쥐여주자. 영어책을 가지고 해 볼 것은 다 해보라고 권하고 묵인해주면 내용 불문, 레벨 불문 아이가 겁 없이 덤비다 결국 관심을 가지게 된다.

해보면 알겠지만 실제로 너덜너덜해져서 못 보게 된 책은 다 합쳐봐야 열 권이 채 안 된다. 책의 다양한 활용을 허락하는 여유가 '안 싸우고 집중듣기' 하는 데도 큰 도움이 되고, 아이 혼자 묵독하는 데도 결국 한몫한다.

03 엄마의 말투만 바꿔도 영어가 즐거워진다

저녁을 먹고 설거지를 하고 있는데 거실에서 아이가 질문을 던졌다.

"엄마! 슈릭(shriek) 어떻게 써?"

싱크대 수도를 잠갔다.

"뭐? 슈렉?"

"아우, 아니. 슈우뤽! 소리 지르는 거 말이야."

물 묻은 손을 닦으며 거실로 갔다. 둘째 아이도 '슈리 슈리' 중얼대며 따라왔다. 당황한 내 눈빛을 읽은 아이가 말했다.

"'비명'이라고 검색해 봐."

구글 사전을 켜고 검색해 보았다.

"아, 이 'shriek.' 에스, 에이치, 알, 아이…."

기특하기도 하고 민망하기도 한 게 이렇게 스펠링을 알려달라고 할 때다.

아이가 영어로 글을 한 줄 두 줄 쓰기 시작할 무렵에는, 하루에 열두 번도 더 엄마를 불렀다. 좀 전에 물어본 건데도 또 물어봤다. 솔직히 귀찮긴 했지만 스펠링을 잘 모르는 단어는 사전을 검색해가며 두 번이고 세 번이고 대답해줬다. 영영사전을 들이대거나 면박이라도 줬다간 당장이라도 연필을 놔 버릴 것 같았기 때문이다. 계좌 이체를 하다가도, 화장실에 앉아서도 또 박또박 불러줬다. 할 수 있는 거라곤 그것뿐이었다.

혹시나 해서 몇 달이 지나 어린이 영영사전을 사줬다. A부터 시작해서 이틀을 훑어보더니 내팽개쳤다. Q로 시작하는 단어가 별로 없다더니 Z는 더 없다며 놀라워하고는 끝이었다. 이후로도 계속 무언가를 쓸 때는 여전히 엄마를 소리쳐 불렀다. 스펠링을 바로 불러줄 수 있는 게 절반, 사전 앱을 켜야 하는 경우가 절반이었다. 한영, 영한을 왔다 갔다 하느라 손가락이 바빴다. 그런데 몇 달이 지나니 확실히 스펠링을 덜 물어봤고 글의 양은 늘어났다.

아이가 영어로 쓰는 글은 짧고 스토리 구상도 즉흥적인 편이다. 글을 쓰는 이유를 물으면 그저 방금 생각난 걸 써보고 싶었기 때문이란다. 여전히 기승전결 따위는 없는 상상일기다. 그럼도 빼먹지 않고 그린다. 주야장천 스펠링을 불러줬더니 엄마랑 같이 쓰는 것 같다며 오히려 재미있어 했다. 그리고 나는 아이를 통해서 '읽기와 듣기를 멈추지 않는 한 영어로 쓰는 글의 양이 늘어나고 형식이 다양해져 간다'는 걸 깨달았다.

때로, 아이에게 강요하고 싶지 않은 마음과 꾸준히 읽었으면 하는 마음이 충돌해서 심란할 때가 있기도 했다. 그럴 때는 일단 말투부터 부드럽게 하려고 노력했다.

"이 책 집중 듣기하고 밥 먹어." 하고 얘기하는 대신 "이 책 집중 듣기 하고 밥 먹을까?"라고 말끝만 올려주어도 아이는 제안을 훨씬 더 잘 받아들였다. 처음에는 어색했다. 표정과 말투가 따로 놀았지만 상냥하게 말끝을 올리다 보면 감정을 조금 추스를 수 있었다.

말투의 변신은 제법 효과가 있었다. 내가 말해놓고도 어색해서 견딜 수가 없어서 자꾸 웃음이 나왔지만 연습을 거듭할수록 확실히 자연스러워졌다. 게다가 "~하는 게 어때?", "~하고 나서 뭐 하고 싶어?"와 같은 '권유형 말투'에 익숙해졌더니 엄마표 영어를 진행하는 것이 훨씬 수월해졌다.

우선 집중 듣기를 유도할 때 요긴했다. 유치원이나 학교가 끝나고 놀다가 집에 들어오면 엄마는 할 일이 많다. 무엇보다 아이들 밥을 차려주어야 한다. 엄마가 할 일을 하는 동안 아이가 착착 자기 할 일을 알아서 해주기를 바라는 건 욕심이다.

"책 보고 놀고 있어. 저녁 먹고 나서 집중 듣기 한 권 하고."

아이가 못 들은 것 같아 한 번 더 말해도 소용없었다. 그런데 말투를 바꾸면 달라졌다.

"책 보고 있네? 그럼 그거 다 보고 좀 놀다가 집중 듣기는 나중에 밥 먹고 할까?"

결국 같은 말이었지만 지금 하는 것을 실컷 하다가 이따 집중 듣기를 하라니 아이는 존중받는다고 느끼는 듯했다. 결국 아이는 내 생각대로 읽고 들고 놀았다. 마음이 맞는다는 기분을 연달아 맛보기도 했다.

물론 단박에 "싫어!" 할 때도 많았다. 그럴 때는 "하고 싶어지면 꼭 얘기해줘." 하며 한발 물러섰다. 한참 후에 좀 쉬운 책이나 어제 본 책을 또 보겠다고 하더라도 "엄마도 이 책 좋더라. 마음이 통했네?" 하면서 넘어갔다. 환해진 아이의 얼굴을 보면 나도 힘을 얻어서 다음 날 다시 아이에게 같은 제안을 할 수 있었다.

몇 년을 노력했더니만 이제 말투만큼은 미국 엄마다. 여전히 양심과 진심 사이에서 아이와 줄다리기를 하고 있지만 아이의 의견을 물어보는 습관이 생겼다. 말은 전염성이 강해서 아이 말투에도 영향을 주었다. 존댓말을 쓰는 부부가 부부싸움을 크게 할 수 없는 것과 같은 이치다. 표현하는 방법이 메시지의 방향을 결정한다는 말은 아이와 나 사이에도 그대로 적용되어서, 이제 아이도 스스럼없이 내게 의견을 묻는다.

엄마의 칭찬과 밝은 표정은 챕터북을 읽을 때도 견인차 구실을 했다.

"어머! 이걸 벌써 다 읽었어? 우아, 엄마는 이거 대학교 때 읽은 건데 대단하다!"

레벨 3 정도 되는 챕터북을 다 읽고 일어나는 첫째를 붙잡고 응원을 퍼부었다.

"근데 이건 언제 봤던 책이지? 작년인가? 재작년인가?" 하며 몇 달 전에 집중 듣기 하던 책을 꺼내 들었다. 그 책을 다시 한번 읽길 바랐기 때문이다.

"엄마는 그것도 몰라? 이번 여름에 읽은 거잖아. 작년엔 내가 어려서 이

거 못 읽었지."

"아, 그래? 그럼 아직 이 책 스토리를 기억하겠네? 여기 나온 애가 너랑 동갑이었던가?"

호들갑을 떨었더니 "아마 그럴걸? 줘 보세요." 하며 책을 가져갔다.

이 정도만 되어도 챕터북 읽기는 성공이다. 보통 집중 듣기를 재미있게 한 책은 이렇게 권유하면 그냥 눈으로 한 번 더 읽어 내려간다. 칭찬으로 시작해서 읽기로 이어지는 것이다.

놀이로 시작한 영어가 놀이로만 끝나게 하지 않으려면, 그리고 아이가 커도 계속 가깝게 지내려면, 조금 더 상냥하고 친절해질 필요가 있다. 말투는 연습하면 된다. 따뜻한 질문과 대답이 오가는 사이, 멈춘 듯한 아이의 영어가 다시 자란다. 그래서 난 아이와 영자 신문을 읽고 시사 이야기를 나누는 그날까지 칭찬을 계속 입에 달고 살 작정이다. 분위기를 띄우고 아이의 기분을 좋아지게 하는 가장 쉬운 방법이기 때문이다.

04 놀이가 우선이다

아이들이 커갈수록 놀이의 종류와 범위도 집 안팎으로 다양해졌다. 아이들의 체력과 놀이의 강도가 점점 내 체력에 반비례하는 요즘, 4차 산업혁명을 대비한 책들에 감사할 뿐이다. 창의성을 기르는 데 자유와 독서만 한 것이 없다고 입을 모아 얘기해주니 말이다. 그 책들이 아니었다면 우리 집 애들의 놀이는 진즉에 내게 진압되었을지도 모른다.

우리 집엔 어린이 백과사전이 하나 있다. 첫째가 그 두꺼운 책을 꺼내기에 뭐 하는지 지켜봤더니 책 위에 올라가 한 다리를 들고 자기 좀 보란다. 혹시나 백과사전에 재미를 붙였나 하고 쳐다봤더니 빙글빙글 돌면서 자기는 오르골이라고 했다. 아이에게 백과사전은 역시 무대 도구에 불과했다. 게다가 첫째는 바닥에 쭈그리고 앉아서 책을 자주 보는데 딱 발톱에 매니큐어 바르는 자세다. 눈 나빠진다고 버럭 소리도 질러봤고 의자를 엉덩이에 밀어 넣어 주기도 해 봤다. 그랬더니 이게 더 편하고 재미있다며 의자를 눕혀놓고 거기에 앉아(?) 책을 읽는다. 그 와중에 손에 든 책의 책장이 넘어가니 뭐라 하지도 못하고 환장할 노릇이다. 초등학교 입학 대비로 사 준 높이 조절 의자는 이미 둘째의 장난감으로 전락한 지 오래다. 무엇이든 아이들 손에 들어가면 제 역할을 잃고 장난감으로 바뀌어버린다.

노는 수위와 도전 의식이 내 인내심의 한계를 넘는 날도 많다. 텐트 놀이를 하다가 커튼을 확 잡아 뜯은 날, 커튼 봉이 'ㄴ자'로 휘었다. 의자를 밟고 올라가 다시 똑바로 폈다. 두세 번을 폈을 때쯤, 마침내 천장에 붙은 지지대가 뜯겼다. 입술을 깨물며 천장에서 떨어진 나사를 하나둘 주웠다. 눈치 없는 둘째 아이가 반쯤 늘어진 커튼에 몸을 돌돌 말면서 '꼭꼭 숨어라'를 하자고 했다. 큰아이가 조용히 자기 방으로 데리고 가는 게 느껴졌다. 이젠 아이가 다치지만 않으면 된다는 심정이다.

아이들에게 있어서 놀이는 본능이라는데 영어에 있어서도 예외는 아니다. 엄마표 영어를 하다 보면 놀이와 학습의 경계를 넘나드는 것을 자주 볼 수 있다. 쉽게 말하면 엄마에겐 엄연히 학습으로 보이지만 아이는 놀이인 경우다.

엄마표 영어를 시작한 지 4년 차 되던 해 겨울 방학이었다. "Diary of a Wimpy Kid(윔피 키드)"를 읽다 말고 아이가 책장에서 다른 책을 꺼내 들고 왔다.

"엄마, 이거 봐. 똑같지?"

"Diary of a Wimpy Kid" 책 안에 "The Giving Tree(아낌없이 주는 나무)"를 쓴 '셸 실버스타인(Shel Silverstein)'의 얼굴이 그려져 있었다. 수염이 덥수룩한 아저씨다. "The Giving Tree" 원서 뒤표지에 저자 사진이 크게 실려 있었는데 그걸 기억해내고는 진짜 똑같이 그렸다며 보여주려고 온 거다. 어디가 웃긴 건지 모르겠지만 아이는 데굴데굴 구르며 웃었다. "Charlotte's Web(샬럿의 거미줄)"도 "Diary of a Wimpy Kid"의 주인공 Greg의 엄마가 읽었다면서 책장에서 꺼내왔다. 아이는 그날 저녁, 그 두 권의 책을 다시 집어 들고 읽기 시작했다.

이렇게 아이 스스로 가지치기하며 연계된 책을 읽는 것은 다른 책 읽기로 넘어가는 방법 중에 단연 최고의 방법이다. 어디가 웃음 포인트인지는 여전히 모르겠지만, 아이가 새까만 알파벳이 가득한 원서를 이것저것 들고 다니며 신대륙을 발견한 것처럼 웃음 가득한 얼굴로 다가오는 게 마냥 대견

할 따름이다.

"뇌의 배신"(미디어 윌)을 쓴 앤드루 스마트는 빈둥거리며 노는 시간에 창의적인 생각이 나온다고 했다. 이름까지 스마트한 이 학자의 주장에 따르면 농한기 덕분에 문자도 만들고 하늘도 연구할 수 있었다고 한다. 즉 놀이 속에 창조가 있다는 말이다.

시간이 넘쳐나면 아이들은 알아서 즐길 거리를 찾는다. 대부분의 아이가 놀이할 때는 좀처럼 지칠 줄 모르듯, 첫째도 실컷 논 다음에 앉고 싶을 때가 되면 책장에 손을 뻗었다. 놀이의 끝에는 매번 책이 있었는데 그때 흥미 있는 책에 손이 닿게 해 두면 군소리 없이 오랫동안 읽었다. 이럴 때 하는 독서는 단순히 글자를 읽는 게 아니라 무수한 생각을 떠올리고 연결하는 또 다른 놀이인 셈이었다.

배가 고파서 그랬든, 친구랑 다퉈서 삐져서 그랬든, "그만 놀래."라는 말을 아이가 먼저 꺼내는 걸 경험해본 적 있는가? 자기 입으로 놀이를 할 만큼 했다고 내뱉고 나면, 훨씬 수월하게 영어책 읽기를 진행할 수 있다. 난 그래서 영어책 읽기를 주로 저녁에 했다. '선 놀이, 후 독서'인 셈이다. 체력과 집중력을 고려할 때도 이게 옳은 순서다. 놀이 같은 공부가 낯설고, 비중이 적어 보일지 몰라도 아이가 외국어를 익히는 데는 이게 옳다. 엄마표 영어와 다른 영어 학습법의 큰 차이이기도 하다. "열심히 공부한 다음 놀자."는 것보다 "실컷 놀고 책 읽자."가 아이에겐 훨씬 더 편안한 접근 방법이다.

첫째는 아홉 살 초반에 챕터북을 읽고서 종종 스토리를 지어냈다. 머릿속에 떠오른 이야기를 영어로 녹음하기도 하고, 글로도 썼다. 그림을 그려서 갖다 주기도 했는데 등장인물이 죄다 같은 반 친구들이었다. 하나하나 영어 이름을 붙여가며 최대한 자기 나름대로 웃긴 이야기를 만들었다.

누가 누군지 아는 사람은 본인 외에 엄마인 나뿐이니 얼추 이야기를 쓰고 나면 꼭 보여줬는데, 가만히 들여다보면 최근에 읽은 책들의 총집합이었다. 아홉 살답게 방귀, 똥, 트림을 사이사이에 넣는 것도 잊지 않았다. 어려운 책을 좀 봐줬으면 했던 내 욕심이 무색해지는 순간이었다. 쉬운 책, 딱 자기 나이에 맞는 책을 두루두루 보면서 아이는 창의적인 생각의 나래를 맘껏 펼치고 있었다. 지금껏 읽은 내용을 자기 상황에 맞춰서 다른 사람에게도 적용하면서 사고의 폭을 확장하고 있었던 것이다.

"영어뿐만 아니라 모국어가 아닌 외국어를 익힌다면, 그 과정에서 창의 융합 활동을 잘할 확률이 커진다. 해당 외국어와 관련된 문화를 익히고 다양한 의사소통 훈련을 하면 아이의 입장에서 융합할 수 있는 새로운 자산이 늘어나기 때문이다. 외국어로 해당 국가의 외국인과 토론한다면 서로 이질적인 자료와 문화를 적용하고 융합하는 기회를 얻게 될 수도 있다."

- "읽기 혁명"(르네상스), 스티븐 크라센 -

스트레스 없는 독서와 외국어의 만남이야말로 아이가 미래를 위해 준비해야 할 덕목이라는 판단에 점점 힘이 실린다. 미래에는 번역기가 대체할 거라며 마냥 외국어를 손 놓고 있으면 안 된다. 아이들은 빽빽한 영어책에 편견이 없고 무엇보다도 시간이 많다. 일 속에서 놀이를 찾아낼 시간도 충분하다. 최고의 성취는 '일과 놀이의 경계를 허무는 것'이라는 아널드 조셉 토인비 교수의 말처럼, 아이의 일과 놀이를 엄마표 영어와 버무려보는 건 어떨까? 하루에 얇은 책 한 권을 읽게 하려고 세 시간을 놀린다는 심정으로 아이를 대하면 좀 더 쉽다. 그러다 그것이 두 권, 다섯 권, 열 권으로 늘어나면 저절로 고맙고 기특해질 것이다.

기대치가 낮을수록 가속이 붙는다. 나 역시 4년 차가 되던 해에 드디어 엄마표 영어에 대한 확신을 가졌고, 쓰기와 말하기에도 결실을 보기 시작했다. 그러니 1, 2년 차까지는 최대한 노는 듯 책을 보게 하자. 문제집이나 테스트 없이 원서 읽기로 영어를 익히면 긴 글에 익숙해진다. 전 권에서 있었던 사건을 기억 못 하면 이어서 다음 권을 읽을 수 없으니, 기억력과 추리력도 덩달아 좋아진다. 폭넓은 기준으로 아이의 놀이와 독서를 바라본다면, 아이가 원하는 대로 책을 읽히는 것은 내 집에서 책으로 하는 창의융합교육이나 마찬가지다.

05 　슬럼프를 이겨내는 방법

　현재 작은 아이는 32개월이다. 영어 그림책을 읽어주다 보면 책장을 쉽게 못 넘기게 한다. 자기가 좋아하는 그림이 나와서이다. 엄마가 그림을 보고 이야기를 꾸며내는 줄 알 뿐 알파벳에는 관심이 없다.

　그런데 첫째가 다섯 살 무렵, 처음 영어 그림책을 읽어줄 때도 그랬었다. 책장을 붙잡고서 엉뚱한 것만 물어봤다. 돼지가 나오면 그저 좋아 웃었고, 상어가 입을 벌리고 있으면 자기 손가락을 먹여주면서 깔깔댔다. 12페이지짜리 책을 읽어주는데 다리가 저릴 정도의 상황이 매일 여러 번 반복됐다. 아이에게 영어 그림책을 읽어주는 풍경은 마치 화면이 정지된 영상 같았고, 내 목소리는 배경음악이나 마찬가지였다.

　하지만 그렇게 귓가에 울리던 소리 속에서 아이는 아는 단어를 찾아냈다. 반복되는 단어를 기억하는 데까지 시간이 좀 걸렸을 뿐이었다. 그때 필요했던 건 나의 인내심이었다.

　조금 원활하게 아이 영어책 읽기가 굴러간다 싶다가도 여지없이 제동이 걸리는 때도 여러 번 있었다. 아이가 통 영어책을 보지 않았던 것이다. 엄마가 읽어주니 아이는 보고만 있어 주면 되는데, 그것조차 싫다고 하니 속이 터졌다. 사놓은 영어 그림책들이 아까웠고 저걸 얼른 내다 팔아야 하나 싶었던 때도 있었다. 지금 와서 솔직히 고백하건대, 아이가 그런 태도를 보일 때는 매번 내 태도가 달라진 경우였다. 칭찬도 잘 안 해주고 표정이 어두우면 아이는 귀신같이 영어책에서 고개를 돌렸다. 그리고 아이 영어책을 새로 사준 지 오래됐을 때도 그랬다. 매일 보는 그림이 지겨웠던 것이다.

　내 마음이 지치면 엄마표 영어를 하겠다고 처음 마음먹었을 때, 가이드로 삼아 봤던 책들을 꺼내어 읽었다. 엄마표 영어를 왜 시작했는지, 아이에게 왜 영어를 익혀줘야 하는지, 밑줄을 쫙쫙 그어둔 부분을 다시 한번 읽으며 힘을 냈다. 찬찬히 읽다 보면 생전 처음 보는 구절이 후드득 떨어진다. 빈 곳에 메모까지 한 책이었건만 다시 보면 꼭 새 책을 읽는 기분이었다. 그래도 그간 해온 것이 있어서인지, 그냥 넘겨도 될 부분도 제법 보였다. 레벨 별 책 소개를 눈이 뚫어져라 쳐다봐도 도대체 뭐가 뭔지 모르고 밑줄만 쳤던 때와는 다른 느낌이다. 조금의 위안과 용기를 얻은 후 책을 덮고 레벨을 조금 낮춰서 아이의 새 책을 샀고, DVD를 세트로 주문했다. 그렇게 다시 아이를 무릎 위에 앉히고 새 책을 읽어주고 보여주고 들려줬다.

　그래도 영 아이가 영어책을 안 보고 싫어하는 눈치일 때 가장 효과 있는 방법은 바로 엄마가 책 읽는 모습을 보여주는 거였다. 집 안 여기저기서 책을 읽고, 일부러 아이 필통에서 펜을 빌려다가 밑줄을 치니 아이도 괜히 필통을 가지러 왔다가 옆에 붙어서 자기 책을 보기도 했다. 아이는 나의 일거수일투족을 그대로 따라 했다.

솔직하게 터놓고 아이와 대화를 나누는 것도 도움이 됐다. 3년 차 되던 해, 나는 말만 안 했을 뿐 표정과 말투로 수시로 화를 내고 있었다. 한창 엄마표 영어 커뮤니티에서 유행하던 '1년에 365권 집중 듣기'를 시켜야겠다는 심정으로 덤빈 게 화근이었다. 챕터북으로 넘어가서 한참 두 시간씩 집중 듣기를 하던 때였는데, 아이는 주야장천 DVD만 볼뿐 영어책 집중 듣기를 점점 멀리했다. 어느 날부터는 DVD만 내내 보고 졸린다며 바로 잠들어버렸다. 야심 차게 세운 계획이 산으로 갔다.

며칠은 그냥 내버려 뒀다. 마침 DVD 플레이어가 고장 났는데 수리하는 데 족히 일주일이 걸린다고 했다. 그때다 싶어 솔직하게 터놓고 이야기를 나누었다. "요즘엔 영어책이 재미없니? 뭐가 제일 재미있어?" 하고 물어보았다. 영어책을 꾸준히 보면 뭐가 좋은 지도 다시 슬쩍 말해줬다. '이런 이유로 계속 읽었으면 좋겠는데, 정 힘들면 권수를 줄여 이틀에 한 권만 읽자'라고도 제안했다.

엄마와 이야기하면서 아이는 스스로 자기가 좋아하는 게 무엇인지 생각을 정리하는 듯했다. 그러고는 책이 싫어서가 아니라 DVD가 너무 재밌을 뿐이라고 했다. 그리고 앞으로 DVD 보는 시간을 줄이고 대신 한 단계 낮은 책을 많이 읽겠다고 약속을 했다. 아직 사춘기 이전이라 자기가 정한 규칙은 꽤 잘 지키는 편이어서 응원 겸 체크만 해주면 됐다. 그리고 다행히 DVD를 못 본 기간에 다시 책에 흥미를 붙일 수 있었다.

엄마표 영어를 하다 보면 아이가 읽는 둥 마는 둥, 책 읽기를 멀리 하는 순간을 반드시 거치게 된다. 그럴 땐 엄마가 먼저 초심으로 돌아가야 한다. "공부해라, 독서해라!" 하는 잔소리로는 아이를 바꾸지 못한다. "공부하자, 함께 독서하자."가 훨씬 효과적이다. 무엇보다 아이의 마음을 읽어주는 것이 우선이다. 조금 돌아가더라도 서두르지 말고 기다리자. 아이의 마음과 생각을 직접 물어보고, 거기에 응원을 더하면 다시 엄마표 영어를 이어갈 수 있을 것이다.

Part 3

엄마표 영어, 이렇게 하자

Chapter **5**

엄마표 영어, 언제 어떻게 시작할까?

01 엄마표 영어를 시작하기 전의 약속

우선 엄마표 영어를 본격적으로 시작하기 전에 우리 손 꼭 붙잡고 약속을 하나 하자. 단계 불문, 묻지도 말고 재촉하지도 말고 기다려주자는 것. 그리고 천천히, 꾸준히, 재미있게 가자는 것. 이것만 염두에 두면 엄마표 영어는 성공한다.

이 책을 읽고 있다면 일단 아이 영어에 대한 고민을 적극적으로 하고 있다는 것이다. 엄마표 영어를 지속하려면 엄마의 관심과 노력이 필수 조건이다. 그러나 집에 늘어가는 책의 권수와 아이의 영어 실력은 절대 정비례하지 않으니 결코 조바심을 내서는 안 된다. 특히 첫 2년이 그렇다. 아이가 영 못 알아듣는 것 같고 그림만 보는 것 같더라도 결코 엄마가 잘못하고 있는 게 아니다. 드러나지 않을 뿐, 아이는 영어의 블록을 열심히 쌓아 올리고 있으니 믿고, 지치지 말고, 기다려야 한다. 엄마의 의지에는 부족함이 없다 하더라도 열의에 가득 차 덤볐다가는 쉽게 나가떨어질 수 있다.

그러니 다음 세 가지의 약속은 지금 하고 넘어가도록 하자.

1. 단어 뜻 물어보지 말고, 해석시키지 말자

영어책을 읽어주는 목적은 그림을 통해 내용을 유추하는 능력까지 포함한다. '입을 쩍 벌린 악어', '엉엉 우는 아기', '응가하려고 변기에 앉은 아이' 그림을 뚫어지라 보면서 'scary', 'baby', 'crying', 'poo poo' 같은 단어를 어렴풋이 어감으로 기억하는 것이다. 글자 하나하나를 손가락으로 짚어줄 필요도 없다. 그림을 봤다가 글자를 봤다가 하는 게 정상이다.

일단 아이가 시선을 책에 꽂고 있다면 읽고 있는 것이다. 두세 줄짜리 리더스북으로 넘어가도 아이가 원하지 않는다면 굳이 소리 내어 읽게 할 필요 없다. 소리 내어 읽기를 강요하는 것은 그림과 글을 번갈아 보다가 이제 간신히 읽기의 흐름을 탄 아이의 맥만 탁 끊어놓는 일이다. 오늘 대답 못 한다고 내일 책 안 읽어 줄 건가? 괜한 걱정만 생길 뿐이니 아이에게 읽기와 해석을 요구하지 말자.

2. 빨리 깨친 애가 빨리 지친다는 것을 기억하자

비교하지 말자는 이야기다. 엄마표 영어를 1, 2년 하다 보면 누가 더 높은 레벨 책을 읽는지, 누가 더 어려운 영어 영상(DVD)을 즐겨보는지 내심 비교하게 되기 마련이다. 분명한 것은 내 아이의 실력은 옆집 뒷집 아이의 실력과 곧 만난다는 것이다. 아이들의 흥미와 정서에는 한계가 있기 때문이다.

제아무리 영어를 잘해도 초등학생에게 15세 이상 관람가인 영화를 보여주거나, 인종차별이나 전쟁을 다룬 시사 잡지를 읽게 할 수는 없지 않은가. 오늘 누가 더 어려운 책을 읽고 있는지는 중요하지 않다. 그래 봤자 도토리 키재기다. 설령 비교하더라도 아이에게 이를 드러내거나 욕심내지 말자. 아이들은 모두 다르므로 속도가 같을 수 없다.

3. 가르치려 하지 말자

엄마표 영어를 하는 엄마들이 저지르는 흔한 실수가 엄마가 선생님이 되어버리는 것이다. 엄마는 결코 선생님이 아니다. 엄마는 그저 아이에게 책을 읽어주고, 원하는 영어 영상(DVD)을 바로 틀어주는 도우미일 뿐이다. 시기별, 수준별로 적당한 재료들을 찾아 자극해주고 손뼉 쳐 주는 것만으로도 엄마의 역할은 충분하다.

02 엄마표 영어, 언제 시작해야 할까?

영어 습득에 있어 적기가 있다는 것은 이제 정설이나 다름없다. 뇌과학과 관련된 여러 연구 결과에 따르면 언어를 관장하는 뇌 영역은 주로 6세부터 12세까지 발달이 최고조에 이른다고 한다. 이는 유치원에 다닐 때부터 초등학교 졸업 전까지에 해당한다.

이 시기 아이들은 어른과는 달리 청각 기능이 특히 발달하여 한국말에는 없는 외국어 발음을 쉽게 인식한다. 따라서 적어도 유치원에서 초등학교 졸업 전까지는 다양한 주파수를 가진 외국어를 들려주면서 외국어 발음에 익숙하게 해야 한다. 12세를 넘으면 일반적으로 청각 기능보다는 시각 기능이 발달하므로 너무 늦기 전에 귀부터 열어야 하는 것이다.

그런데 영어 학습의 시작점과 관련되어서는 여러 견해가 있다. 태어나자마자 흘려듣기를 시작하라는 주장도 있고, 외국어 학습의 최적기는 초등 입학 이후라는 주장도 있다. 내 경험에 의하면 어떤 경우든 너무 늦게 시작하지 않고, 엄마표 영어를 3년 이상 꾸준히 한다면 긍정적인 효과를 거두게 된다. 이는 다섯 살부터 엄마표 영어를 시작한 큰아이나, 태어나자마자 흘려듣기를 시작한 둘째 아이의 경우, 일곱 살에 시작한 여러 지인의 경우를 비추어보았을 때 여실히 증명된다.

다섯 살, 눈높이에 맞게 부담 없이 시작할 수 있는 시기

큰아이의 경우, 본격적으로 영어 노출을 하기 시작한 것이 다섯 살이었다. 그전에는 한글 그림책을 많이 읽어주며 모국어에 익숙하게 하는 게 우선이므로, 영어 동요를 틀어주는 것만으로도 충분하다고 생각했기 때문이다. 결과적으로 다섯 살 엄마표 영어 시작은 꽤 훌륭한 판단이었다고 생각한다.

1. 영어 유치원에 대한 불안감을 떨쳐낼 수 있다

우선 다섯 살에 엄마표 영어를 시작하면서 영어 유치원에 대한 불안감을 떨쳐낼 수 있었다. 주변의 엄마들을 보면 경제적 상황을 떠나 아이가 다섯 살이 되면 모두 같은 고민을 한다. "영어 유치원에 보낼 것인가 말 것인가." 어차피 익혀야 하는 영어라면 '어느 정도 규율과 규칙에 익숙해져서 학습을 시작할 수 있는 다섯 살에 시작하는 것이 낫지 않을까?'란 생각이 들기 때문이다. 이런 엄마들 사이에 있다 보면 흔들리진 않더라도 막연한 불안감에 시달릴 수밖에 없다. 그러느니, 이때부터 준비 단계를 시작하는 게 나은 선택이다.

2. 아이의 흥미와 영어책의 수준이 일치한다

그보다 더 좋은 이유는 엄마표 영어를 시작할 때 보기 좋은 영어 동영상과 그림책들의 수준이 다섯 살 눈높이에 맞기 때문이다. 언어 학습의 최적기를 초등 입학 이후로 보고 12세, 13세에 엄마표 영어를 시작하게 되면 첫 시작으로 큰 도움을 받을 수 있는 황금 같은 영어 영상과 그림책들이 시시해지고 만다. 엄마표 영어에 있어서 가장 중요한 사항인 재미를 잃기 십상인 것이다.

3. 칭찬의 힘을 극대화할 수 있다

다섯 살에 엄마표 영어를 시작하면 좋은 또 다른 이유는 아이가 엄마의 말을 그대로 믿는 나이라는 것이다. 엄마가 정한 규칙에 의문점을 가지지 않는다는 것, 그리고 칭찬의 효과가 크게 작용한다는 것은 무엇과도 바꿀 수 없는 장점이다. 우리 집의 경우 영어 영상(DVD)을 틀었을 때 어쩌다 한글 음성이나 한글 자막이 나오면 "이거 미국에서 엄마가 사 온 거라 한글로 나오면 고장 나서 다시는 못 봐." 하며 얼른 영어로 바꿔주었다. 초등학생이라면 반발을 샀을 만한 거짓말이지만, 아직 어린 아이는 그 말을 곧이곧대로 믿었다.

영어 영상(DVD)을 효과적으로 보게 하려면 이전에 한글 TV 프로그램에 대한 노출이 적어야 한다. 재미있고 자극적인 한글 만화에 익숙해진 아이에게 뜻을 유추해야 하는 영어 영상(DVD)을 틀어주면 저항이 클 수밖에 없다. 따라서 한글 TV 프로그램에 노출된 시간이 상대적으로 적고, 굳이 사탕이나 초콜릿, 용돈으로 유혹하지 않아도 되는, 무엇보다도 엄마의 선의의 거짓말에 의심이 없는 다섯 살은 엄마표 영어를 시작하기 딱 좋은 나이이다.

일곱 살, 빠른 효과를 볼 수 있는 최적의 시기

일곱 살은 어린이집이나 유치원에서 어느 정도 영어에 대한 노출이 되었을 나이이다. 아직 Nursery Rhyme을 듣고 지겨워하지 않을 나이이기도 하다. 우리말에도 익숙해져 있을뿐더러 언어 습득을 위한 뇌 발달도 최고조에 다른 시기인지라 다른 언어적 자극에도 폭발적으로 반응한다. 유치원이나 어린이집에서 어설프나마 파닉스나 영어 회화를 접해왔다면 준비 단계를 짧게 거치고 바로 1단계로 넘어갈 수도 있다.

그러니 7~8세에 엄마표 영어를 시작한다면 준비 단계부터 1단계까지는 빠른 속도로 훑어나가되 2단계부터 집중하면 된다. 다음은 일곱 살에 엄마표 영어를 시작할 때 누릴 수 있는 장점이다.

1. 기관을 통한 노출 시간이 더해진다

일곱 살에 엄마표 영어를 시작하면 그동안 어린이집이나 유치원 등의 기관에 다니면서 영어에 노출되었던 것이 장점이 된다. 현재 일부 국공립 및 단설 유치원을 제외한 대부분의 유아교육 기관은 누리과정을 기본으로 한 정규 활동 외의 시간에 영어를 놀이식으로 편성하고 있다. 따라서 대부분의 아이는 일곱 살이 되면 자연스럽게 기관을 통한 영어 노출 시간이 쌓이게 된다. 이 시기에 엄마표 영어를 병행하게 되면 그 효과가 커질 수밖에 없다. 유치원 영어 교육 금지 방침에 대한 교육부의 정책이 계속 유예될지 여부는 정확지 않으나 기관을 통한 노출 시간에 엄마표 영어를 통한 노출 시간이 더해진다면 시너지가 생길 수밖에 없다.

2. 한글책과 영어책 읽기의 병행이 가능하다

어렸을 때부터 자주 한글 동화책을 읽어주었다면 이제 스스로 한글 동화책을 읽는 것이 가능한 나이이다. 한글을 읽고 뜻을 이해할 줄 안다면 문자와 뜻을 연결하는 힘이 길러져 있다는 것이다. 이처럼 문자의 뜻을 유추하는 경험이 있다면 영어책 읽어주기가 한결 수월해진다. 또한 한자리에 앉아 책을 끝까지 읽는 습관이 잡혀 있으면 아이의 관심을 책에 오래 머물게 할 수 있으므로, 영어책을 읽어주면서 한글책을 읽어줄 시간을 내기에도 좋다.

3. 아이와의 밀고 당기기가 가능하다

일곱 살은 영어를 하는 게 왜 좋은지 아이에게 충분히 설명할 수 있고, 스스로 영어책을 읽거나 영어 영상(DVD)를 보았을 때 원하는 보상을 준다면 그 만족도를 높일 수 있는 나이이기도 하다. 아직 엄마의 칭찬을 고파하는 나이이므로, 아이가 원하는 보상이 무엇인지 충분히 이야기를 나눈 다음 엄마표 영어를 시작하면, 시간 대비 효과를 충분히 거둘 수 있다.

다만, 일곱 살에 엄마표 영어를 시작한다면 아이가 흥미를 느낄 수 있는 주제를 선정하는 데 있어 더 세심하게 신경 써야 한다. 자칫 언어 자체에 거부감을 느낄 수도 있고, 영어 영상(DVD)이나 책의 내용이 아이의 발달 단계와 맞지 않아 흥미를 보이지 않을 수도 있기 때문이다. 더는 영어 공부를 늦출 수 없다고 생각하여 엄마 마음에 조바심이 생길 수도 있다.

그러므로 7~8세에 엄마표 영어를 시작한다면 각 단계에서 추천한 영어 타이틀을 아이와 함께 훑어보면서 아이가 흥미를 느끼는 것이 무엇인지 찾는 것을 우선으로 하자. 이 시기에 엄마표 영어를 시작할 경우 아이가 이미 한글 영상에 노출되었을 가능성이 크므로, 엄마의 칭찬을 극대화할 방법도 동원해야 한다.

엄마표 영어의 시작점으로 다섯 살, 일곱 살을 꼽았지만, 둘째, 셋째가 있는 경우라면 그 시작점이 더 낮아질 수밖에 없다. 그렇다면 땡큐다. 첫째에게 매일 같이 영어 그림책을 읽어주는 시기라면 둘째 아이에게 흘려듣기를 좀 더 일찍 해주는 것이나 마찬가지다. 다만, 나이 차이가 있는 아이들에게 동시에 영어를 노출할 때는 영상을 틀어줄 때 주의해야 한다. 최대한 첫째에게만 노출할 수 있는 환경을 만들고, 둘째가 커 갈수록 장소를 분리해서 다른 영상을 틀어주도록 하자. 둘째의 낮잠 시간을 최대한 이용하고 휴대용 DVD 플레이어나 헤드폰을 활용하는 것도 방법이다.

분명한 것은 둘째, 셋째를 위해 새로운 영어 노출 환경을 구축할 필요는 없다는 점이다. 아이가 여럿일수록 엄마표 영어에 있어서 엄마의 수고는 1/2로, 1/4로 줄어든다.

아이마다, 엄마마다 상황이 다르기에 딱 몇 살에 엄마표 영어를 시작하는 게 정답이라고 얘기하긴 어렵다. 또한 아이의 영어 노출 정도에 따라, 기질에 따라 시작점이 같더라도 진행 속도는 다를 수 있다. 그래서 이 책에서는 엄마표 영어의 시작 시기를 다섯 살로 가정하되, 일곱 살에 엄마표 영어를 시작하는 아이들을 위한 시나리오를 함께 제시하고 있다.

각 단계별로 필요한 기간을 제시해두긴 했으나, 엄마표 영어에 있어 '준비 단계-1단계-2단계-3단계'는 칼 같이 나뉘는 단계가 아니므로 적당한 시점에서 다음 단계를 시도해보자. 엄마표 영어에 있어 아이가 지금 어느 단계를 소화할 수 있을지를 가장 잘 판단할 수 있는 것은 부모이다.

03 엄마표 영어 3단계 시나리오

엄마표 영어의 유아기부터 학령기까지의 시나리오는 다음과 같다. 각 단계는 아이가 몇 살에 엄마표 영어를 시작하는지, 그리고 아이의 적응도에 따라 머무는 시간이 다를 수 있다. 준비 단계와 1단계는 영어에 적응하는 단계이므로 적어도 6개월에서 1년 정도를 예정하는 게 좋다. 6개월 정도 재미있게 영어를 노출해주다가 아이의 상황에 따라 한 단계씩 나아가도록 하자.

단계	준비 단계	1단계	2단계	3단계
기간	6개월	6개월~1년	1년	1년
미션 mom	· 동요 CD 틀어주기 · 한두 줄짜리 그림책 많이 읽어주기	· 영상 보여주기 · 그림책 읽어주기	· 영상 보여주기 · 영어책 읽어주기	· 영상 보여주기
kids		· 흘려듣기	· 리더스북 읽기 · 흘려듣기	· 영어책 읽기 · 챕터북 집중 듣기

〈다섯 살에 시작하는 엄마표 영어 진행의 예시〉

단계	준비 단계	1단계	2단계	3단계
기간	3개월	3개월~6개월	6개월~1년	1년
미션 mom	• 동요 CD 틀어주기 • 한두 줄짜리 그림책 많이 읽어주기	• 영상 보여주기 • 그림책 읽어주기	• 영상 보여주기 • 영어책 읽어주기	• 영상 보여주기
kids		• 흘려듣기	• 리더스북 읽기 • 흘려듣기	• 영어책 읽기 • 챕터북 집중 듣기

〈일곱 살에 시작하는 엄마표 영어 진행의 예시〉

준비 단계

먹이고 입히고 재우는 것만 하기에도 정신없을 때이므로 이 시기에는 영어 동요를 거실과 차에서 틀어놓고 지내는 것만으로도 충분하다. 한 달 내내 같은 CD여도 상관없다. 이때 신경 써야 할 것은 한글 그림책을 많이 읽어주는 것이다. 스스로 영어 그림책을 즐겨 읽게 하려면 책 읽기를 즐기는 습관을 들여놓아야 한다. 7~8세에 엄마표 영어를 시작하더라도 준비 단계는 거치는 게 좋다. 이때는 청각 기능을 비롯한 언어적 감각이 최고조에 다다를 때이므로, 금세 영어 동요를 외워 따라 부를 수 있다.

1단계

그저 많이 노출하는 때다. 영어 영상(DVD)과 영어 그림책을 자주 보여주고 읽어주는 게 전부다. 이 시기에 영어 영상(DVD)에 대한 아이의 저항을 최소화하려면 한글 영상은 보여주지 말아야 한다. 한글 영상과 영어 영상을 함께 보여주며 엄마표 영어를 하기란 불가능에 가깝다. 엄마표 영어를 시도하다가 일찌감치 포기한 케이스가 대부분 여기에 해당한다.

그동안 아이에게 한글 영상을 자주 보여줬다면 분명 아이 교육을 위해서라기보다는 아이가 재밌어하니 엄마가 쉴 수 있어 한 선택이었을 것이다. 그러니 엄마표 영어를 적극적으로 할 예정이라면 준비 단계부터 한글로 소리가 나오는 애니메이션은 시청을 금해야 한다. 대신 자극적이지 않은 영어 영상(DVD)을 보여주는 습관을 들이자. 리모컨 버튼 몇 번만 더 누르면 된다.

1단계를 성공적으로 하는 방법은 바로 영어 그림책과 영상(DVD)을 연결해 보여주는 것이다. 즉, 영어 그림책을 읽어준 다음 같은 주인공이 나오는 영상(DVD)을 보여주거나, 반대로 영상(DVD)을 보여준 다음 관련된 영어 그림책을 읽어줌으로써 흥미를 연결하는 노력이 필요하다. 좋아하는 영상(DVD)의 캐릭터가 나오는 책이라는 이유만으로 두려움 없이 영어 그림책을 붙잡는 일이 반복되면 다음 단계로 나아가기가 훨씬 수월하기 때문이다.

2단계

영어 영상(DVD)으로 파닉스를 살짝 맛본 다음 글씨가 크고 내용이 짧은 리더스북을 추가하는 단계다. 파닉스는 최대한 짧고 재밌게 보고 가야 한다. 파닉스 교육을 염두에 두고 제작한 영상(DVD)이 아니더라도 1, 2단계에 소개하고 있는 영어 영상(DVD)에는 주인공들이 파닉스와 알파벳을 배우는 에피소드가 차고 넘친다. 굳이 파닉스 익히는 기간을 길게 잡을 필요가 없는 것이다. 파닉스에 집중하다 보면 오히려 이제껏 영어 영상(DVD)으로 슬쩍 심어놓은 영어에 대한 흥미만 잃어버릴지도 모른다. 무엇보다도 기계적으로 영어를 읽는 습관이 생기면 긴 글을 눈으로 빠르게 읽어나가는 데 시간이 오래 걸린다는 단점도 있다. 그러니 파닉스 맛보기는 두세 달이면 충분하다.

이 책의 2단계에서 소개하고 있는 리더스북들은 대부분 그림책처럼 재미있게 읽을 수 있는 것들이다. 그러니 영어 그림책을 읽어줬던 것처럼 엄마가 읽어주거나 아이가 조금씩 읽게 하면 된다. 영어 영상(DVD)도 여전히 보여준다. 이 책에서 소개하는 2단계 영어 영상(DVD)은 1단계에 비해 주인공들이 말하는 속도가 약간 빨라졌거나 등장인물이 좀 더 늘어난 것이 특징이다. 그러나 아이들은 한 단계를 올라갔다는 인식 없이 그저 자기 또래 아이들 이야기이거나 흥미 있는 소재이기만 하면 간혹 못 알아듣는 것이 있어도 가뿐히 즐길 것이다. '파닉스 약간 + 영어 영상(DVD) 보기 + 내용이 짧은 리더스북 읽기', 이 조합으로 또 1년을 채워보자.

3단계

집중 듣기 시작 단계. 리더스북을 1년여 읽었다면 이제 챕터북 집중 듣기를 소화할 수 있다. 이 책에서 '집중 듣기'란 'CD를 틀어놓고 귀로는 소리를 들으면서 눈으로는 책 속의 글을 따라 읽는 것'이다. 따라서 음원 확보가 필수이다. 음원을 구하는 것은 처음에만 접근하기 어렵지 이후에는 자연스러운 일상이 된다. 둘째 아이, 셋째 아이를 위한 작업이기도 하니 차곡차곡 쌓는다는 마음으로 음원 전문가가 되어보자. 집중 듣기 덕에 아이가 혼자 음독, 묵독을 하는 날부터는 즐거운 일과 중 하나가 될 것이다.

집중 듣기 한 챕터북이 300권을 넘어가면 집 안에서 조금씩 영어로 말하기 시작하고 낯선 수준을 벗어난 글을 쓰기도 한다. 이때 엄마가 같이 대화를 나눠 줄 필요도 없고 쓰기를 봐줄 필요도 없다. 초등학교 고학년 이전에 첨삭지도는 금물이다. 여전히 중요한 것은 '재미'다. 아이의 달라진 흥미와 수준에 맞는 영어 영상(DVD)과 챕터북을 골라 사주면 된다. 플레이어에서 흘러나오는 소리 없이 혼자 책을 읽게 된다면 일상 속에서 아이의 말하기와 글쓰기에 불을 붙여줄 수 있는 몇 가지 도구를 추가할 수 있다. 이 부분에 대한 설명은 뒤에서 자세히 풀어두었다.

이 책에서 소개한 모든 영상과 책은 하나도 빠짐없이 내가 아이와 본 것들이다. 다른 책에 강력추천이라고 소개된 것들이어도 너무 오래되어 요즘 아이들의 흥미를 끌기 어려운 것들은 과감히 빼냈다. 모든 리스트는 앞쪽은 상대적으로 난도가 낮고, 뒤로 갈수록 난도가 높아진다. 다섯 살에 시작한다면 리스트의 앞부분부터, 일곱 살에 엄마표 영어를 시작한다면 순서대로 보여주는 것이 아니라 아이가 좋아할 만한 내용을 우선으로 하여 중간이나 뒷부분에서 시작해도 무방하다.

제시한 기간 역시 절대적인 것은 아니니 참고만 하자. 엄마표 영어에 있어 진도는 문제 되지 않는다. 하다 보면 머지않아 내 아이의 속도를 파악할 수 있을 것이다.

04 영어책과 영상, 음원 구하는 방법

엄마표 영어의 양대산맥은 '영어책 읽기'와 '영어 영상(DVD) 보기'다. 유아기 영상 노출에 대해 부작용을 우려하는 시선도 적지 않지만, 현실적으로 유치원에 가는 나이의 아이에게 '뽀로로'나 '번개맨', '한글이 야호' 등을 통해 영상 노출이 전혀 되지 않은 경우는 거의 없을 것이다. 그러므로 나는 적절한 영상 노출 시간으로 하루 한 시간을 권한다. 중간에 영상(DVD)을 바꿔주는 시간을 포함한다면 짧지도 길지도 않은 시간이다. 우리나라의 EBS처럼 미국과 영국의 교육 방송 채널에서 만들고 인기리에 방영한 것이라면 하루 한 시간쯤은 안심하고 보여줄 수 있지 않을까?

그런데 영어로 된 DVD라고 해서 모두 좋은 것은 아니다. 자칫 아무 영어 영상(DVD)이나 틀어주게 되면 자극적인 영상에 익숙해지거나, 지루함을 느껴 외려 악영향을 받을 수도 있다. 그러니 준비 단계와 1단계에는 무조건 양질의 교육용 영상(DVD)을 보여줘야 한다.

이 책에서 소개하는 교육용 영어 영상(DVD)의 특징

1. 자극적이지 않은 소재를 다룬다

이 책에서 소개하고 있는 교육용 영어 영상(DVD)은 대부분 해외의 교육 방송 채널이나 어린이 방송 채널에서 방영한 것이다. 5~6세 아이들이 한창 좋아하는 동물이 주인공이거나 또래 아이들, 형제자매, 가족들과의 이야기를 비교적 느린 속도로, 쉬운 단어를 써서 만들었다. 대부분 영어권 국가에서 아이들의 생활 습관을 길들여주거나, 이민자 가족의 아이들이 영어를 쉽게 익히기 위한 목적으로 만들었기 때문에 국내에서 만든 흥미 위주 상업용 애니메이션과는 제작 목적이 전혀 다르다.

2. 영어책 읽기와 연계하기 좋다

소재나 주제가 아이들에게 적합하고, 유명한 그림책을 바탕으로 제작된 것들이 많아서 영어책 읽기와 연계하여 보여주면 효과가 확실하다. 대부분 주제가나 배경음악이 흘러나오면서 스토리가 시작하기 때문에 영어 동요를 자주 들었던 아이는 시작부터 친숙하게 느껴진다. 또한 영어를 귀로 듣기만 하던 아이가 눈과 귀로 쏙 빠져드는 경험을 하게 되면 자연스레 영어에 친근감을 느끼게 된다.

3. 엄마가 편하다

책 읽어주는 영상은 육아 파트너에 버금간다. 아이에게 책 읽어주는 영상을 엄마도 같이 듣고 보다 보면 엄마가 직접 영어책 읽어줄 때도 덜 어색하다. DVD는 엄마 대신 할머니가, 도우미 이모가 틀어줄 수도 있어서 좋다. 아이가 좋아하면 한 시간은 너끈히 본다. 단, 화면을 끄고 귀로만 듣는 것은 하루에 몇 시간이고 상관없지만, 눈으로 화면을 보는 것은 아무리 내용이 좋더라도 하루에 한 시간을 넘기지 않도록 주의한다.

영어책 쉽게 구하는 방법

영어책은 아래 소개한 온라인 영어 서점에서 책 제목을 넣어 검색한 후 가격을 비교하여 구매하는 것이 가장 일반적인 방법이다. 긴 시리즈의 경우 중고로 구매하거나 영어 도서관에서 빌려보는 것도 좋다.

네이버 (www.naver.com)

포털 서비스를 영어 서점이라고 하니 당황스러울지도 모르겠다. 이 곳을 추천하는 이유는 순전히 엄마의 시간을 아끼기 위해서이다. 엄마표 영어를 이제 막 시작하려고 할 때 가장 많이 하는 실수 중 하나가 바로 영어책

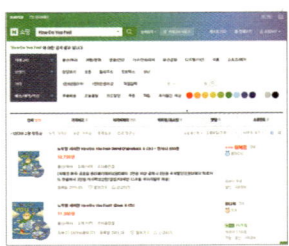

가격을 비교하다가 시간을 허비하는 경우다. 문제는 이런 날이 하루 이틀이 아니라는 것이다. 배송비를 아끼거나 한 곳으로 포인트를 몰아 적립하고 싶은 마음에 책 한 권 살 때마다 이곳저곳 기웃거리다 보면 엄마의 열정과 체력이 '쇼핑'에 소모되어 정작 주문한 영어책을 읽어주는 데 소홀해지는 어처구니없는 상황이 종종 발생한다. 그러니 네이버 검색창에 책 제목을 입력하고 네이버 쇼핑에서 가격순으로 정렬한 다음, 제목과 구성을 확인하여 네이버 페이로 결제하고 바로 창을 닫자. 중요한 것은 '얼마나 싸게 샀느냐'가 아니라 '얼마나 빨리 사서 많이 읽어주느냐'이다. 적립금도 네이버 페이로 몰아두면 되니 굳이 마일리지에 연연할 필요도 없다. 온라인 서점은 서점별로 원하는 책의 재고가 없는 경우도 많으나 적어도 네이버에서는 모든 책을 구매할 수 있으므로, 매월 영어책을 살 계획이라면 굳이 가격 비교에 힘을 빼지 않고 네이버를 이용하는 것이 편리하다.

웬디북 (www.wendybook.com)

엄마표 영어 초보 시절 가장 많이 들어가서 참고했던 영어 온라인 서점이다. 책들이 카테고리별로 한눈에 알아보기 쉽게 깔끔하게 정리되어 있다. 상세보기도 꽤 여러 페이지를 볼 수 있어 책의 내용을 파악하기에 좋고, 베스트셀러 목록이 잘 정리되어 있어 원하는 책을 쉽게 고를 수 있다. 가격적인 메리트도 상당하다.

동방북스 (www.tongbangbooks.com)

상세 이미지를 누르지 않아도 책 구성과 미리보기가 바로 나온다는 것이 큰 장점이다. 1년에 한두 번 오프라인 창고 세일을 하는데, 할인 폭이 커서라기보다는 직접 가서 눈으로 보고 손으로 후루룩 살펴보면 영어책에 대한 막연한 두려움에서 벗어날 수 있으니 가까이 산다면 들려볼 만하다.

키즈북세종 (www.kidsbooksejong.com)

오프라인, 온라인 두 곳 모두 규모가 상당하고, 가격과 구성도 적당하다. 이곳 역시 창고대개방 같은 행사를 가끔 한다. 품절된 도서가 언제 입고되는지 오프라인 매장으로 연락하면 비교적 빠르게 연결되는 편이다.

하프프라이스북 (www.halfpricebook.co.kr)

시리즈로 산 책 중에 분실한 책이 있거나 중고로 구입한 시리즈 중에 빠진 책이 있을 때 들러볼 만하다. 주로 낱권으로 판매하다 보니 아직 영어책의 분류와 목록에 낯설다면 큰 도움이 되지 않을 수도 있다. 그림책이나 리더스북보다는 챕터북이나 소설을 읽는 단계에서 더 유용한 사이트다. 15일 동안 품절 우려 없이 재고를 확보해주는 보관제도가 있어 유용하다.

중고로 구매하기

영어 원서를 직접 읽어주는 엄마들이 꽤 늘어난 것이 확실하다. 왜냐하면 네이버의 중고 거래 카페나 지역별 직거래 카페, 중고 직거래 앱인 당근마켓 등에 들어가 책 제목으로 검색하면 웬만한 영어 원서를 구할 수 있기 때문이다. 가장 중요한 것은 최대한 빨리, 원래 사려고 했던 것만 사는 것이다. 사려는 책 제목을 키워드 알람으로 설정해두고, 책이 올라오면 의미 없는 문자를 주고받지 말고, 판매자의 판매 이력만 정확히 확인한 후 송금하자.

절대 하지 말아야 할 것은 사재기이다. 아이가 아직 읽을 단계가 아닌데도 저렴하다는 이유만으로 한꺼번에 책을 사면 아이도 엄마도 금세 질린다. 한글책도 누가 잔뜩 물려주면 읽어주기도 전에 책장에 진열하다 질리는데 하물며 영어책은 말할 필요도 없다.

그러니 싸게 파는 원서가 눈에 들어오더라도 구매는 다음 기회로 넘기자. 엄마표 영어에 있어서 가장 비싼 것은 엄마의 시간이다. 자꾸 시간 낭비를 하게 된다면 중고 시장의 저렴한 가격은 더 이상 의미가 없다.

도서관에서 빌리기

영어 원서는 될 수 있는 대로 중고로라도 구입하기를 권한다. 그러나 여의치 않다면 도서관을 이용하는 것도 방법이다. 지역별로 큰 도서관에 가면 어린이용 영어책이 꽤 많다. 특히 이 책에서 소개한 책과 DVD는 스테디셀러인 경우가 많아서 규모가 큰 도서관에 가면 대부분 장서 목록에 포함되어 있다. 가족별로 회원증을 만들어 빌리면 보통 책은 1인당 3권, DVD는 1인당 1편씩은 빌릴 수 있으니, 1주일분 책과 영상으로 충분하다. 책에 CD가 딸려 있는 경우엔 딸림 자료도 함께 대출된다. 비교적 낮 시간이 자유로운 전업 엄마라면 집 근처에 편히 들릴 수 있는 도서관을 하나 정하여 일주일에 한 번씩 들려서 책을 반납하고 새로 빌려오는 루틴을 만들자.

도서관의 가장 큰 장점은 오디오 CD를 빌리기 쉽다는 것이다. 물론 CD와 함께 출간된 영어책의 경우에 해당한다. 대출 비용이 무료인 것도 큰 장점이다.

도서관을 이용할 때 주의할 점은 굳이 도서관에 오래 머무를 필요가 없다는 것이다. 아이에게 도서관에서 책 읽는 경험을 시켜주고 싶은 욕심도 있겠지만, 한 번에 두 마리 토끼를 잡기는 어렵다. 그러니 대출을 목적으로 한다면 도서관에 머무르는 시간은 짧은 게 낫다. 영어책과 CD는 집에서 편한 옷 입고 뒹굴뒹굴하며 보고 듣는 것이 효과적이라는 것을 잊지 말자. 그러려면 미리 빌릴 도서 목록을 정한 뒤에 도서관 사이트에서 검색을 통해 보유 여부, 대출 여부를 확인하고 그것만 빌려와야 한다.

단, 내가 빌리기 원하는 책과 DVD가 그새 대출되었을 확률도 높으므로, 도서 목록을 여유 있게 작성해가야 한다. 없는 것은 예약 서비스를 신청하고 다른 것을 둘러보지 말고 바로 나오자. 상호대차 서비스를 제공하는 지역이라면 요일을 확인해서 책을 빌리는 시기를 조절하는 것도 필요하다.

도서관은 그 자체가 최고의 학교이기에 엄마가 시간과 체력 배분에 힘쓴다면 도서관 활용도 훌륭한 대안이 된다. 그러나 대출과 반납 시기에 맞춰 아이의 흥미를 유지하는 게 생각보다 어려우니 엄마의 인내심이 필요하다.

영어 영상 구해서 제대로 보여주는 방법

사실 영어책은 제시된 책의 목록대로 차근차근 사거나 도서관에서 빌리면 되니 별문제가 되지 않는다. 문제는 DVD다. 가격도 만만치 않을뿐더러 영어책처럼 쉽게 구하기가 어렵다. 좋은 DVD 리스트를 백날 들여다본들 막상 사려고 들면 그림의 떡이 되기 일쑤이다. 어디서 저렴하게 구해야 할지, 컴퓨터로 내려받아도 되는 건지, 이왕이면 큰 화면으로 틀고 아이는 화면에서 멀찍이 떨어뜨려 앉혀서 보여주고 싶은데 그렇다면 스마트 TV를 새로 사야 할지 막막할 뿐이다. 기존에는 대부분 온라인 영어 서점에서 영어 DVD를 함께 샀다. DVD를 사면 집에 비치해두고 아이가 원할 때 언제든 보여줄 수 있다는 장점이 있다. 하지만 원하는 DVD를 한 사이트에서 사기도 어렵고, 매번 DVD를 사는데 들어가는 비용이 만만치 않다. 책도 사야 하는데 장기적으로 부담이 갈 수밖에 없다. 그 대안이 바로 이 책에서 자세히 소개하고 있는 유튜브이다. 단, 아이가 어릴수록 초반에는 한없이 반복해서 듣고 보니, 영어 동요 CD나 1단계에서 보여줄 영어 DVD는 온라인 서점에서 사는 것도 좋다.

유튜브 활용하기

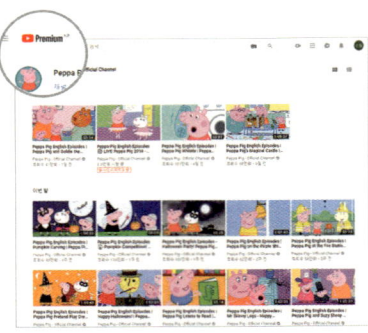

유튜브는 굳이 영어 DVD를 사지 않아도 양질의 동영상을 볼 수 있는 최고의 방법이다. 유튜브에는 없는 영상이 없다. 제목만 치면 원하는 대부분의 영상을 찾을 수 있다. 심지어 한글로 검색해도 된다. 유튜브로 검색과 영상 유통의 패러다임이 바뀐 것이다. 영국이나 미국의 어린이 방송 채널에서 제작한 영어 영상은 유튜브에 공식 채널을 만들어 올린 경우가 많아서 유튜브만 검색해도 양질의 영어 영상을 끊임없이 구할 수 있다.

그러나 유튜브에는 치명적인 단점이 있는데 바로 광고다. 아이가 집중할 만하면 광고가 나와서 흥미와 몰입이라는 두 가지 효과를 순식간에 빼앗아 버린다. 게다가 자칫 의도하지 않은 다른 영상에도 노출될 수 있다는 것도 엄마 입장에서는 여간 신경 쓰이는 게 아니다. 그러한 단점을 상쇄시켜주는 좋은 방법이 유튜브 프리미엄 회원으로 가입하는 것이다.

유튜브에 프리미엄 회원으로 가입하면 월 8천 원 정도의 비용에 광고 없이 영상을 볼 수 있다. 게다가 오프라인에 한 달간 동영상을 저장할 수 있고, 원하는 대로 재생 목록을 만들 수 있다. 스마트폰으로 유튜브 영상을 볼 때 다른 앱으로 이동하면 영상이 끊기는데 프리미엄의 경우 끊김 없이 영상을 계속 띄워놓고 볼 수 있다는 것도 큰 장점이다. 스마트폰 미러링 기능으로 아

이에게 영어 영상을 보여줄 계획이
라면 꼭 가입하길 권하는 이유이기
도 하다. 첫 한 달은 무료로 체험할
수 있으니, 일단 한 달 동안 활용해
보고 해지 여부를 결정하면 된다.

엄마표 영어를 할 때 유튜브를
적극적으로 활용하려면 재생 목록을 잘 관리하는 것이 좋다. 아시다시피 유
튜브에는 너무 많은 영상이 있기 때문에 자칫 원치 않은 영상에 노출될 수
도 있다. 그러니 미리 부모가 해당 영상을 확인하고 따로 재생 목록에 담아
두면 다른 영상으로 전환되는 것을 최대한 차단할 수 있다.

또 하나, 영상을 보여주기 시작한 후 최소 3개월에서 6개월까지의 적응 기
간에는 부모가 옆에서 함께 영상을 보면서 아이의 반응을 살펴야 한다. 짧
은 영상의 경우 재생 목록의 연속 재생 기능을 활용하는 것이 편하긴 하지
만, 한 편씩 보여주는 것이 아이의 반응을 살피기에 좋다.

스마트폰이나 태블릿은 적합하지 않다

스마트폰이나 태블릿으로 영상을 보여 주다 보면 아이가 손을 갖다 대
는 순간 화면이 바뀌어 학습 효과는 저 멀리 사라져 버린다. 아이가 어릴 때
보여주는 영상은 만지는 게 아니라 보는 것이어야 한다. 이리저리 둘러보는
것은 몰입이 습관이 되는 것을 방해하기 때문이다. 수단이 목적이 되지 않
으려면 최대한 아날로그에 가까운 방법으로 노출해야 한다. 유튜브로 영어

 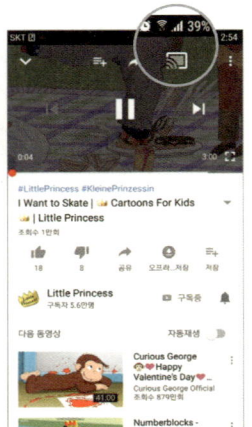 

영상을 보여줄 때 가장 좋은 방법은 스마트 TV이다. 스마트폰과 스마트 TV가 같은 WIFI를 사용한다면, 스마트폰의 유튜브 앱과 스마트 TV가 바로 연동되어 유튜브 앱에서 선택한 영상을 바로 스마트 TV에서 볼 수 있다. 스마트 TV는 PC의 모니터로도 사용할 수 있으므로 노트북이나 PC와 연결해서 쓰면 검색 환경을 더욱 최적화할 수 있다. 이 경우에도 역시 유튜브 프리미엄을 쓰고 있다면 PC에서 띄운 유튜브 사이트의 영상을 바로 스마트 TV에서 시청할 수 있어 좋다. 리모컨으로 검색하는 불편함이 있긴 하지만 스마트 TV에서도 바로 유튜브 웹사이트에 접속할 수 있다.

스마트 TV가 없더라도 최근 5년 내 출시된 TV라면 대부분 스마트폰의 화면을 미러링 하는 기능이 탑재되어 있다. '스마트 미러링(Smart Mirroring)', 또는 '스마트 뷰(Smart View)'는 스마트폰이나 태블릿 PC의 화면을 TV 스크린에서 즐길 수 있는 방법이다. 그러니 스마트폰으로 유튜브 영상을 띄운 후

미러링 기능을 이용해 TV 스크린으로 보여주면 된다.

만약 미러링 기능을 제공하지 않는 TV라면 스마트 미러링 기계를 사도록 하자. 미러링 기계를 사면 스마트폰이나 태블릿 PC의 모든 화면을 TV에서 볼 수 있다. 2만 원에서 5만 원 정도면 좋은 사양의 미러링 기계를 살 수 있다. TV 뒷면이나 옆면 HDMI 단자에 기계를 끼운 후 TV 리모컨으로 외부 입력을 눌러서 HDMI를 선택한다. 그런 다음 스마트폰 설정에 들어가 '스크린 미러링'을 찾아 누르고 기계를 선택하면 화면이 연결된다.

설명이 어렵게 느껴져서 못하겠다고? 첫 시작이 어려울 뿐, 한두 번 하다 보면 일도 아니다. 인터넷으로 '미러링'을 검색해보면 누구나 따라 할 수 있게 친절한 설명을 해주는 글이 많다. DVD 100편 사는 돈을 아낀다고 생각한다면 작은 투자가 고마워질 것이다.

휴대용 DVD 플레이어를 활용하자

아이가 둘 이상인 집의 효자 아이템은 휴대용 DVD 플레이어이다. 내 경우, 큰아이를 어린이집이나 유치원에서 데려온 후 작은 아이를 재워야 할 때 휴대용 DVD 플레이어의 도움이 컸다. 아무리 화면을 만져도 꿈쩍도 하지 않으니 아이가 좋아하는 DVD를 맘 편히 틀어주고 돌아서서 둘째 아이를 챙길 수 있었다. 충전을 하면 무선으로 쓸 수 있으므로 한여름엔 욕조에 물을 받아두고 변기 위에 올려놓고선 물놀이하면서 보기도 했다.

집에 노트북이 있는데 굳이 휴대용 DVD 플레이어를 살 필요가 있냐고? 아이가 노트북을 들고 다니다가 떨어뜨리기라도 하면 아이에게 화를 안 낼 자신이 있는지 되묻고 싶다. 결정적으로 최근에 출시되는 얄팍한 노트북에는 CD ROM 드라이브가 아예 없다. 포터블 ODD를 따로 살 바에야 휴대용 DVD 플레이어를 장만하는 편이 훨씬 낫다. 게다가 화면 터치 기능이 없다는 것도 외려 장점이다. 스마트폰이나 태블릿처럼 아이가 이것저것 누르는 바람에 원치 않는 영상에 본의 아니게 노출되는 것을 예방할 수 있다.

아이와 외식하러 식당에 갈 때도 휴대용 DVD 플레이어에 DVD 한 장을 넣어서 가면 비교적 맘 편히 밥을 먹을 수 있다. 30~40분 러닝타임이 끝나고 뚜껑을 덮으면, 스마트 폰처럼 실랑이할 일도 없다. 기관에서 가끔씩 가져오는 영어 CD나 DVD를 틀어주기에도 좋고, USB나 SD 카드에 영상이나 동요 MP3를 담아 틀어줄 수도 있으니 하나쯤 갖춰두기를 권한다.

영어 음원 구하는 방법

음원을 구하는 것은 처음에만 접근하기 어렵지 이후에는 자연스러운 일상이 된다. 조금 더 정성을 더하여 세이렉 스티커 작업을 해두면 부모가 집에 없을 때에도 아이 혼자 선택하여 집중 듣기를 할 수 있다.

1. 유튜브

음질은 다소 떨어질 수 있으나 무료로 음원을 구하고 싶다면 유튜브가 그만이다. '책 제목' 혹은 '책 제목 + read aloud'로 검색해서 나오는 영상

중에서 좋은 것을 골라 소리만 들려주는 것이다. 책 내용이 길지 않고 30분 내외로 짧은 경우라면 얼마든지 효과적으로 쓸 수 있다. 단, 화면에 눈이 가지 않도록 엄마가 곁에 있어야 한다. 음원만 추출하여 들려주면 더 좋다.

2. 영어 도서관 오디오 CD 대출

영어 도서관의 경우 베스트셀러 리더스북이나 챕터북은 여러 세트를 갖춰두는 편이다. 이 책에서 소개하는 2, 3단계의 책들이 그렇다. 반납할 생각에 조바심 내며 아이를 닦달하는 것보다는 방학처럼 여유로울 때 시리즈물 위주로 장기 대여해서 차근차근 집중 듣기 하면 된다.

3. Audible.com

미국뿐만 아니라 전 세계를 대표하는 오디오북 플랫폼이다. 아마존이 인수한 이후 현재 가장 많은 책이 서비스되고 있다. 매달 $14.95를 내고 오디오북 1권을 사는 멤버십 형태인데, 첫 달은 한 권을 무료로 이용할 수 있다. 오디오북을 사는 개념이기 때문에 멤버십이 끝나더라도 그동안 내려받은 책들은 계속해서 들을 수 있다. 단, 한 달에 1권이기 때문에 집중 듣기 후반, 재생속도를 조절해가며 두꺼운 시리즈물이나 소설책을 읽을 때 더 유용하다.

알아두면 좋은 어린이 채널

1. CBeebies (asia.cbeebies.com)

'텔레토비'로 어린이들에게 선풍적인 인기를 끌었던 영국의 방송사 BBC가 운영하는 어린이 대상 전문 방송이다. 우리나라에서는 KT 올레tv에서 방영되고 있다. 하루 한 시간 영어 영상(DVD)을 보여주기가 어렵다면, EBS 대신 CBeebies 채널만 틀어주어도 영어 흘려듣기 효과가 충분하다. 'Go Jetters', 'Sarah & Duck', 'Charlie & Lola', 'Hey Duggie', 'Mr. Maker' 등 양질의 영어 방송이 흘러나온다.

유튜브 공식 채널에도 아이들 눈높이에 딱 맞는 영상이 가득하다. 영어로 숫자와 색을 배우길 원한다면 'Numberblocks', 만들기를 좋아한다면 'CBeebies Easy Cooking with Kid'가 그만이다.

2. PBS Kids (pbskids.org)

미국 공영방송인 PBS에서 제공하는 어린이 방송 채널이다. 우리나라에서 홈페이지에 접속할 경우 영상을 바로 볼 수 없어서 아쉽지만 'Sesame Street', 'Dr. Seuss', 'Dinosaur Train', 'Super Why' 등 유명한 프로그램 캐릭터가 그대로 나오는 게임과 색칠 놀이를 프린트할 수 있다. 이 책에 소개한 'Arthur'와 'Curious George' 등도 있으니 아이가 책을 읽은 후 놀이시간에 활용해보자.

3. Nickjr (www.nickjr.com)

'스펀지밥'으로 유명한 케이블 방송으로 위성 TV 채널인 '니켈로디언(Nickelodeon)'에서 만든 어린이 채널이다. 'Max & Ruby', 'Dora the Explorer', 'Diego' 등의 영상과 게임을 제공한다.

유료 채널 Netflix 활용하기

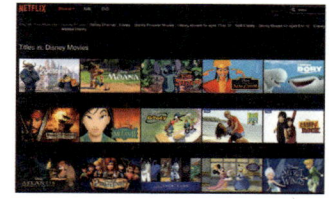

한국을 포함한 190여 개국에 드라마, 영화, 다큐멘터리, TV 프로그램 등의 다양한 콘텐츠를 제공하는 서비스다. 영유아를 위한 교육용 영상이 다양하진 않지만, 디즈니 영화를 뛰어난 화질로 볼 수 있으니 3단계에 소개한 '영화로 원서 집중 듣기'를 할 때 요긴하게 활용할 수 있다. BBC Earth 다큐멘터리 프로그램을 선명한 화질로 보고 있으면 해외 아쿠아리움이 부럽지 않다. 1, 2단계를 진행 중인 아이라면 'Peppa Pig', 'Max and Ruby', 'Octonauts'을, 3단계를 진행 중이라면 'Magic School Bus', 'Captain Underpants', 'Geronimo Stilton' 등의 에피소드를 수십 편 볼 수 있으니 첫 한 달간 제공하는 무료 서비스를 이용해 보고 판단하자.

Chapter 6

엄마표 영어 3단계, 이렇게 한다

01 　엄마표 영어 준비 단계
[동요 + 한두 줄 그림책]

> **mission :** `mom` 매일 영어 동요 CD 틀어주기
> 　　　　　　　 매일 한두 줄짜리 그림책 많이 읽어주기

엄마표 영어 준비 단계는 '영어'라는 낯선 언어에 마음의 문을 여는 시기이다. 그저 신나는 영어 동요를 듣고 춤추며 영어 소리에 친숙해지는 것을 목표로 삼으면 된다. 영어 동요 CD 한 장만 주야장천 틀어줘도 몇 개월이면 곧 아이가 신나게 노래를 따라 부른다. 물론 발음이 정확하지도, 뜻을 알지도 못하지만 말이다.

　엄마표 영어 준비 단계는 굳이 연령대로 따지면 0~4세가 주요 대상인데, 이때는 영어든 한글이든 상관없이 동요 듣기를 즐기며, 영어 그림책 중에서도 아기가 주인공인 책을 즐겨 보기 때문이다. 만약 일곱 살에 엄마표 영어를 시작한다고 해도 준비 단계는 거치는 게 좋다. 본격적인 듣고 읽기 전에 '영어가 재미있다'라는 인식을 심어주기 좋기 때문이다.

준비 단계는 아이에 따라 다르지만 3개월에서 6개월이면 충분하다. 다만 영어 동요 CD는 1단계를 진행하면서도 틈틈이 틀어주는 것이 좋다. 최대한 자주, 여러 번 들을수록 귀에 익고, 입에 붙는다.

준비 단계에 들려주면 좋은 영어 동요

Wee Sing

'Learning Through Music'이라는 부제답게 아이들을 위한 아름다운 노래가 가득하다. 뮤지컬로 시작하여 노래 모음집과 책이 출간되었다. 여러 종류의 모음집이 있는데 아이가 0~4세라면 'Wee Sing for Baby'를, 그 이상이라면 'Wee Sing Children's Songs and Fingerplays'를 추천한다.

악보집과 CD가 함께 들어있고 차에서나 집에서나 하루 종일 틀어놓기에 좋다. 유튜브에서도 다양한 Wee Sing 노래와 영상을 찾을 수 있는데 오리지널 뮤지컬은 너무 오래된 영상인지라 굳이 찾아볼 필요는 없다.

goo.gl/GHshvq

goo.gl/wA5dYW

노부영 머더구스

'Nursery Rhyme', 즉 서양의 전래동요를 '머더구스(Mother Goose)'라고 한다. 구전되는 전래동요는 반복되는 운율에 맞춘 노래가 대부분이라 뜻을 몰라도 듣기만 해도 흥이 난다. 최근 아이들이 너무나 좋아하는 'Baby Shark(아기 상어)'도 이러한 전래동요의 하나이다.

머더구스는 그 종류가 너무 방대하기 때문에 출판사에서 유명한 전래동요를 골라 책과 CD를 함께 판매하는 경우가 많다. 그중에서도 제이와이북스의 "노부영(노래로 부르는 영어) 머더구스" 시리즈가 가장 대중적이고, 그림책 읽기로 연결하기 좋다. 플랩북도 있지만 대부분 얇은 종이책이라 아이가 어리다면 입으로 먹거나 집어던질 게 뻔하므로 굳이 당장 그림책을 살 필요는 없다. 4세 이하의 아이들에게는 유튜브에서 각 4분 내외의 노래 100곡을 연속 재생해주는 것만으로 충분하다. 이때 되도록 화면은 보여주지 말고 소리만 들려주면서 아이의 반응을 살펴보자. 그런 다음 아이가 유독 좋아하는 노래를 찾아 해당하는 책부터 순차적으로 사는 것이 좋다.

goo.gl/6xcu4X

영어로 관심을 유도하기 좋은 한글-영어 그림책

영어 그림책 중에 내용이나 재미가 담보된 책들은 한글로 번역되어 출간된 경우가 꽤 많다. 이렇게 한글로 번역된 그림책을 준비 단계에서 읽어주면 나중에 영어 그림책으로 읽어줄 때 내용이 자연스레 연상되므로, 영어 그림책과 쉽게 친해지는 효과가 있다. 특히 'Anthony Browne(앤서니 브라운)'의 그림책들은 색감도 선명하고 주인공도 엄마, 아빠, 동물이 대부분이라 어린아이들의 시선을 사로잡기에 좋다. 글이 짧아서 아이가 페이지 넘기는 속도에 맞춰 엄마가 읽어주기 편한데 거기에 영어 CD까지 붙어있다면 엄마가 한번 읽어주고 CD를 반복해서 틀어주면 되니 금상첨화다.

A Potty for Me!
by Karen Katz

나 혼자 쉬해요!
카렌 카츠, 보물창고

The Dot
by Peter H. Reynolds

점
피터 레이놀즈, 문학동네어린이

Doctor De Soto

by William Steig

치과 의사 드소토 선생님

윌리엄 스타이그, 비룡소

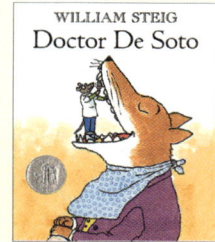 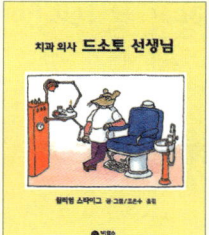

The Wide-Mouthed Frog

by Keith Faulkner

입이 큰 개구리

키스 포크너, 미세기

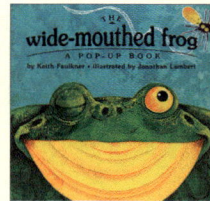 

My Mom

by Anthony Browne

우리 엄마

앤서니 브라운, 웅진주니어

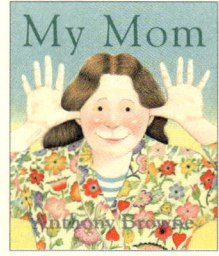 

Hug

by Jez Alborough

안아 줘!

제즈 앨버로우, 웅진주니어

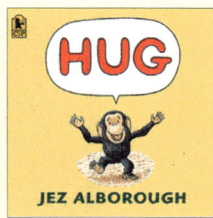 

Bear's Magic Pencil

by Anthony Browne

앤서니 브라운의 마술 연필

앤서니 브라운, 웅진주니어

Piggybook

by Anthony Browne

돼지책

앤서니 브라운, YES24

How Do You Feel?

by Anthony Browne

기분을 말해 봐!

앤서니 브라운, 웅진주니어

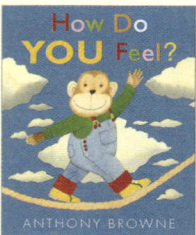

Silly Billy

by Anthony Browne

겁쟁이 빌리

앤서니 브라운, 비룡소

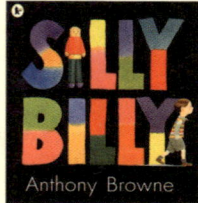

Gorilla by Anthony Browne

고릴라

앤서니 브라운, 비룡소

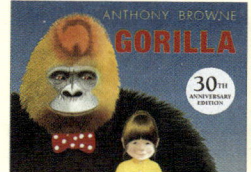 

The Tunnel by Anthony Browne

터널

앤서니 브라운, 논장

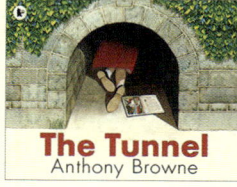 

Five Little Monkeys Jumping on the Bed by Eileen Christelow
꼬마 원숭이 다섯 마리가 침대에서 팔짝팔짝 에일린 크리스텔로, 문진미디어

The Story of the Little Mole by Werner Holzwarth & Wolf Erbruch
누가 내 머리에 똥 쌌어? 베르너 홀츠바르트 & 볼프 에를브루흐, 사계절출판사

첫 시작으로 읽어주기 좋은 한두 줄짜리 영어 그림책
―

한글 그림책도 글과 그림의 재미가 있어야 아이가 흥미롭게 보듯, 영어 그림책 역시 마찬가지다. 글이 너무 길거나, 그림이 엉성하면 그림 보는 재미도, 소리 듣는 재미도 놓치게 된다. 그러니 준비 단계에 읽어줄 영어 그림책은 신중하게 골라야 한다. 다음에 소개하는 그림책들은 준비 단계에 집에 두고 여러 번 읽어주면 좋은 영어 그림책이다. 아이가 실제로 겪는 이야기를 소재로 하므로 한번 읽고 말 책이 없다. 또한 CD가 함께 붙어있는 경우도 많으므로 먼저 엄마 목소리로 읽어준 다음 CD를 계속 틀어주는 것이 좋다. 여기에 소개한 영어 그림책을 아이가 즐겨 본다면 영어 도서관을 찾아서 한두 줄짜리 영어 그림책을 더 찾아 보여줘도 좋고, 1단계로 넘어가도 좋다.

영어 그림책을 읽어줄 때 유의할 점은 최대한 감정을 살려 읽는 것이다. 이 역시 한글 그림책과 같다. 영어를 소리 내어 읽는 것이 어색할 수 있지만 엄마나 아빠가 흥을 북돋워 주면 영어 그림책 읽는 시간이 즐거운 경험이 된다. 또 하나 주의할 것은 영어 그림책을 읽어주더라도 한글 그림책 읽어주기를 멈추면 안 된다는 것이다. 모국어로 읽는 습관은 1, 2, 3단계 모두 유지해야 한다. 제아무리 챕터북을 읽고 소설책을 읽는다고 해도 한글책을 그만큼 읽어야 영어의 긴 글을 무리 없이 소화해낼 수 있다. 이는 글쓰기와 논픽션 원서를 읽을 때도 영향을 주니 한글책을 기본으로 두고 그 위에 영어를 얹는다는 마음가짐으로 진행하는 것이 좋다.

A Bad Case of Stripes
by David Shannon

등장인물의 표정만으로도 아이의 관심을 끄는 책이다. 남의 시선을 의식하지 않고 자기만의 목소리를 내는 것의 중요성을 알려준다.

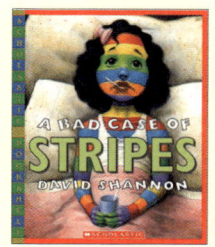

Olivia Counts
by Ian Falconer

귀여운 돼지 소녀 올리비아를 좋아한다면 수 세기를 배우는 책으로써 만족도가 높을 것이다. 최대한 간단한 그림만으로 사물의 개수와 숫자가 도드라지게 표현한 책이다.

Wait
by Antoinette Portis

'wait'와 'hurry' 딱 이 두 단어만 가지고 그림을 설명한다. 아이와 함께 읽다가 엄마가 오히려 생각에 잠기는 책이다.

Alphabet City
by Stephen T. Johnson

주변에서 흔히 보는 풍경 속에서 알파벳을 찾는 책이다. 숨은 그림 찾기를 하면서 알파벳의 형태를 자연스럽게 익히기에 좋다.

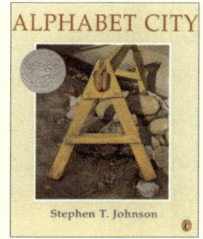

Chicka Chicka Boom Boom

by Bill Martin Jr., John Archambault, Lois Ehlert

이 책도 알파벳에 관한 책이다. a가 b에게 나무에 올라가자고 하고 나머지 알파벳들도 따라 올라가면서 벌어지는 좌충우돌 이야기를 그림 위주로 표현했다.

100 Things That Makes Me Happy

by Amy Schwartz

나를 기쁘게 하는 100가지 단어를 그림과 함께 나열했다. 발음이 비슷한 단어를 같은 색으로 표현해서 눈으로 귀로 아이가 연상할 수 있게 만든 책이다.

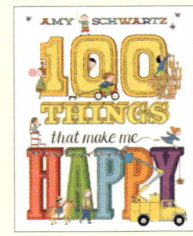

Ghost Gets Dressed!

by Janee Trasler

어두운 곳에서 보면 유령 그림이 환하게 빛난다. 유령이 옷 갈아입는 것을 지켜보면서 'a'와 'the'의 차이를 자연스럽게 익힐 수도 있다.

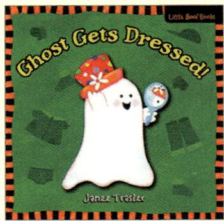

Nana in the City

by Lauren Castillo

시끄럽고 낯선 도시를 두려워하는 아이가 빨간 망토 덕분에 용기를 얻는 스토리다. 아이가 새로운 곳에 적응할 때 유난히 겁을 먹는다면 분명 도움이 될 것이다.

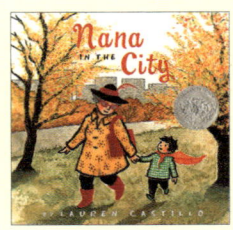

We're Going on a Bear Hunt

by Michael Rosen, Helen Oxenbury

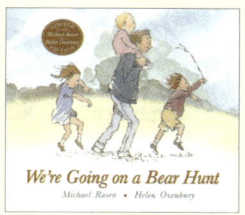

온 가족이 곰 사냥을 떠났다 돌아오는 길에 대한 이야기다. 책을 읽고 나서 의성어를 실감 나게 읽어주는 유튜브 영상을 보여줘도 좋다. Michael Rosen이 직접 동화 구연 하듯 읽어준다. ▶ goo.gl/SrFNuJ

GO AWAY, BIG GREEN MONSTER!

by Ed Emberley

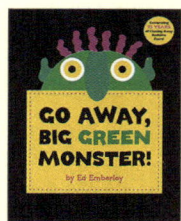

눈, 코, 귀, 얼굴 등 신체와 색에 대한 단어를 익힐 수 있다. 처음에는 초록 괴물을 무서워하던 아이도 얼굴이 만들어졌다가 다시 사라지면서 "다신 오지 마!" 하며 끝이 나면 다시 읽어달라고 한다.

Walking through the Jungle

by Debbie Harter

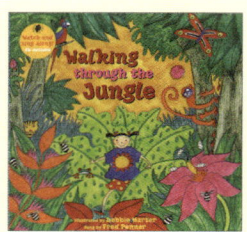

아이 혼자 정글을 지나 바다, 산, 강, 사막, 북극을 거쳐 집으로 돌아오는 길에 여러 동물을 만나는 이야기다. 화려한 색감이 도드라진 이 책을 아이가 좋아한다면 같은 일러스트 작가의 다른 책들도 추천한다.

Follow the Line

by Laura Ljungkvist

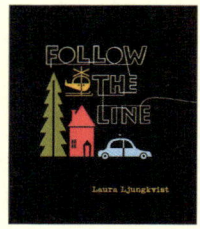

표지에서 시작된 선이 마지막 페이지까지 이어진다. 아이가 손가락으로 선을 따라가면서 숫자도 읽어보고 단어도 익히게 하는 기특한 책이다.

Good Night Moon
by Margaret Wise Brown

토끼가 잠자기 전에 방 안의 모든 것들에게 인사하는 이야기다. 페이지가 컬러, 흑백 순으로 번갈아 가며 나와서 자기 전에 차분히 읽어주기에 좋다.

Mama, Do You Love Me
by Barbara M. Joosse, Barbara Lavallee

북극에 사는 이누이트 족의 엄마와 아이가 주고받는 대화이다. 'What if~(만약에)'가 반복해서 나오기 때문에 질문이 일상인 아이 입장에서는 꽤 호감 가는 표현을 익힐 수 있다.

Color Zoo
by Lois Ehlert

동물 얼굴 모양 페이지를 넘기면 또 다른 동물이 나온다. 동물 이름과 함께 저절로 색깔과 도형 이름까지 알게 해주는 책이다. 언니, 오빠가 동생에게 읽어주는 책으로 활용해도 좋다.

Here Are My Hands
by Bill Martin Jr., John Archambault

신체의 각 부분의 역할을 반복된 문장으로 나타낸 책이다. 다양한 인종의 아이들 그림이 크게 나와서 자연스레 다문화 인식도 할 수 있다. 'Wee Sing'에도 나오기 때문에 노래를 들어본 아이라면 더 친숙하게 책을 볼 것이다.

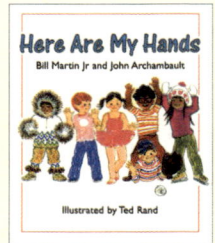

Rain

by Robert Kalan, Donald Crews

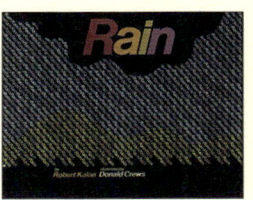

내리는 비를 그림이 아니라 글자로 나타냈다. 'rain' 글자가 하늘에서 후드득 떨어지게 표현한 독특한 책이다. 색깔뿐만 아니라 날씨도 쉽게 익힐 수 있다.

It Looked Like Spilt Milk

by Cherles G. Shaw

1947년에 출간되어 오랫동안 사랑받는 책이다. 엎질러진 우유의 모양을 보고 다양한 사물을 연상하는 스토리다. 보통 꾸지람을 듣게 마련인 소재를 재미있는 이야기로 즐길 수 있어서 좋다.

A Dragon on the Doorstep

by Stella Blackstone, Debbie Harter

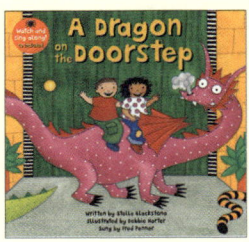

집 안에서 공룡, 악어, 거미, 호랑이 등과 숨바꼭질을 하는 이야기다. 라임을 이용한 글과 함께 Debbie Harter 특유의 재치 있는 그림과 화려한 색감이 두드러지는 책이다.

SCHOOL BUS

by Donald Crews

아이들이 줄 서서 타고 내리고 신호를 기다리는 과정을 짧은 영어 표현으로 설명한 책이다. 노란 스쿨버스가 책을 가득 채운다. 자동차를 좋아하는 아이라면 같은 작가의 책 "TRUCK", "FREIGHT TRAIN"도 추천한다.

02 엄마표 영어 1단계
[영상 + 그림책]

> **mission :** `mom` 매일 영상 30분 이상 보여주기
> 매일 그림책 30분 이상 읽어주기
> `kids` 수시로 흘려듣기(화면 끄고 소리만 듣기)

엄마표 영어 1단계는 영어 영상(DVD)의 재미를 맛보게 하면서 영어 그림책을 주야장천 읽어주는 시기다. 하루에 영어 영상을 30분에서 1시간 이내로 보여주고 그 시간만큼 영어 그림책을 읽어주자.

1단계는 짧게는 6개월에서 적어도 1년은 유지해야 한다. 이해가 되지 않는 영어를 처음 접하게 되면 초반에 도망가는 아이들도 있을 것이다. 이 시기에 아이에게 영어 영상(DVD)이나 영어 그림책을 무조건 들이밀면 아이는 영어만 나와도 고개를 절레절레 흔들게 된다. 그러니 아이가 거부감을 보인다면 칭찬과 간식 등의 당근이 필수이다.

엄마표 영어 1단계는 영어와 친해져야 하는 시기다. 무조건 재미를 느낄

수 있도록 내용을 몰라도 재미있어할 만한 영상을 골라 보여주고, 영어 그림책도 아이가 좋아할 만한 주제를 선정하는 것이 좋다. 영어 그림책은 한두 줄이 전부인 책이 많기 때문에 이때는 하루 몇 권을 세어 가며 읽어주는 것이 아니라 엄마가 내는 영어 소리와 영상(DVD)에서 흘러나오는 영어 소리에 친숙하게 해주는 것만을 목표로 삼아야 한다. 그저 책을 끼고 앉아있는 시간이 30분 이상이면 된다. 시간대로는 저녁을 먹은 후 자기 전까지가 좋다.

다섯 살이 보기 좋은 1단계 영상과 책

앞서 얘기했듯이 영국이나 미국의 어린이 방송 채널에서 제작한 영어 영상은 유튜브에 공식 채널을 만들어 영상을 올린 경우가 많다. 이처럼 유튜브에 해상도가 좋은 영상이 있는 경우엔 ▶ 유튜브 아이콘으로, DVD로 보는 게 나을 땐 DVD 아이콘으로 표시해두었다. 두 아이콘이 모두 있다면 편한 방법을 택하면 된다. 동영상의 해상도가 좋지 않다면 DVD를 사서 보길 권한다. 비용이 들긴 하지만 아이의 시력을 보호할 수 있는 방법이다.

1단계에서 소개하는 영상은 다섯 살 아이의 눈높이를 기준으로 하지만, 일곱 살 아이들도 좋아할 만한 내용이 많다. 다만 일곱 살 아이들은 취향이 분명하므로 다음에 소개하는 영상 중에서 아이가 좋아할 만한 것을 골라 시작하도록 하자. 유튜브 영상을 한 번씩 보여주면서 아이의 흥미도를 점검하면 좋다. 일곱 살에 엄마표 영어를 시작하는 아이들을 위한 자세한 가이드는 256쪽에 따로 실었다.

5Y | 1단계 | 영어 영상과 영어 그림책

Spot
by Eric Hill

  goo.gl/tNrEwg

유치원에 다녀오는 길, 강아지만 보면 기어이 따라가서 만져보고 싶어 하던 다섯 살 무렵 보여줬던 시리즈다. 'Spot(스팟)'이라는 아기 강아지가 장난치면서 노는 스토리로 집 안을 어지르는 솜씨가 일품이다. 짧은 문장이 천천히 나오고 전반적으로 잔잔하다. 동물이라면 사족을 못 쓰던 때라 TV 화면을 쓰다듬으면서 보던 모습이 눈에 선하다. 아이가 영상을 좋아한다면 플랩북 10권짜리 세트를 사서 읽어주자. 소개한 유튜브 영상은 'Spot 시리즈 1, 2, 3'을 하나로 묶은 것으로 3시간이 넘는 full 영상이니, 보여주기 전에 미리 얼마나 볼 것인지 약속을 정하고 틀어주는 것이 좋다.

Spot's Story Library
(보드북 세트)

My First Spot Lift-the-flap Library(플랩북 세트)

Maisy
by Lucy Cousins

▶ goo.gl/JfQEnt

'Maisy(메이지)'라는 쥐가 동물 친구들과 노는 잔잔한 일상을 담은 20분~40분 짜리 만화 영상이다. 유튜브의 Maisy Mouse 공식 채널에서 HD급 고해상도 영상을 무료로 볼 수 있다. 색감이 밝고 뚜렷해서 어린아이들의 시선을 확 사로잡는다. 엄마 눈엔 그림도 대충 그린 것 같고 대사도 '오!', '아!'가 전부인 것 같아 시시해 보일 수 있지만 정작 아이들에게는 인기가 아주 많다. 친절한 목소리를 가진 해설가 아저씨가 상황 설명도 해준다. 아이가 좋아하면 Maisy 플랩북을 권한다. 책을 읽는다기보다는 열어보고 잡아당기기 바쁘겠지만 좋아하는 책이 생기는 소중한 계기가 될 것이다. 남자아이라면 Maisy 탈 것 보드북, 여자아이라면 Maisy 인형 놀이 팝업북을 강력히 추천한다. 펼쳐서 가지고 놀다가 접으면 책장에 꽂아서 보관할 수 있어서 좋다.

Maisy First Experience(픽처북)

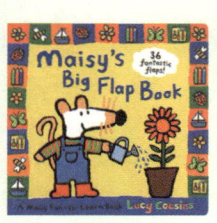

Maisy's Big Flap Book
(플랩북)

Maisy's House and Garden
(팝업북)

The Baby Triplets
by Roser Capdbevila

 goo.gl/KwkamW

상대적으로 덜 알려졌지만, 영어를 처음 접하는 아이가 보기에 최고의 타이틀이다. 'Annie, Nellie, Tessa' 세 쌍둥이가 집에서 기어 다니며 놀다가 막 어린이집에 가기 시작하는 스토리인데 짧은 스토리 하나가 끝나면 말미에 그 스토리에서 말했던 단어를 쌍둥이들이 먼저 소리쳐 읽고 "Can you repeat it?" 하면서 따라 말해보게 한다. 단어를 따라 말해보는 경험을 하게 해주는 좋은 교육용 영상이다. 뜻은 몰라도 소리를 지르며 따라 하는 게 웃기고 귀여웠다. "Balloon!" 하면 "발루!" 하는 식이었다. 영국식 발음이지만 워낙 문장이 짧고 단어 위주로 나와 못 알아들을 이유가 없다. 한 편당 6, 7분 길이로 항상 세 명이 깔깔 웃다가 노래를 부르며 끝난다. 책은 출간되지 않았고, DVD를 사면 영한 대본이 딸려온다. 유튜브에서도 전체 영상을 볼 수 있지만, 해상도가 낮아서 DVD로 시청하는 게 좋다.

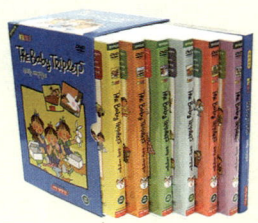 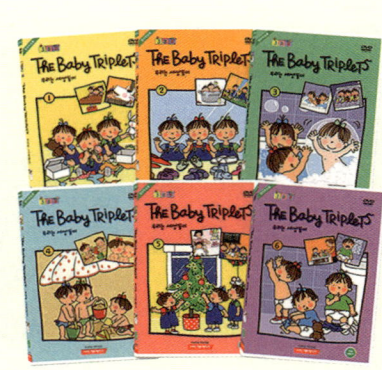

The Baby Triplets(DVD 세트)

 **Franny's Feet**

 goo.gl/wym4KX

책은 출간되지 않았지만 미국 PBS, 영국 BBC, 그리고 우리나라 EBS에서도 '프래니의 마법 구두'란 제목으로 방영했을 정도로 교육용으로 인정받은 프로그램이다. 프래니가 새 구두를 신을 때마다 다른 나라로 시간 여행을 떠나는 이야기인데, 쪼리를 신으면 일본에, 모카신을 신으면 인디언 축제에 가는 식으로 다른 나라의 문화와 생활을 간접 체험해 볼 수 있다. 다음에 소개한 'Chloe's Closet'이 영국식 발음인 반면 'Franny's Feet'은 미국식 발음이라 비슷한 시기에 보여주면 스토리를 따라가며 자연스럽게 두 가지 발음을 비교하며 익힐 수 있다. 단, 'Chloe's Closet'에 비해 영상이 잔잔한 편이므로, 두 시리즈를 모두 보여주고 싶다면 반드시 이 시리즈부터 보여주길 권한다. 화면을 덮고 흘려듣기를 하기에도 좋은 DVD이다. 온라인 서점에서 DVD와 CD가 함께 있는 세트를 살 수 있는데 유튜브 영상으로도 충분하다.

  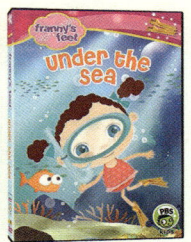 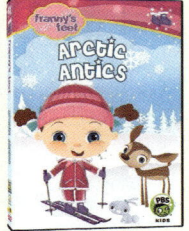

Franny's Feet(DVD)

 **Chloe's Closet**

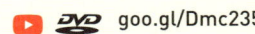 goo.gl/Dmc235

주인공 'Chloe(클로이)'가 요술 옷장으로 들어가서 그 옷의 주인공으로 변신한 다음, 여러 가지 상황에서 그 옷에 맞는 역할을 하는 이야기다. 예를 들어 의사 가운을 입으면 동물병원 의사가, 구급대원 옷을 입으면 소방관이 되어 출동하는 식이다. 아이 눈높이에 맞게 직업 체험을 하기 때문에 영어책이 없어도 교육적이고, 친구들과 같이 다니는 설정만으로도 대여섯 살 아이라면 푹 빠질 수밖에 없다. 어린 여자아이 목소리로 영국식 발음을 듣는 재미도 있다. 매 에피소드의 마지막에는 유명한 영어 동요가 흘러나오므로 준비 단계에서 'Wee Sig Children's Song and Fingerplays'를 신나게 들었던 아이라면 동요가 나올 때마다 일어나서 춤추는 모습을 보게 된다. 온라인 서점에서 DVD와 CD가 함께 있는 '클로이의 요술 옷장' 세트를 살 수 있는데 유튜브 영상으로도 충분하다.

 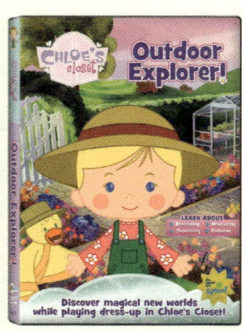 

Cloe's Closet(DVD)

Toopy & Binoo
by Dominique Jolin

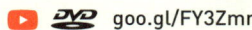

동화책 "Toupie et Binou"를 원작으로 한 애니메이션이다. 커다란 생쥐 'Toopy (투피)'와 작고 조용한 고양이 'Binoo(비누)'의 일상을 담았다. 투피는 내내 깔깔 웃고 노래하고 소리치고, 비누는 말없이 투피를 따라 어울린다. 특히 형제, 자매가 있는 아이들이라면 공감할 만한 에피소드가 많다.

쉽게 따라 할 수 있는 표현도 자주 나오는데 큰아이는 "Abracadabra!", "Trick or Treat!"와 같은 표현들을 이 DVD를 통해 처음 배웠다. 푸름이닷컴에서 출간되었던 "빅 마우스 투피와 비누"는 현재 절판되었으니 동화책으로 보여주고 싶다면 중고로 구해야 한다. 아마존에서 유아를 위한 보드게임을 구입할 수 있으니 아이가 좋아한다면 게임으로 연결해도 좋다.

Toopy & Binoo(DVD)

Toopy & Binoo(보드게임)

 **Peppa Pig**

 goo.gl/S2BEwF

Nick Jr.에서 처음 방영된 유명한 애니메이션으로 싫어하는 아이가 없다고 입소문이 난 프로그램이다. 여러 해에 걸쳐 'British Academy Children's Awards'를 수상한 작품이기도 하다. 아이가 '방귀', '코딱지'란 단어만 들어도 깔깔 넘어간다면 이 시리즈가 딱 맞다. 말끝마다 나오는 돼지들의 '컹컹' 콧소리의 매력에 푹 빠질 것이다. 특히 'muddy puddle(진흙 튀기며 노는)' 장면이 유명하다. 'Peppa Pig(페파 피그)'의 친구들 이름도 'Susie sheep', 'Rebecca rabbit' 등 라임을 맞춰서 지은 덕분에 동물 이름을 저절로 외우게 된다. 영어 실력을 불문하고 용케 스토리를 따라가게 하는 힘이 있다. 유튜브에서 공식 채널을 운영하고 있으므로 DVD를 사는 대신 유튜브에서 영상을 보고 그림책 읽기로 연결해도 좋다.

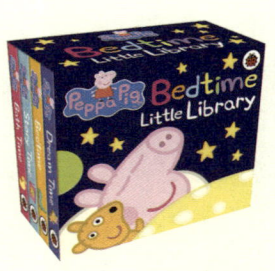
Peppa Pig: Bedtime Little Library
(보드북 세트)

Peppa Pig
(픽처북 시리즈)

Charley and Mimmo
by Thierry Courtin

 goo.gl/94dNuM

'T'choupi(추피)'라는 펭귄을 주인공으로 한 "T'choupi et Doudou"란 그림책을 애니메이션으로 만들었다. 프랑스의 교육 채널에서 방송되어 높은 인기를 끌었으며 이후 캐나다에서 'Charley and Mimmo'라는 이름으로 방영되었다. 'Charley(찰리)'와 찰리가 어디든 가지고 다니는 애착 곰 인형 'Mimmo(미모)', 그리고 찰리의 가족들을 주인공으로 하여 일상 이야기가 재미있게 펼쳐진다. 한국에서 발행된 "추피의 생활 이야기"(도서출판 무지개)가 인성 동화로 유명하기 때문에 한글책에는 흥미를 느끼고 있지만 영어책에는 관심이 없는 아이에게 보여주면 좋다. 한글책으로 익숙해진 캐릭터라 거부감이 훨씬 덜할 것이다. 국내에서는 영어책을 구하기 어려운 게 아쉽지만, 유튜브에서 고화질의 영상을 볼 수 있다.

T'choupi et Doudou 원작

추피의 생활 이야기

 **Caillou**

 goo.gl/wHF2mB

심리 발달을 연구하는 전문가들이 직접 내용과 그림을 제작한 "Caillou(까이유)" 그림책을 원작으로 하였다. 교육용이라는 목적에 충실한 스토리 전개를 가지고 있다. 다섯 살 남자아이의 일상생활을 할머니가 내레이션 하는데, 이 대사가 고스란히 픽처북의 내용이어서 오디오북을 듣는 효과도 있다. 배경 음악도, 대사도 조용조용한 편이라서 아이가 집 안에서 놀 때 소리만 들려주기에도 좋다. 인기 있는 시리즈답게 단어와 그림만 나오는 보드북부터 픽처북까지 종류도 다양하다. 페이퍼백으로 출간된 픽처북은 글 양이 꽤 있는 편이라 '보드북-영상-픽처북'의 순서대로 보여주는 게 좋다. 영어에 노출한 지 1년 미만의 아이라면 한두 줄짜리 보드북부터 사주자. 열 줄짜리 책 두세 장을 보다 도망가는 것보다 글 양 적은 영어책을 후루룩 여러 번 반복해서 보는 것이 낫다. 유튜브 Caillou 공식 채널에서 HD급 고화질 영상이 제공되니 굳이 DVD를 살 필요는 없다.

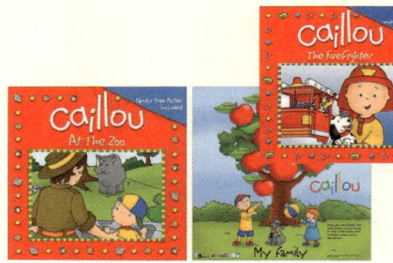
Caillou(보드북 20종)

Caillou(픽처북 12종)

 **Max & Ruby**

 goo.gl/EF3Yfd

---

제목 그대로 '맥스(Max)'와 '루비(Ruby)'라는 토끼 남매의 일상을 담은 이야기다. 인형을 좋아하고, 친구들과 쎄쎄쎄 놀이를 즐기는 루비와는 달리 남동생 맥스는 로봇과 자동차, 집안 어지르기를 좋아한다. 어린 남매가 마주하는 문제들을 부모의 개입 없이 해결해나가는데, 루비는 엄마가 아닐까 싶을 정도로 동생을 잘 돌본다.

큰아이는 영어로도 "Brown sugar, apple sauce."와 같은 쎄쎄쎄 노래가 있다는 것을 이 영상을 보고 처음 배웠다. 유튜브의 공식 채널에서 꽤 괜찮은 화질의 영상을 볼 수 있으니 굳이 DVD를 사지 않아도 좋다. 웹사이트(maxandruby.treehousetv.com)에서 게임과 프린트물을 내려받아 이용할 수 있다.

maxandruby.treehousetv.com

Max & Ruby(보드북)

 **Clifford**

goo.gl/aGTXJt

집채만큼 커다랗고 빨간 '클리퍼드(Clifford)'란 개와 'Emily(에밀리)'가 가족, 친구, 동네 사람들과 어울려 노는 이야기다. 클리퍼드의 덩치가 워낙 크다 보니 본의 아니게 집을 부수기도 하고 피해를 주기도 하지만 그런 장면이 오히려 아이들에게는 재미를 유발하는 요소이다. 작은 개들과 사람들을 도와주면서 영웅이 되기도 하고 사람처럼 학교에 가서 이것저것 배우기도 한다. 동물과 사람이 자연스레 어울리는 이 스토리는 앞으로 보게 될 복잡한 인물관계 영상으로 넘어가는데 징검다리 역할을 해주기도 한다. 책을 살 때는 파닉스북보다는 짧은 스토리를 담은 픽처북을 구입하는 게 낫다.

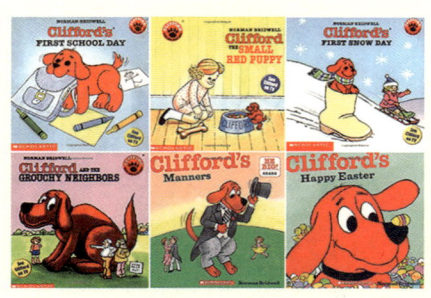
Clifford's series(픽처북)

Little Princess
by Tony Ross

 goo.gl/DV41JN

공주 이야기라고 해서 디즈니에 나오는 머리 길고 드레스를 입은 공주를 상상했다면 일찌감치 기대를 접기 바란다. 'Princess'이긴 하지만, 산발머리에 잠옷만 입고 다니는 꼬마 여자아이 스토리다. 소리는 또 얼마나 지르는지 딱 다섯 살 아이들이 '우리 집'이라는 '왕국'에서 말썽 피우는 모습이 고스란히 들어있다. 제목만 보고 고개를 절레절레 저었던 남자아이들도 이내 열광하는 이유다. 영국에는 아직도 왕, 왕비, 공주, 백작, 공작 등이 있다는 것부터 시작해서 앞으로 보게 될 수많은 영국판 영상(DVD)에 나오는 문화, 역사의 재미를 자연스레 익힐 수 있다. 글 양도 한두 줄이라 읽어주기에도 부담이 없고 세이펜을 활용할 수도 있다. 신나는 배경음악에 아이가 홀딱 빠져 처음으로 세이펜을 활용한 책이기도 하다. 유튜브 공식 채널에서 모든 영상을 볼 수 있다.

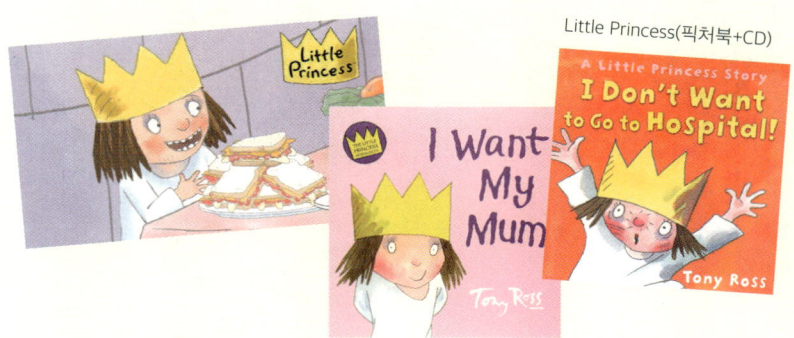

Little Princess(픽처북+CD)

5Y | 1단계 | 영상이 없어도 흥미롭게 볼 수 있는 영어 그림책

Karen Katz 시리즈
by Karen Katz

―

갓난아기에게 보여주는 책이라고 생각할 수 있을 만큼 작은 책이다. 하지만 신체, 동물, 숫자, 물건 이름을 다섯 살 아이가 직접 읽고 익히는데 이만한 책이 없다. 뭐든지 스스로 하고 싶어 하는 나이에 이 책으로 키운 자신감은 혼자 영어책 읽기에 큰 도움이 되기 때문이다.

동생이 있다면 더욱 추천할 만하다. 게다가 들춰보고 당겨보는 플랩북은 초등학교 아이들도 좋아한다. 작은 아이에게 "Is the little tiger on the big rocks?" 하고 읽어주다 보면 큰아이가 지나가다가 "아닌데! 펭귄인데!" 하고 냉큼 책을 가로채서 플랩을 당긴다. 아이의 신난 표정을 보니 이 그림책의 대상 연령 폭이 생각보다 넓다는 것을 알 수 있었다.

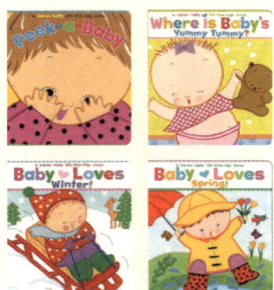

Karen Katz(보드북)

Baby's Box of Family Fun(플랩북)

The Elephant & Piggy
by Mo Willems

둘도 없는 친구 사이인 코끼리 'Gerald'와 돼지 'Piggie' 사이에 벌어지는 일을 그린 영어 만화책이다. DVD와 세트가 아닌 책은 무조건 싫어해서 남몰래 애가 탔다면 이 책을 강력히 추천한다. 처음 보는 캐릭터임에도 불구하고 많은 아이가 계속 읽어달라고 보채는 책으로, 아이 스스로 읽는 첫 책으로도 유명하다. 그림도 글자도 큼직큼직한데, 단순한 그림과 대사만으로 아이의 흥미를 붙잡아 둘 수 있어서 신기하고 고마웠던 책이다. 이 책 맨 뒷장에 난데없이 등장하는 비둘기에게도 아이가 관심을 가진다면 "Pigeon" 시리즈도 추천한다. 같은 작가의 책으로 "Cat the Cat" 시리즈, "Knuffle Bunny" 시리즈도 있다.

TIP : 엄마표 영어를 시작한 지 1년 이내이고, DVD와 연계되지 않은 책도 고르고 싶다면 최대한 눈을 낮춰 영어책을 고르는 게 좋다. 글 양이 많으면 금세 지겨워 머리를 절레절레 흔들게 되니, DVD 이름으로 검색해서 나오는 책 중에 유아용 보드북도 그냥 지나가지 말고 살펴보자. 다음 단계로의 도약 전에 도움닫기 역할을 해준다.

03 엄마표 영어 2단계
[영상 + 영어책(그림책/리더스북)]

> **mission :** **mom** 매일 영어 영상 30분~1시간 보여주기
> 매일 영어 그림책이나 리더스북 30분 이상 읽어주기
> **kids** 매일 리더스북 30분 이상 읽기
> 수시로 흘려듣기(화면 끄고 소리만 듣기)

영어 영상(DVD)을 보여주고 글이 적은 영어 그림책을 꾸준히 읽어준 지 1년이 지났다면 아마도 지금쯤 아이는 영어 영상의 재미에 푹 빠졌을 것이다. 이거 틀어 달라, 저거 틀어 달라 수시로 조를지도 모른다. 하지만 영어 그림책은 그만큼 좋아하지 않을 수도 있다. 대부분 그렇다. 엄마가 그동안 잘못해서가 아니다. 엄마가 제아무리 동화 구연가에 버금가게 책을 읽어주었다고 한들 아이의 마음이 영상 쪽으로 기우는 것은 당연한 이치다.

'영어 영상도 재밌는데 그걸 책으로 만든 것도 있네?', '영어 단어를 하나씩, 둘씩 읽을 때마다 엄마가 칭찬해주네?' 아이가 이 정도를 인지하게 되었다면, 그것만으로도 첫 1년은 성공이다.

겉으로 아이의 영어 실력이 딱히 드러나지도 않고, 책을 사서 읽어줘 봤

자 그림만 보는 것 같아 슬그머니 후회가 될지도 모른다. 희망을 하나 주자면 '아이가 영상을 영어로 본다면, 영어책도 거부감 없이 들을 수 있다'는 사실이다. 본의 아니게 영어 듣기에 훈련이 되어있는 상태인 것이다. 항상 강조하지만 귀가 뚫리면 눈은 금방 따라간다. 들리면 곧 읽는다. 관건은 재미다. 취업 준비를 할 것도 아니고, 그렇다고 영어 학원 시험을 볼 것도 아니므로 엄마표 영어를 하는 아이들에게 영어에 대한 동기는 온전히 재미여야 한다. 그러니 엄마표 영어 2단계에 진입했다 하더라도, 여전히 재미있는 영어 영상을 보여주고, 영어 그림책을 읽어주어야 한다.

1년 차와 2년 차의 차이는 영어 노출 환경에 익숙한지 아닌지 뿐이다. 그나마 익숙해진 2년 차에는 한두 줄짜리가 아니라 잠수네에서 '쉬운 리더스북'이라고 명명한 글 양이 좀 더 많은 영어 그림책을 읽어줄 수 있다. 읽지는 못하더라도 들으면 뜻을 유추할 수 있는 단어가 제법 늘어났기 때문이다. 아는 단어가 늘어나면 조금씩 혼자 읽으려고 시도하기 마련이다. 그래서 2단계의 앞부분은 영어 그림책을, 뒷부분은 리더스북을 소개하였다.

그러나 리더스북을 읽는 단계라고 아이에게 본격적으로 책을 붙잡고 앉아 읽어보라고 윽박질러서는 안 된다. 리더스북은 읽기 연습을 위해 고안된 책이라 'Level 1, Level 2, Level 3'와 같은 단어가 표지에 붙어있는 경우가 많은데, 엄마의 시선이 자꾸 그리로 갈 경우 부작용이 생길 수 있다. 리더스북을 정말 리딩만을 위해 들이밀면 그동안 영어 그림책을 읽어주면 잘 듣고 보던 아이가 갑자기 책을 멀리하게 될 수도 있고, 영어 영상을 보며 깔깔대던 아이가 입을 굳게 닫아 버릴 수도 있다.

리딩을 위해 고안된 리더스북은 솔직히 별 재미가 없다. 같은 라임이 반복되고, 같은 문장 구조 안에서 단어만 바뀌기 때문이다. 그런데도 "ORT(Oxford Reading Tree)"와 같은 리더스북이 인기 있는 이유는 그림과 주제가 재미있기 때문이다. 그러니 "이런 것도 있네? 형아, 언니들이 보는 책인가 봐!" 하면서 슬쩍 그림책 사이에 끼워서 읽어주자. 리더스북은 대부분 song과 chant가 곁들여진 경우가 많으므로, CD나 세이펜의 효과를 극적으로 볼 수 있다. 리더스북을 통해 문학적 감성을 키우긴 어렵더라도, 여러 번 반복하여 읽어주다 보면 이내 아이가 스스로 읽는 게 가능해진다. 정말이다. 그러니 혼자 읽기를 강요하거나 다그치지 말고 여태껏 그림책을 읽어줬던 것처럼 읽어주면서 가끔 아이가 원할 때 혼자 읽어보게 하면 된다.

여섯 살이 보기 좋은 2단계 영상과 책

엄마표 영어 2단계에서는 유치원이나 친구 사이에서 벌어질 만한 에피소드, 엄마와 아빠를 벗어나 동네 어른이나 친척과 함께 하는 행사 등을 담은 영어 영상(DVD)과 영어책을 소개한다. 1단계와 다른 점은 등장인물이 늘어나서 에피소드의 주제가 더 다양하다는 것, 이젠 주인공이 사람인 경우가 더 많다는 것, 그리고 주인공이 동물이라 할지라도 사건의 전개가 제법 복잡해졌다는 것이다. 2단계에서는 슬슬 아이 혼자 영어책 읽는 연습을 해둬야 이후 챕터북의 재미를 느낄 수 있기 때문에, 영상이 없어도 충분히 재밌어할 만한 영어책도 눈여겨보길 바란다.

WordWorld

 goo.gl/rhJpBm

미국 교육부로부터 지원을 받아 기획 개발된 파닉스 교육용 TV 프로그램으로 'Emmy Award'와 'Parents' Choice Award'를 수상하였다. 파닉스 교육을 염두에 둔 영상은 대개 스토리 전개가 엉성하게 마련인데, 'WordWorld'는 동물을 좋아하는 아이들의 혼을 쏙 빼놓을 정도로 재밌다. 알파벳이 모여서 동물 형태를 이루고 있기 때문이다. 예를 들어 'D.U.C.K'이라는 알파벳을 붙여서 오리를 만들어놓고 오리가 호수를 가로질러 날아가면 각 알파벳이 떨어졌다가 오리가 착지하면 다시 차라락 붙는 식이다.

놀이가 곧 학습인 엄마표 영어의 잠재력을 제대로 발휘하고 싶다면 굳이 파닉스를 따로 구분하여 가르치려 하지 말고, 이런 프로그램을 여러 번 보여주자. 이외에 'Super WHY'도 파닉스를 익히기에 좋다. goo.gl/LoC9tw

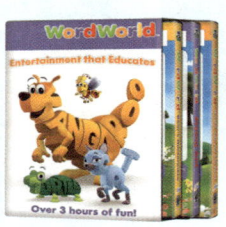
WordWorld DVD
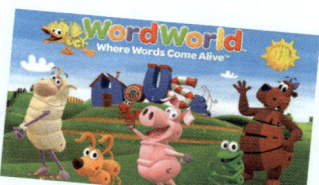
pbskids.org/wordworld

 **Octonauts**

 goo.gl/cr4AkK

"Explore! Rescue! Protect!"를 외치며 시작하여 신나는 댄스로 마무리하는 "Octonatuts"은 영국 BBC 방송의 어린이 채널 CBeebies의 인기 방영작이다. 바다 생물을 구출하고 보호하러 출동하는 이야기로, 이것만 봐도 바다 생물 박사가 될 정도이다. 영국식 영어이고 흔치 않은 생물을 주제로 하기에 아이가 뜻을 100% 이해하긴 어렵지만, 중요한 것은 영어 지식이 아니라 비슷한 듯 다르게 반복되는 스토리 안에서 대화체를 익히는 것이다.

문제는 한글로 된 "바다 탐험대 옥터넛" 역시 인기가 좋다는 것이다. 한글로 먼저 접하게 되면 영어로 된 영상 보기를 꺼릴 수도 있으니, 아이가 영어 대사를 줄줄 읊는 걸 보고 싶다면 아무리 좋아해도 한글로 된 영상은 보여주지 말자. 다 된 밥에 코 빠뜨리게 된다. 이 시리즈에 빠져있다면 다른 책으로 읽을거리를 확장하는 당근으로 써도 좋다.

Octonauts Explore the Great Big Ocean
(픽처북)

The Octonauts
(디즈니 주니어 픽처북)

Octonauts Series Collection Set

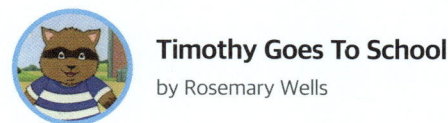

Timothy Goes To School
by Rosemary Wells

  goo.gl/MrZGXo

주인공들을 잘 보면 1단계에서 본 "Max & Ruby"와 비슷한 느낌이지 않은가? Rosemary Wells라는 같은 미국의 유명 아동문학가이자 일러스트레이터의 작품이기 때문이다. "Max & Ruby"가 남매 간의 일상을 보여줬다면 이 시리즈에는 등장인물이 더 많아졌다.

주로 유치원에서 벌어지는 일을 소재로 삼고 있는데 어려움을 겪는 친구들을 도와주고 해결하는 데 초점을 맞췄다. "You can do anything if you try~." 주제가만 들어도 교육용 영상이라는 걸 단번에 눈치챌 수 있다. 아이가 장난꾸러기 불도그 쌍둥이를 보더니 "우리 유치원에도 저런 애 있어!" 하고 재잘대다가 이내 다시 화면 속 이야기에 집중하던 기억이 난다. 단행본으로 나온 한 권짜리 책은 글 양이 두 세줄 정도라 같이 앉아서 읽어주기 딱 좋다.

 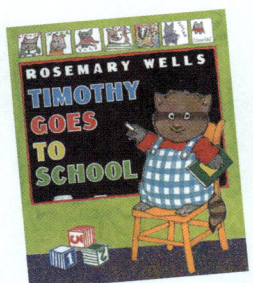 

Timothy Goes To School(픽처북)

Curious George
by Margret & H.A.REY's (AR 2.5~2.8)

goo.gl/uZTVYG

'George(조지)'라는 원숭이가 주인공이다. 원숭이니 말을 못 한다. '끼끼' 소리나 'no' 정도가 전부다. 이런 조지의 심경을 충분히 이해하는 듯, 집중해서 보고 있는 아이의 얼굴을 보면 슬며시 웃음이 나온다. 그림책을 토대로 하여 PBS Kids에서 여러 편의 애니메이션 시리즈를 만들어 방영했는데, 영어책의 내용이 고스란히 내레이션으로 나온다. 따라서 영어 영상을 책 읽기 전의 워밍업이라고 생각하고 영상을 본 후에 관련된 책을 읽어주면 효과가 좋다.

'노란색' 하면 이 책이 떠오를 정도로 선명한 노란색을 많이 쓴 책이다. 글 양이 한 페이지 당 서너 줄 정도라 읽어주기에 좋고, 책의 뒤표지에 미로 찾기, 그림 그리기, 색칠하기 등이 있어서 굳이 활동지를 따로 마련할 필요가 없다. Houghton Mifflin Harcourt에서 출간된 책을 국내의 여러 영어 서점과 쇼핑몰에서 재구성하여 판매하고 있는데 유튜브의 공식 채널을 통해 HD급 영상이 제공되고 있으니, 영상을 본 후에 책 읽기와 연계해보자.

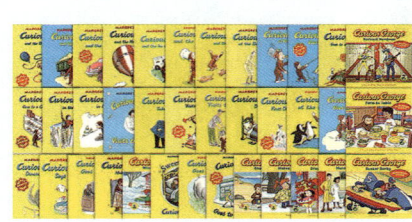

Curious George(픽처북)

Charlie and Lola
by Lauren Child (AR 2.1~3.0)

 goo.gl/W6JoM7

Lauren Child의 그림책을 토대로 한 애니메이션으로 영국 BBC 방송의 CBeebies에서 방영하여 큰 인기를 끌었다. 나 역시 작가의 상상력에 감탄하면서 종종 같이 앉아서 보곤 했다. 일곱 살 오빠 'Charlie(찰리)', 네 살 여동생 'Lola(롤라)'가 주인공인데, 보다 보면 미운 네 살이 만국 공통이란 걸 깨닫게 된다.

찰리는 언뜻 보면 오빠가 아니라 아빠가 아닌가 싶을 정도로 매사 여동생을 배려하고 보살피지만, 롤라는 상상 속 친구 Soren을 만들어 억지를 부리기도 하고, 오빠가 하는 건 무조건 따라 하거나 방해한다.

책은 LP 판 크기 정도로 크지만 얇은 페이퍼백이니 권수와는 상관없이 가격이 부담스럽지 않은 구성으로 된 것을 사서 읽어주면 된다. 중간중간 크고 굵은 글씨체가 섞여 있는데 그 부분만 조금 큰 목소리로 읽어줘도 아이가 훨씬 덜 지루해한다. 유튜브의 공식 채널에서 영상을 제공하고 있으니, 책 이름으로 검색해서 영상을 한 편 보여주고 바로 연계된 책을 읽으면 좋다. Ladybird 출판사에서 리더스북으로도 나왔다.

Charlie and Lora(픽처북)

Charlie and Lora
Read it yourself(리더스북)

Milly, Molly
by Gill Pittar

'Milly(밀리)'와 'Molly(몰리)'라는 두 아이가 동네 사람들, 학교 친구들과 겪는 이야기다. 뉴질랜드의 Gill Pittar가 만든 인형이 큰 인기를 끌자 연이어 그림책과 TV 애니메이션으로 만들어졌다. '인성 동화'라는 별칭이 붙을 만큼 인종, 가정환경, 나이에 따른 차이를 편견 없이 받아들이게 하는 에피소드로 꽉 차 있다. 모든 책 표지 안에 쓰인 "We look different, but we feel the same."이라는 문구만 봐도 아이가 폭넓은 관점을 접할 기회라는 것을 알 수 있다.

엄마표 영어 4년 차를 지나 아이가 뉴베리 수상작 소설을 읽게 되면 인종차별, 이혼, 가정 문제 등을 다룬 책들을 접할 기회가 오는데, 그때 가서 다시 이 책을 집어 들 만큼 소장가치가 있다. 글도 짧고, 그림도 다소 밋밋해 보이지만 그 안에 담긴 메시지는 하나하나가 소중하다. 아이 스스로 읽기 연습을 하기에도 좋다.

Milly, Molly(리더스북)

Milly, Molly 인형

Little Einsteins

  goo.gl/kyj511

디즈니에서 만든 TV 애니메이션 시리즈이다. 언뜻 보면 평범한 탐험대 이야기처럼 보이지만 이 시리즈의 매력은 어렵거나 딱딱하지 않게 클래식 음악과 미술을 영어로 접하게 해 준다는 데 있다. 세계 이곳저곳을 다니며 베토벤, 고흐, 차이콥스키, 드가, 레오나르도 다빈치, 앤디 워홀 등의 작품을 감상하고 손뼉 치고 따라 부르게 해 놨다. 처음 이 영상을 보던 날, DVD를 틀어주고 돌아서서 다른 일을 하는데 클래식 음악이 나왔다. 잘못 틀어준 줄 알고 다시 TV 앞으로 가봤더니 아이가 "요한 세바스찬 바흐!"를 따라 말하고 있어서 깜짝 놀랐다. 음악, 악기, 미술, 그리고 세계사, 세계 지리까지 맛보기 할 수 있는데, 지루할 만하면 주인공들이 우주선을 타고 신나게 노래 부르며 다른 곳으로 이동하니 참 기특한 영상이 아닐 수 없다. 유튜브 공식 채널을 통해 평균 해상도의 영상을 볼 수 있지만, 그림이나 사진 자료가 많이 등장하므로 이왕이면 DVD를 사서 보길 권한다. 아마존에서 관련된 컬러링북이나 픽처북, 보드북 등도 살 수 있다.

disneynow.go.com/shows/little-einsteins

Little Einsteins(DVD)

 **Arthur**(아서)
by Mark Brown AR 1.8~2.0 AR 2.2~2.9

 goo.gl/uh5hHH

초등학교 3학년인 아서와 그의 친구들이 겪는 일상 이야기다. 국내에서는 LB Kids 출판사에서 출간한 페이퍼백을 묶어서 'Arthur Starter(아서 스타터)' 시리즈로, Little 출판사에서 출간한 페이퍼백을 묶어서 'Arthur Adventures(아서 어드벤처)' 시리즈로 판매하고 있다. 이 둘의 차이는 글 양인데 권수가 그리 많지 않으니 둘 다 읽어주면 좋다. 특히 Starter 시리즈는 뒤표지가 아예 미로 찾기, 그림 그리기, 오리기, 접기 용도로 나와서 오리고 그리느라 남아나질 않는다. 최근에는 챕터북과 리더스북도 출간되었고, 활동지가 따로 나오기도 하는데 그 모두가 영상과 책을 보고 난 후라야 의미가 있다.

아서 어드벤처 시리즈는 그간 보던 책들에 비해 두께가 살짝 있는 편인데 CD를 함께 사면 집중 듣기 연습을 하기 좋다. 얇게 팔랑팔랑 휘어지는 책들만 보다가 책장에 세워놔도 쓰러지지 않는 책을 보고 감회가 새로웠다. 아이가 좋아한다면 홈페이지(pbskids.org/arthur/)에 들어가 보자. 게임도 있고 마음에 드는 캐릭터를 프린트할 수도 있다.

Arthur Adventures (픽처북)

Arthur Starter(픽처북)

Angelina Ballerina
by Katharine Holabird, Helen Craig (AR 3.6~4.4)

  goo.gl/5FjNxk

"Max & Ruby", "Timothy Goes to School", "Arthur"를 즐겨 보면서 쥐 캐릭터에 푹 빠졌던 아이라면 이 시리즈도 좋아할 것이다. 발레에 빠진 여자아이라면 더욱더 그렇다. 발레리나가 되기 위해 노력하는 쥐가 주인공이기 때문이다. 그러니 발레 수업을 하기 전후에 영상을 보여주거나 책을 읽어주면 효과가 만점이다. TV 앞에서 율동을 따라 하고, 발레 선생님의 프랑스식 악센트가 들어간 영어 대사도 들어보면서 영어 흥미를 돋우는 역할을 톡톡히 한다. 생일파티, 핼러윈데이 등의 주제도 다루고 있어 남자아이들도 좋아한다.

1983년에 처음 그림책으로 출간된 후, 두 차례 TV에서 애니메이션으로 제작되었다. 최근에 제작된 컴퓨터 애니메이션은 유튜브의 공식 채널에서 HD급의 선명한 영상을 모두 공개하고 있다. 책은 글 양이 꽤 많은 편인데, 손으로 그린 섬세한 일러스트가 컴퓨터 그림보다 훨씬 매력적이다. 아이가 영상을 좋아한다면 CD가 함께 있는 시리즈를 구매하여 집중 듣기 해도 좋다.

Angelina Ballerina(보드북)

Angelina Ballerina
(픽처북)

2단계 | 읽기 연습에 좋은 리더스북

ORT(Oxford Reading Tree)

▶ 🎦 goo.gl/MfA7DQ

ORT, 즉 "Oxford Reading Tree"는 '영어책 읽기 연습의 교과서'라고 불릴 정도로 유명한 리더스북 시리즈다. 옥스퍼드대학 출판부에서 만든 책으로, 1단계부터 12단계까지 글의 양과 단어의 난이도가 올라간다. ORT가 지금껏 단계별로 나온 리더스북 중에서 가장 재미있다고 평가받는 이유는 리더스북임에도 불구하고 문장이 기계적으로 반복되지 않고, 아이의 생활 주제와 밀접히 연결되어 있으며, 마지막 장에 항상 재밌는 그림이나 내용이 들어 있어 웃으면서 책장을 덮게 되기 때문이다.

ORT의 활용 방법은 다른 책들과 같다. 엄마가 먼저 읽어주고 아이가 원한다면 아이에게 읽어보라고 하는 것. 욕심을 내어 한꺼번에 모든 책을 사는 것은 말리고 싶다. ORT는 아주 얇지만 300권이 넘어서 한꺼번에 모든 단계의 책을 구입하려면 비용이 상당하다. 게다가 단계별로 구성된 책이 한꺼번에 눈 앞에 펼쳐지면 엄마가 조바심이 나기도 쉽다. 아이의 관심과 흥미에 온전히 집중하기 힘들어진다는 이야기다. 혼자 읽기 연습에서 가장 중요한 당근은 다음 책에 대한 기대이므로, 두세 단계 정도를 묶어 CD와 함께 중고로 사기를 권한다.

지금껏 영어책과 영상에 1년 이상 노출된 아이라면 1, 2단계는 너무 쉽게 느껴질 것이다. 자칫 시작부터 흥미를 잃을 수 있으니 3단계부터 시작하는 것도 좋다. ORT 3, 4단계 책을 읽고 나서 비슷한 수준의 다른 책들을 읽은 다음 다시

ORT로 돌아와 5단계 책을 읽는 것이다. 다독 끝에 재미가 따라붙으려면 나선형 원서 읽기가 필요한데 이 책은 다독과 재미를 유인하는 보석 같은 책이다. 5단계 책을 아이가 읽기 시작하기 전에 옆에서 제시한 영상을 보여주자. 'Magic Key'를 소재로 한 짧은 영상인데, 'Magic Key'는 5단계부터 내내 공통 소재로 등장하므로 책을 읽기 전에 보여주면 좋다. 워크북이 곁들여진 구성도 있는데, 책 읽는 재미를 우선으로 한다면 굳이 워크북을 함께 살 필요는 없다.

Oxford Reading Tree
(리더스북)

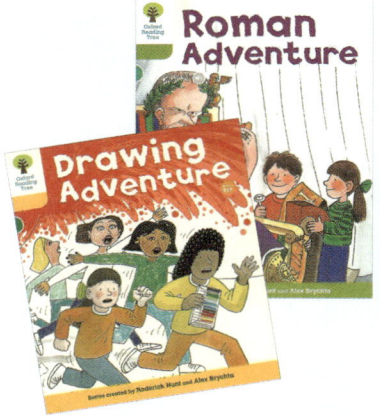

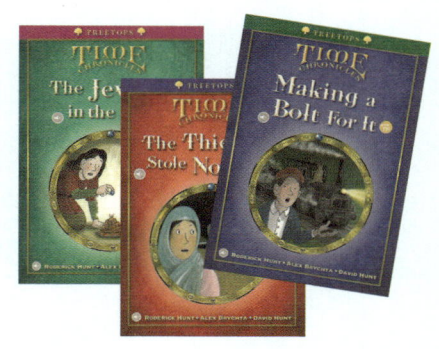

Chapter 6 엄마표 영어 3단계, 이렇게 한다 | 213

그 외의 리더스북

다음에 소개하는 리더스북들도 앞에서 소개한 ORT처럼 단계별로 40~60권 내외 구성의 얇은 책 모음집이다. 말 그대로 '읽는 연습'을 하는 책이다. 보통 문장의 길이와 내용의 수준에 따라 4, 5단계로 분류되어 있다.

이 책들은 사지 말고 도서관에서 빌려 읽어주는 것이 좋다. 아이가 여러 번 반복해서 읽을 확률이 낮고 단계별로 모든 책을 다 읽을 필요도 없기 때문이다. 워크북이나 단어장이 포함되어 있더라도 이 시기에 필요하지 않을뿐더러 얇은 책이 주는 성취감을 경험하는 것으로 충분하니 책과 CD만 빌리면 된다.

도서관 책장 앞에 서면 비슷한 이름의 책이 많아서 상당히 혼란스러울 것이다. 읽기 연습을 하는 얇은 책은 거의 비슷하다. 큰 차이가 없으니 고심하지 말고 대출 가능한 것으로 한 움큼 집어서 빌려오고 읽게 하면 된다.

1. Learn to Read by CTP

문진미디어의 초창기 구성에는 카세트테이프가 포함되어 있었을 정도이니 '리더스북의 시조새'라 할 만하다. 오래된 책이지만 노부영에서 개정판을 출간할 만큼 인기가 많다. 사회, 수학, 과학 등 논픽션 분야를 다루고 있는데, 혹시 우리 아이에게 어렵지 않을까 고민할 필요는 없다. 글도 짧고 수학도 수 세기, 덧셈 정도의 기본적인 수준이다. 아이가 창작만 좋아한다면 이 책으로 슬쩍 다른 분야의 영어책을 접하게 하는 것도 좋겠다. 리더스북 모음집 중에서 가장 쉬운 편이다.

2. I Can Read by Harper Collins

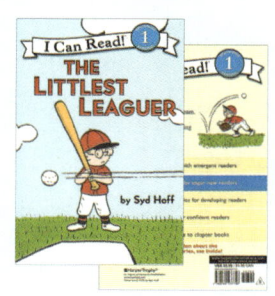

Biscuit, Stuart, Arthur, Little Bear, Amelia Bedelia 등 유명하고 코믹한 캐릭터가 등장한다. 구성과 종류가 다양해서 뭘 골라야 할지 모르겠다면 테마별로 나온 5~6권 모음을 먼저 훑어보고 아이의 흥미에 맞추어 추가하는 것이 좋다. 아이캔리드 한국어판^(삼성출판사)도 있으니 아이가 영어책 읽기의 슬럼프에 빠진 듯한 시기에 몇 권을 골라 주면 흥미를 유지하는 데 도움이 될 것이다.

3. DK Readers by DK

그림이 아니라 사진을 넣은 자연관찰, 과학책 위주의 리더스북이다. 공룡, 상어 등 아이들이 관심을 가지는 분야를 초반 단계에 넣어 구성했다. 공룡의 이름에 익숙한 아이라면 사진을 보며 영어 이름을 제대로 익히는 기회가 될 수 있다.

2단계 | 영상이 없어도 흥미롭게 볼 수 있는 영어책

Fly Guy
by Tedd Arnold (AR 1.2~2.7)

표지 그림만 봐도 웃음이 빵 터지는 책이다. 'Buzz(버즈)'라는 남자아이가 파리를 애완동물로 키우는 이야기인데, 눈이 몸 크기의 절반이 넘는 'Fly Guy(플라이 가이)'의 그림을 보면 알 수 있듯이 지나치게 과장된 그림이 이 책의 특징이다. 그림뿐만이 아니다. 글도 말장난이 대부분이다. 파리 이야기이니 당연히 지저분한 에피소드인지라 아이들이 쏙 빠져든다. 글은 짧지만 나름 챕터로 나뉘어 있어 챕터북이라고 소개하는 영어 서점도 가끔 있다. 그래 봤자 기껏해야 30페이지짜리 책이니 겁먹을 필요 없다. 책을 사려고 검색하다 보면 10권짜리 "Fly Guy Presents"라는 논픽션도 눈에 띌 것이다. 자연관찰과 역사를 영어로 접하기 시작할 때 볼만한 책이니 당장 욕심나더라도 이 책은 챕터북 읽기 시작할 때로 미루자. 아이가 좋아할 것 같으면 사줘도 좋지만 그림만 보더라도 너그럽게 이해해야 한다. 캐릭터만 같을 뿐 글 양도 많고 어려운 단어도 많다.

Fly Guy(쉬운 챕터북)

Froggy

by Jonathan London, Frank Remkiewicz (AR 2.0~3.0)

유치원에 다니는 아이들이 겪는 일상 그대로다. 치과 가기 싫어 도망가고, 태어난 동생을 질투하는, 고맘때 아이들 말이다. 'Froggy(프로기)'라는 개구리가 외식하러 가서 벌어지는 일, 혼자서 처음 자전거를 타게 된 날, 무섭지만 혼자 잠자리에 드는 것 등 한 권당 하나의 에피소드를 다뤘다.

이 책이 좋은 점은 그림이 너무 재미있다는 것이다. '영상으로 본 적 없는 책도 재밌네?'라는 느낌을 주는 책을 찾으려고 얼마나 헤맸던지. 그림이 재밌으면 글이 너무 짧거나 길었고, 주인공은 아이가 좋아하는 동물이라 해도 내용이 지루한 경우가 많았다. 그래서 포기하려던 차에 우연히 발견한 책이다. 아직 글을 제대로 읽을 줄 몰랐지만 다음에 또 어떤 그림이 나올지 엄청나게 궁금해하면서 혼자서 페이지를 넘겨보곤 했다. 한쪽에 짧은 글 서너 줄이 전부여서 읽어주기에도 좋고, 여러 번 읽어주고 나서 아이와 번갈아 가며 한 페이지씩 읽는 것도 좋다. 챕터북으로 넘어가면 영상이 없는 책이 대부분이므로 슬슬 책 읽기의 즐거움을 주고 싶다는 욕구와 딱 맞아떨어지는 책이다.

Froggy(픽처북)

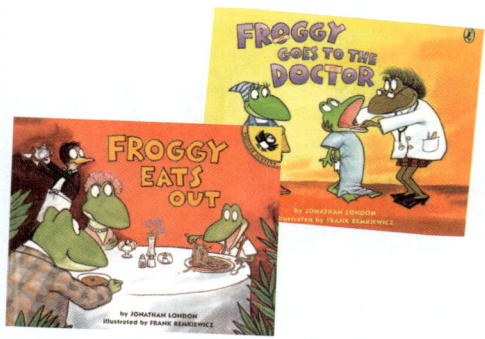

가지고 놀면서 보기 좋은 장난감 책

온라인 서점이나 네이버 쇼핑 검색창에 'My Busy Book'을 검색해보자. 그러면 다양한 모형 인형과 함께하는 책들이 주르륵 나온다. 'My Busy Book'은 사실 책이라기보다는 인형 상자에 가깝다. 주로 디즈니 영화에 나오는 주인공들을 아이들 주먹보다 작게 만든 미니 인형이 여러 개 들어있는데, 꽤 정교하게 만들어져 있어 아이들이 영어 영상과 원서를 친근하게 느끼도록 유도할 수 있다. 물에 불어도 벗겨지지 않고 멀쩡해서 욕조에서 물놀이할 때 가지고 놀아도 좋다. 디즈니 영화를 원작으로 한 책은 글 양이 꽤 많아서 2단계에 적합하지 않다. 그러니 이 단계에 'My Busy Book'을 사주면 나중에 '영화로 읽는 영어 원서 시리즈'로 연결하기 좋다. 인형을 만지작거리면서 한참 잘 놀 때 영화를 틀어주는 것이다. 영화나 책을 여러 번 본 아이는 중얼중얼 말하기 연습을 하기도 하고, 형제가 여럿인 집은 역할을 나눠서 노는 멋진 풍경이 펼쳐질 것이다. 좀 더 효과적으로 영어놀이에 활용하고 싶다면 무턱대고 사주지 말고 영어책을 읽기 위한 당근으로 쓰는 편이 좋다.

Frozen Pop-up Game & My Busy Book

Disney Princess Great Adventures

2단계 | 이맘때 사주고 두고두고 쓸 수 있는 영영그림사전

I Spy (아이 스파이)
by Walter Wick, Jean Marzollo

얼핏 보면 사전이 아니라 당황할 수도 있다. 실은 영어판 '숨은 그림 찾기' 책에 가깝다. 하지만 단순히 그림과 글이 알파벳 순으로 나열된 사전보다 저절로 놀이할 수밖에 없는 이 책이 단어 습득의 일등 공신이다. 난이도는 다섯 살 미만도 볼 수 있는 것부터 초등학교 저학년 아이들이 볼만한 것까지 다양하다. "I spy~(~는 어디 있을까?)" 하면서 손가락으로 짚는 재미가 있어서 책을 읽으면서 아이와 즐겁게 놀아주는 효과도 있다. "I Spy Ultimate Collection"은 가격도 다른 책들에 비해 저렴한 편이라 만족도가 높았던 책이다. 찾기 놀이를 좋아한다면 'I SPY Eagle Eye'와 같은 보드게임도 추천한다.

I Spy Spectacular(하드커버)

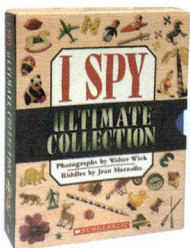

I Spy Ultimate Collection
(10권 세트)

My First Dictionary
by DK

선명한 사진이 가득한 백과사전과 자연관찰 책으로 유명한 영국 DK 출판사에서 나온 영영사전이다. 그래서 더 믿음이 갔다.

처음 이 책을 보는 대부분의 아이가 아마 사진만 보거나, 가끔 아는 단어가 나올 때 그 부분에 잠깐 시선이 머무르는 게 전부일 것이다. 이 책을 보여주는 목적도 마찬가지다. 아이에게 사전 찾는 법을 가르쳐주기 위해서가 아니라 이렇게 단어를 정리해둔 책도 있다는 것을 구경하듯 접하기 위함이다.

곧 리더스북을 거쳐 챕터북을 읽다 보면 모르는 단어를 스스로 찾고 싶어하는 때가 온다. 그림 반, 글자 반인 사전을 훑어본 경험이 있는 아이는 글씨만 빽빽한 사전을 접하는 데 거부감이 훨씬 덜하다. 기꺼이 사전을 펼쳐보는 데 도움이 되는 것이다. 세이펜 버전으로 사면 사진과 글씨를 콕콕 찍으며 발음을 익힐 수 있어 좋고, 찾기 놀이를 하며 놀기에도 좋다. 다만 영국식 영어인지라 단어나 표현이 미국식 영어와 다른 점은 미리 알고 사도록 하자.

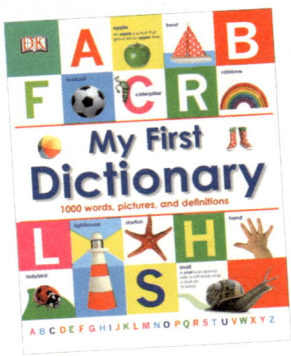

The CAT in the HAT Beginner Book Dictionary
by P.D. Eastman

"My First Dictionary"가 실물 사진과 문장으로 단어를 설명한다면 이 책은 그림과 짧은 문구 위주이다. 'pot'을 그림과 함께 'hot pot'이라고 설명하고 그 아래 'potato'는 'hot potato'라고 표기하는 등 알파벳순으로 같은 단어를 활용한 설명도 종종 보인다. 라임(Rhyme)을 활용한 수식어 덕분에 읽어줄 때 아이 귀에 쏙쏙 들어온다는 장점이 있다. 한 페이지에 내내 같은 동물이나 등장인물이 나와서 다른 단어를 설명하기도 하니 마치 픽처북처럼 느껴지기도 한다. 코팅되지 않은 종이라서 색연필이나 연필로 덧 그리기에도 좋아 아이가 색칠 놀이 하며 놀 때 엄마가 슬쩍 읽어주는 것도 효과적인 활용법이다. 책 제목이 말하듯 초보자, 즉 영유아용 사전이지만 군데군데 기초 문법을 언급하는 곳도 보인다. 예를 들면 'young'이라는 단어에 아빠, 오빠, 아기 그림을 그려놓고 'young, younger, youngest'라고 써 둔 것이다. 손가락으로 짚어가면서 힘주어 읽어주다 보면 꽤 쓸모 있는 어린이 사전이라는 생각이 절로 들 것이다.

04 엄마표 영어 3단계
[영상 + 영어책 읽기 + 챕터북 집중 듣기]

> **mission :** `mom` 매일 영어 영상 보여주기
> `kids` 매일 영어책 읽기
> 매일 챕터북 집중 듣기

엄마표 영어 2단계를 1년쯤 지속했다면 지금쯤 영어 영상(DVD) 보는 것이 놀이이자 휴식이 되었을 것이다. 이제 서너 줄짜리 리더스북은 술술 읽고, 챕터가 나뉜 제법 글이 긴 책을 읽을 수도 있다. 그러니 픽처북이든 리더스북이든 챕터북이든 계속 눈으로 읽게 하되, 챕터북 집중 듣기를 시작할 단계이다.

집중 듣기란, 귀로는 CD에서 나오는 소리를 들으면서 눈으로는 글씨를 따라 읽는 것으로 눈과 귀를 같은 속도로 맞춰준다는 장점이 있다. 말하기 연습이 아니므로 소리 내어 읽을 필요는 없다. 집중 듣기의 또 다른 장점은 긴 글에 익숙해지는 것이다. 이는 어휘력을 저절로 늘리는 방법이기도 하다. 나중에 두껍고 어려운 소설을 읽을 때, 혹은 자발적으로 영영사전을 찾아

볼 때도 유리하다. 대부분의 아이가 사전으로 단어 뜻을 찾아볼 때 첫 줄의 설명만 보고는 덮어버리기 마련이지만, 긴 글을 후루룩 읽는 게 습관이 되면 사전을 볼 때도 다양한 뜻과 예문을 훑어보는데 별 부담을 느끼지 않게 된다. 또한 집중 듣기를 하다 보면 아이 스스로 읽기 어려운 단계의 책을 시도할 수 있다. 레벨을 올리는 견인차 구실을 하는 것이다.

집중 듣기를 할 때 엄마가 꼭 옆에 있을 필요는 없다. 아이가 온전히 책의 내용에 집중할 수 있는 환경을 마련해 주고, 집중 듣기가 끝나면 장하다며 꼭 안아주는 것으로 충분하다.

일곱 살이 보기 좋은 3단계 영상과 책

처음 챕터북을 샀을 때가 생각난다. 책 안에 '그림'이 없었다. 분명히 표지에는 아이가 좋아할 만한 여자아이 그림이 있었는데 말이다. 예상외로 아이는 수월하게 책장을 넘기며 집중 듣기를 했다. 20분 동안 아이가 앉아있는 것도 신기했고, 검은 글자만 가득한 책을 낯설어하지 않고 책장을 넘기는 것도 대견했다. 그때가 바로 일곱 살이었다. 놀이터에서 놀랴, 영상 보랴, 책 읽으랴, 하루가 금세 지나가던 시기였지만, 이때 했던 집중 듣기 덕분에 지금 아이는 두꺼운 소설책도 무리 없이 읽고 있다.

3단계에서 소개하는 챕터북 역시 앞부분은 영상이 있거나 내용이 쉬워서 재미있게 읽을 수 있는 것들이다. 뒤로 갈수록 글 양이 많아지긴 하지만 이야기가 워낙 재미있기에 책 읽는 재미를 느끼면서 무리 없이 읽을 수 있을 것이다. 이렇게 1년여가 지나면 어느새 아이는 소설책을 손에 들게 된다.

7Y | 3단계 | 첫 시작으로 좋은 챕터북

Rockets
by Dee Shulman (AR 1.5~1.8)

챕터북을 처음 읽을 때 많이 보는 영어 만화책이다. 글자보다 그림이 더 많고, 말풍선 안에 들어간 글도 짧아서 좋다. 그동안 그림책을 많이 보고 영상도 많이 본 아이는 흑백 인쇄에 크게 개의치 않는다. 오디오 CD에서 흘러나오는 배경음악과 감정 표현에 꽤 신경 쓴 듯한 목소리 덕에 아이는 마치 영상을 보듯 책을 볼 것이다. 현재 온라인 영어 서점에서 Step 1, 2, 3으로 나누어 책 8권에 오디오 CD가 포함된 세트와 낱권 책을 판매하고 있다.

Comic Rockets
(쉬운 챕터북)

Nate the Great
by Marjorie Weinman Sharmat, Dell Yearling (AR 2.0~3.2)

소년 탐정 'Nate(네이트)'의 주변에서 벌어지는 이야기로 남자아이가 처음으로 집중 듣기 할 챕터북으로 적합하다. 자신을 '위대한 네이트'라고 부르는 패기가 귀엽게 느껴진다. 어렸을 때부터 온갖 영웅 놀이를 거쳐 온 아이라면 자기 또래 아이가 탐정으로 나오고 돋보기를 들고 다니는 그림에도 흥미를 보일 것이다. 가끔 컬러 그림도 있고 글씨도 비교적 큰 편이다.

이 시리즈의 특징은 책의 중간까지 스토리가 나오고 그 이후부터는 앞의 내용과 관련된 상식, 지식, 유머, 심지어 요리법까지 다룬 다양한 'extra fun activity'가 나온다는 점이다. 덕분에 집중 듣기가 끝나도 아이가 손에서 책을 놓지 않는다. 앞으로 접하게 될 수많은 모험, 탐험 시리즈의 기초라고 생각하고 하루에 한 권씩 집중 듣기 해보자. 현재 온라인 영어 서점에서 오디오 CD가 포함된 다양한 구성의 책을 판매하고 있다.

Nate the Great(챕터북)

Franny K. Stein
by Jim Benton (AR 2.0~3.0)

애완용 뱀으로 줄넘기를 즐기는 평범하지 않은 꼬마 과학자 'Franny(프레니)'의 이야기다. 과학 실험도 하고, 자기 대신 숙제를 해줄 로봇도 발명하고, 반장선거에 어떻게 하면 당선이 될까 고민하는 귀여운 에피소드로 가득하다. 각 권의 스토리가 독립되어 있으니 책을 바닥에 늘어놓고 마음에 드는 표지부터 골라 읽어도 무방하다. 영상은 없지만 워낙 스토리가 흥미진진하다 보니 혼자 집중 듣기 하며 눈으로 읽을 수 있다. 처음에 몇 장만 읽어주다가 일부러 잠시 자리를 뜨는 것도 팁이다. 이렇게 짧은 챕터로 모아진 챕터북은 영어책 읽기의 즐거움과 성취감을 동시에 맛보게 한다. 주인공에 동화되어 킥킥 웃는 경험이 있어야 다음 레벨로, 다른 영역으로도 나아갈 수 있는데, 이 책은 그 역할을 톡톡히 해낸다. 과학 지식도, 단어 체크도 아직은 할 필요 없다. 현재 온라인 영어 서점에서 오디오 CD가 포함된 책을 판매하고 있다.

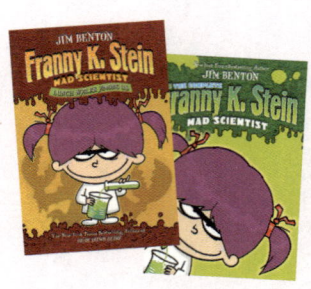

Tiara Club

by Vivian French (AR 2.1~2.3)

공주가 되기 위한 수업을 받는 공주학교 이야기다. '여자아이들의 베스트셀러 챕터북'이라는 별명이 괜히 만들어진 게 아니다. 작가가 딸만 넷인 엄마라서 그런지 스토리가 일곱 살 여자아이의 눈높이에 딱 맞춰져 있다. 국적 불문 핑크색만 찾고 치마만 입는 성향의 여자아이를 원서 읽기로 끌어오기에 좋다.

현재 30권의 책이 출간되었는데 엄마가 보기에는 많아 보여도 하루 한 권씩 집중 듣기를 하다 보면 어느새 마지막 책이 펼쳐진다. 아이는 주인공들의 이름을 줄줄 외우고 비슷한 듯 다른 책들을 기차 칸 연결하듯 술술 볼 것이다.

이 시리즈의 또 다른 특징은 흑백임에도 불구하고 그림이 아주 섬세하고 여성스럽다는 점이다. 대부분의 여자아이가 이 책으로 집중 듣기 할 때 색연필로 색을 채워가면서 한다더니 우리 집도 예외가 아니었다. 표지에 반짝이도 뿌려져 있고 온통 핑크색 천지라서 일단 "이거 다 내 거야!" 하며 끌어안고 방으로 들어간다면 절반은 성공인 책이다.

Magic Tree House
by Mary Pope (AR 2.8~4.0)

"Magic Tree House"는 '챕터북' 하면 가장 먼저 떠오르는 책이다. 나무 위 놀이 집에서 놀다가 뭐라고 중얼거렸을 뿐인데 과거로 이동하는 판타지 모험 스토리로, 고대부터 현대까지 세계 곳곳의 명소에서 그 시대의 인물을 만나고 온다. 일관성 있는 구조 안에 초등학생들이 알아두어야 할 역사, 과학 등의 상식과 갈등 상황을 넣었다. 가끔 나오는 그림과 주인공들의 표정도 아주 사실적으로 그려놔서 일단 책을 펼치고 집중 듣기를 시작하면 금세 집중하게 되는 책으로도 유명하다.

이 시리즈를 읽는다고 아이가 '카멜롯이 정확히 무엇인지, 미라가 누워있는 곳이 어느 나라인지, 아마존이 어디쯤 있는지' 물어오지는 않을 것이다. 그러나 분명한 것은 처음 듣는 지명과 역사를 거부감 없이 받아들여 머릿속에 쌓아나가고 있다는 점이다. "어? 나 이거 들어봤는데? 매직 트리 하우스에서 본 거야!" 하는 일이 앞으로 자주 생길 것이다.

솔직히 나는 이 책을 '역사와 과학을, 그것도 영어로 알려주기에는 너무 이르지 않을까?' 하는 걱정에 계속 미루기만 하다가 비교적 나중에 읽게 했다. 그러나 다시 돌아간다면 나는 이 시리즈를 챕터북을 읽기 시작하는 초반에 읽힐 것이다. 54권이나 되지만, 긴 호흡을 연습하는 동시에 이보다 유익하고 재밌는 시리즈는 드물다는 것을 이제는 알기 때문이다. 아이가 읽으면서 군소리가 거의 없다는 것도 엄마에게 큰 힘이 된다. 29권부터는 'Merlin Mission' 시리즈다.

Merlin이라는 마법사를 도와주기 위해 두 주인공이 과거로 돌아가 여행을 하는 이야기인데 주인공도 그대로이고, 난이도 차이도 크지 않으니 앞의 이야기의 연장이라고 생각하면 된다.

"Magic Tree House" 집중 듣기를 다 마치고 나서 "Magic Tree House Fact Tracker"를 사주는 것도 좋다. 논픽션 챕터북으로, 다양한 자료가 첨부되어 있어 역사, 과학 지식을 심화 학습할 수 있다. 다만 AR 5.3~5.6에 해당하는 책으로 모르는 단어가 나올 경우 문맥상 유추하기가 힘드니 바로 이어서 하기보다는 6개월이나 1년 후, 아이와 상의해서 들이기를 추천한다.

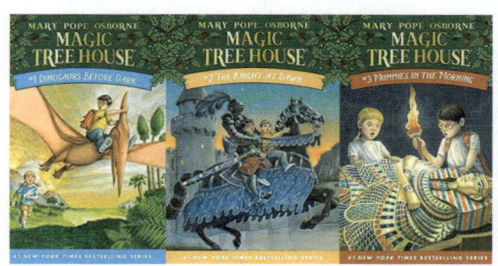

Magic Tree House
(챕터북)

Magic Tree House
Merlin Missions(챕터북)

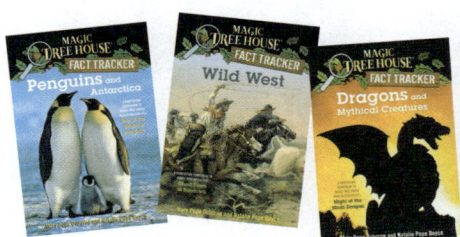

Magic Tree House Fact Tracker(챕터북)

A to Z Mysteries
by Ron Roy (AR 3.2~4.0)

알파벳 순서에 따라 벌어지는 미스터리한 사건들을 아이 셋이 풀어가는 탐정소설이다. "Magic Tree House"와 마찬가지로 각 권의 마지막 페이지에 다음 책의 내용을 암시하고 있다. 아이가 "Z(The Zombie Zone)"까지 다 읽고도 아쉬워한다면 super edition 6권도 읽게 하면 좋다.

같은 작가가 쓴 비슷한 레벨의 다른 책으로 연결해 보는 것도 추천한다. "A to Z Mysteries"에 나온 삼총사의 동생들이 주인공으로 나오는 "Calendar Mysteries(AR Book Level 2.0~3.1)", 대통령 주변에서 일어나는 미스터리를 아이들 눈높이에서 다룬 "Capital Mysteries(AR Book Level 3.5~4.0)" 등도 찾아 읽어보자. 앞의 시리즈는 읽기로, 뒤의 시리즈는 집중 듣기로 연달아 읽게 하는 게 좋다.

좋아하는 작가가 생기면 앞으로 읽을 수많은 영어 원서를 고르는 것이 한결 수월하다. 그러니 쉬운 책으로 독서 취향을 만들 수 있는 기회를 잘 활용하자.

Capital Mysteries
(챕터북)

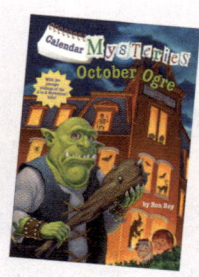

Calendar Mysteries
(챕터북)

A to Z Mysteries
(챕터북)

Clementine
by Sara Pennypacke (AR 3.9~4.6)

몰입 천재 소녀의 이야기라기에 얼른 구입한 책이다. 긴 시리즈물이 아니라는 것이 좋았다. 열광적으로 좋아하지는 않았지만 그래도 끊이지 않고 꾸준히 읽어나갔던 책이다. 여자아이가 주인공인 챕터북 중에서는 비교적 잔잔한 스토리를 담고 있다. 최고의 아이돌 Selena Gomez가 주인공인 "Ramona", 쓰기 연습에 효과적인 "Dork Diaries"를 읽기 전에 강약 조절 겸 넣어주길 권한다. 난이도는 셋 다 비슷하다.

미국 3대 아동문학상 중 하나인 'Boston Globe Horn Book Award(보스턴 글로브 혼 북)' 수상작이기도 하니, 뉴베리 수상작을 읽기 전의 연습이라고 생각해도 좋겠다.

Clementine(챕터북)

7Y 이 외에도 재미있게 볼 만한 챕터북

Mercy Watson(6권) (AR 0.5~0.7)
by Kate DiCamillo, Chris Van Dusen

초기 챕터북으로 읽기 좋다. 말썽꾸러기 꼬마 돼지가 왓슨 가족과 함께 살면서 벌이는 일상 이야기다.

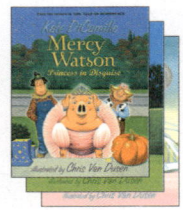

Dog Man(5권) (AR 2.3~2.6)
by Dav Pilkey

영어 만화책이다. "Captain Underpant"의 주인공 George와 Harold가 새로 만들어낸 영웅 이야기가 주된 스토리. 일부러 틀린 철자로 쓴 글씨도 나오니 재미로 보여주기에 좀 더 적합한 책이다.

The Princess in Black(4권) (AR 3.0~3.2)
by Shannon Hale 외

몬스터를 물리칠 때는 검정 드레스를 입는 Magnolia 공주님의 이야기다. 올 컬러 챕터북이라 아직 챕터북에 익숙하지 않은 아이가 흥미를 붙이기에 좋다.

Marvin Redpost(8권) (AR 3.0~3.9)
by Louis Sachar

빨간 머리 주인공 Marvin과 친구들의 이야기다. UFO를 타고 온 듯한 전학생, 마법 구슬을 학교에 가져온 친구 등 평범하지 않은 학급 생활이 시리즈로 이어진다.

Wayside School(3권) `AR 3.0~4.0`

by Louis Sachar

30층짜리 학교 건물 꼭대기층에서 지내는 별난 30명의 아이들 이야기다. 아이들뿐만 아니라 교장선생님까지도 어처구니없는 일을 수시로 벌이는 그야말로 괴짜들의 총집합이라 3권 모두 흥미롭게 읽을 수 있다.

Jake Drake(4권) `AR 3.4~4.3`

by Andrew Clements

주인공 Jake가 친구들과 함께 학교 내에서 겪는 사건들을 담았다. 3, 4학년 아이라면 주인공이 겪는 심리적 갈등과 해결방법에 더욱 공감하며 읽을 것이다.

My Weird School(21권) `AR 3.3~4.3`

by Dan Gutman, Jim Paillot

주인공 A.J.가 다니고 있는 이상한 학교 이야기로 선생님들도 범상치 않고 친구들도 특이한 모험을 즐긴다. 아이가 재밌게 보지만 너무 흥미 위주의 책에만 빠지는 것 같아 걱정이 된다면 "My Weird School Fast Facts" 시리즈로 연결해 읽는 것을 추천한다.

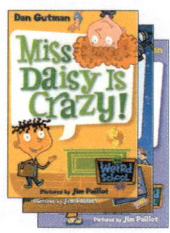

Dork Diaries(12권) `AR 4.0~4.9`

by Rachel Renee Russell

Nikki라는 소심한 여자아이가 쓴 일기 형식의 글이다. 책이 두꺼워 보이지만 그림도 많고 글씨도 큰 편이다. 특히 "Diary of a Wimpy Kid"를 재밌게 본 여자아이라면 분명 흥미를 보일 것이다.

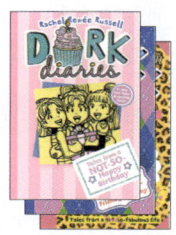

3단계 | 영상이 있는 챕터북

 **Magic School Bus** AR 2.0~3.0

goo.gl/2v18G8

"신기한 스쿨버스"라는 한글책으로도 이미 유명한 과학 애니메이션이다. Scholastic 출판사에서 야심 차게 기획하여 만든 시리즈로 생물, 물리, 지구과학, 화학, 첨단과학, 기상학, 우주학 등 과학의 기초 원리를 재미있는 만화로 보여준다. 출간 당시 책과 함께 애니메이션 시리즈가 만들어져 PBS에서 방영되었는데, 2017년부터는 Netflix에서 'The Magic School Bus Rides Again'이란 이름으로 컴퓨터 그래픽 애니메이션 시리즈를 방영하고 있다.

아이가 창작, 판타지, 학교생활 이야기만을 보고 듣는 것 같아 지식 책을 슬쩍 넣어주고 싶던 차에 이 시리즈를 틀어주었다. 결론부터 말하면 너무 일찍 사주고 틀어줬던 탓에 별 재미를 못 봤다. 아이는 재미없다며 자기 방으로 가서 그림을 그리고 놀았고, 나 혼자 쓸쓸히 TV 앞에 앉아 책을 살 때 딸려 온 종이 CD 케이스를 책 뒷장에 붙였던 아픈 기억이 있었다.

그런데 1년 반이 지나 아이가 아홉 살이 됐을 때 다시 틀어줬더니 이번에는 반응이 달랐다. 구석에 꽂혀 있던 책도 다시 꺼내어 휙휙 넘기며 보았다. 큰 교훈을 얻었다. 글 양이 몇 줄인지는 중요하지 않다는 것이다.

이 시리즈는 지식 습득이 주된 목적이다. 모르는 단어가 계속 나오니 아이 입장에서는 이야기의 흐름이 계속 끊길 수밖에 없었다. 프리즐 선생님이 아무리 괴상망측하고 기이한 옷을 입고 나와도, 스쿨버스가 거미로 변해서 거미줄에 걸리더라도 우선 내용 자체가 아이에겐 어려우니 별 흥미를 못 느꼈던 것이다. 책은 아무 잘못이 없었다. 한글책을 더 폭넓게, 그리고 많이 읽혀야 한다는 것. 그리고 얇은 책이라고 얕봤다간 시행착오가 뒤따른다는 점을 내게 가르쳐준 책이기도 하다. 개인차는 있겠지만 쉬운 자연관찰 책이나 백과사전을 한글로 많이 접해본 후, 그리고 영어 노출을 2년 이상 꾸준히 해 준 다음에 시도하면 효과가 좋겠다. 픽처북과 리더스북으로도 출간되었으니 아이의 수준에 맞게 책을 사서 읽히다가 챕터북으로 집중 듣기를 하면 된다.

The Magic School Bus(픽처북)

The Magic School Bus(리더스북)

The Magic School Bus(챕터북)

Junie B. Jones
by Barbara Park （AR 2.0~3.0）

goo.gl/dzp6YX

유치원부터 초등학교 1학년까지, 평범하고 귀여운 여자아이 'Junie B. Jones'의 일상을 그린 책이다. 유치원에서의 일상이 1권~16권, 초등학교 생활이 17권~28권이다. 미국 교과서에 실렸을 만큼 영미권 국가에서도 어린이 필독서로 인정받고 있다. 집중 듣기를 하다 보면 대화체가 하도 많아서 영화를 귀로 듣는 듯한 기분이 들 정도다. 이 책이 영화로 만들어지는 것을 작가가 나서서 말린 이유가 아이들의 상상력에 방해가 되기 때문이라고 하더니, 책 흐름만 따라가도 장면이 충분히 떠오른다.

영화로 만들어지지는 않았지만 대신 뮤지컬 영상을 유튜브에서 볼 수 있다. 외국 학생들이 학예회 같은 행사에서 하는 발표 무대라 해상도는 낮은 편이지만 의상만 봐도 누구인지 알아볼 수 있을 정도로 책의 내용을 고스란히 반영했다. 다행히 소리는 뚜렷하게 들리니 책을 다 읽은 다음에 책거리하듯 보여주면 좋다.

우리 집에서는 두꺼운 책 집중 듣기에 슬럼프가 왔을 때 격려 차원에서 이 영상을 보여주기도 했을 정도로 인기가 좋았다. 스쿨버스 운전기사 아저씨가 아이들의 노래를 따라 부르는 대목에선 뒤로 깔깔대며 넘어갔었다. 책에서만 보던 인물들을 배우들과 매치하는 재미가 쏠쏠한 눈치였다.

노래하고 춤추는 것을 즐기는 아이라면 뮤지컬에 나오는 주제곡을 틈틈이 틀어줘 보자. 한 시리즈에 이렇게 푹 빠졌다가 나온 경험은 전염성이 강하기 때문에 다른 시리즈와 다른 장르로 옮겨갈 준비 운동이 될 수 있다.

옆의 QR 코드로 안내한 것은 뮤지컬의 주제곡 모음이며, 아래 QR 코드를 통하면 뮤지컬 영상을 볼 수 있다. "Junie B's Essential Survival Guide to School"도 권하고 싶다. 주인공이 되어 낙서도 하고 책 내용도 가끔 끼워 넣는 '비밀 수첩' 같은 책이다.

Junie B. Jones The Musical Part 1
goo.gl/iV1h9x

Junie B. Jones The Musical Part 2
goo.gl/BynsdD

Junie B's Essential Survival Guide to School

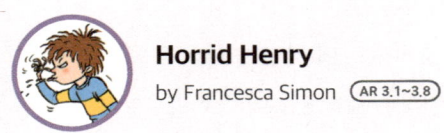

Horrid Henry
by Francesca Simon (AR 3.1~3.8)

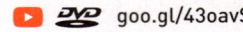

'Henry(헨리)'라는 장난꾸러기 남자아이 이야기다. 엽기적인 수준의 장난만 골라서 하는데, 그때마다 벌을 받지만 절대 굴하지 않는다. 또래 아이들이 이 책을 보면서 대리만족을 한다고 들었는데, 한 편만 봐도 그게 무슨 말인지 이해가 되었다. '말썽의 끝판왕'이 따로 없다.

주로 친구들과 동생을 괴롭히는 스토리이기 때문에 선뜻 보여주기 꺼려질 수도 있으나, 이 부분은 엄마의 판단에 맡기기로 하겠다. 대여섯 줄짜리 리더스북을 곧잘 읽고, ORT 10단계 이상의 책을 거부감 없이 집중 듣기 한다면 이보다 더 흥미로운 영상과 책이 없기 때문이다. 그림 없이 글씨가 대부분인 챕터북 집중 듣기의 물꼬를 트는데 효자 노릇을 톡톡히 한다.

아직 그 정도 수준에 오르지 않았다면 조금 더 아껴두었다가 보여주도록 하자. 책 읽기로 이어지지 않고 흥미만 잔뜩 느끼다가 돌아서기엔 너무나 아까운 타이틀이기 때문이다. 챕터북은 그림책이나 리더스북보다 DVD와 세트로 나오는 구성이 절대적으로 적은 편이라 더욱더 그렇다.

"Horrid Henry"는 특히 남자아이들에게 인기가 아주 많다. 만약 내 아들이 영상은 잘 보지만 글 양이 많은 영어책에는 딱히 관심이 없어 남몰래 애를 태우고 있었다면, 얼른 책부터 주문하자. 아이가 스스로 집어 들고 읽는 첫 번째 챕터북으로도 이미 유명하다. 실력과 흥미의 시너지가 무엇인지 알고 싶거든 이 시리즈로 보고 듣고 읽게 하면 좋겠다.

책 전 권을 다 집중 듣기 했거나 읽은 다음에는 'Horrid Henry : The Movie' 영화를 보여주면서 마무리해도 좋다. 애니메이션과는 달리 실제 사람이 나와 내가 아는 스토리를 재연하니 어찌나 반가워하는지 모른다. 큰아이도 마치 잃어버린 친구를 다시 만난 것처럼 쏙 빠져들어 보았다.

챕터북 구성 중에서는 아마 "Joke book"의 인기가 좋을 것이다. 서너 권쯤 되는데 "엄마, 이거 맞춰봐." 하면서 따라다니는 걸 감수해야 한다. "글쎄?", "뭘까?"만 해줘도 혼자 북치고 장구치고 다한다. 일곱 살에 처음 영어를 시작한 아이라면 챕터북 대신 "Horrid Henry Early Reader"라는 짧은 리더스북을 추천한다.

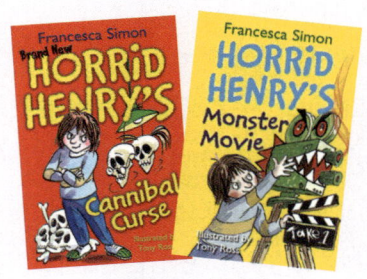

Horrid Henry(챕터북)

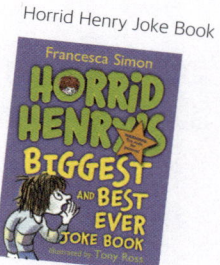

Horrid Henry Joke Book

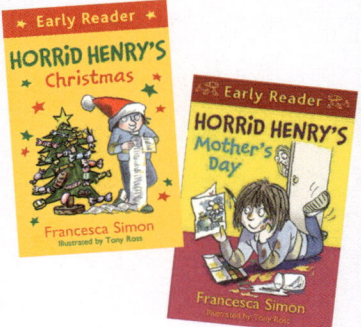

Horrid Henry Early Reader
(리더스북)

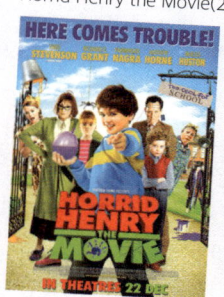

Horrid Henry the Movie(2011)

Geronimo Stilton
by Elisabetta Maria Dami (AR 3.1~3.8)

 goo.gl/y9pqeY

아이가 그림이 거의 없는 챕터북에는 아예 눈길도 주지 않거나, 혹은 챕터북을 잘 보다가 요즘 들어 통 관심이 없다면 이 시리즈를 보여주자. '흑백 글씨 책'은 싫다며 고개를 젓는 아이에게 챕터북과의 연결고리 역할을 한다. 올 컬러판 챕터북이다. 심지어 글씨도 알록달록하다.

신문사를 운영하는 베스트셀러 작가 'Geronimo(제로니모)'가 주인공으로 아이들이 열광하는 모험 이야기를 주제로 한다. "Geronimo Stilton : Spacemice"와 같이 여러 시리즈가 있어 관련된 책을 추가로 구하기도 쉽다. 처음엔 고민하지 말고 부제 없는 기본 구성으로 20권을 사서 집중 듣기를 시작하면 된다.

2, 3점대 레벨의 챕터북이 대부분 그렇듯 이 시리즈도 각 권이 독립된 스토리어서 굳이 책 번호 순서대로 연결해서 보여줄 필요도 없다. 아이가 얼마나 흥미를 보이는지 봐가면서 추가로 10권씩 더 들이자. 무턱대고 처음부터 전체 구성을 사면 역효과만 난다. 주인공이 누구인지도 모르는 아이 눈에는 그 많은 책이 부담스럽기만 할 것이다. 아무리 눈으로 따라가기만 해도 되는 집중 듣기라지만 아직 아이의 책 읽는 호흡이 그리 길지 않다는 것도 신경 써야 할 부분이다.

Geronimo의 여동생 Thea가 주인공으로 나온 "Thea Stilton"은 여자아이들에게 추천하고 싶은 시리즈이다. 그동안 공주, 요정 시리즈에만 열광하던 아이가 이 책에 나오는 미녀 쥐 5총사 이야기를 읽더니 이건 전부 자기 이야기라고 우겼다. 자기 맘대로 걸스 클럽을 만든다며 아이 다섯이 손을 잡고 동네 길을 다 막고 다니던 때도 있었다. 딸 키우는 엄마라면 무슨 상황인지 알 것이다. 자기도 이랬다며 호들갑을 떨다가 이내 영상에, 또 책에 스르륵 빠져들면서 한 편씩, 한권씩 영어를 익히는 일상의 뿌듯함은 연령대와 흥미에 맞게 엄마표 영어를 진행하면 어렵지 않게 느낄 수 있는 즐거움이다. 유튜브의 공식 채널에서 HD급 영상을 제공하고 있으니 영상은 유튜브를 통해서 보자.

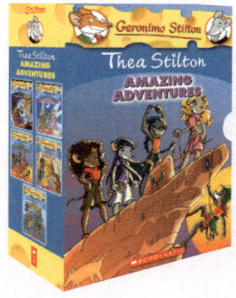

Thea Stilton(챕터북)

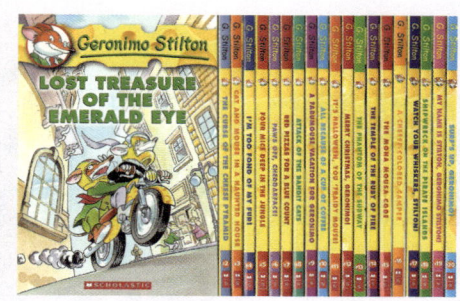

Geronimo Stilton(챕터북)

The Zack Files
by Dan Greenberg (AR 2.2~3.3)

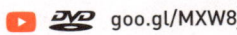

현실과 환상을 오가는 판타지 스토리이다. 작가가 실제 자기 아들인 Zack에게서 영감을 얻어 썼다고 한다. 증조할아버지가 고양이로 변하고, 외계인도 만나고, 약통으로 들어가는 등 다양한 주제의 환상 세계로 넘어갔다가 다시 돌아온다. "Magic Tree House"와 비슷한 전개라고 보면 된다. 마지막 페이지에서 다음 책에 나올 이야기를 미리 소개하는 것도 마찬가지다.

책을 바탕으로 한 TV 시리즈가 캐나다에서 방영되었는데 DVD를 구하기는 어렵지만 유튜브에서 볼 수 있다. 집중 듣기를 할 때면 CD에서 흘러나오는 음악이 무섭다며 엄마 옆에 꼭 붙어 앉아 있곤 했는데, 그래서 CD 음원 대신 영상을 틀고 화면을 끈 다음 대사를 들려주기도 했었다.

The Zack Files TV 시리즈

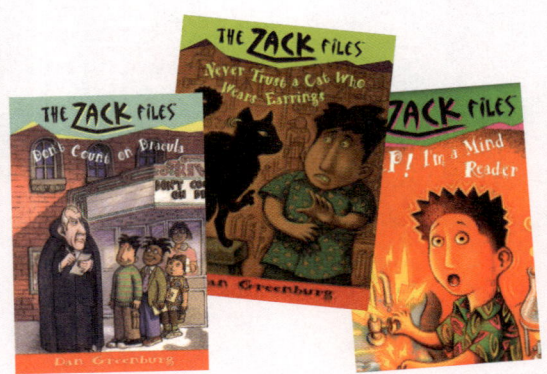

The Zack Files(챕터북)

Captain Underpants
by Dav Pilkey AR 4.3~5.3

 goo.gl/78C2kF

챕터북을 처음 읽기 시작했을 때, 책의 표지에 팬티만 달랑 한 장 입고 있는 아기를 보고 아이가 냉큼 사달라고 한 책이다. 챕터북 치고는 그림이 많이 나오는 편이고, 그중 절반은 만화라서 아이가 흥미를 느낄 만했다. 하지만 레벨이 4, 5점대고 음원도 없는 책이라 미뤄뒀다가 1년 후에나 보여주었다. 현재까지 약 14권의 책이 출간되었다.

팬티만 입고 만세를 하고 있던 표지의 아기는 알고 보니 학교 교장 선생님이었다. '이게 도대체 무슨 스토리지?' 의아해하며 뒤표지를 들춰보니 그제야 이해가 된다. 이 책의 작가 Dav Pilkey는 상당히 개성이 강하고 위트 있는 사람이다. 작가 소개란에 어릴 적 사진을 떡하니 올려놓고 자기는 ADHD였고 선생님 말씀을 안 들어서 이렇게 성공했다고 써 놨다. 엉뚱한 스토리를 아이들 구미에 딱 맞게 쓴 작가답다.

'Captain Underpants(캡틴 언더팬츠)'는 주인공 George와 Harold가 다니는 학교의 교장 선생님으로, 주인공들이 'Super hero'로 변신시킨다. 교장실로 들어가 최면을 걸면 교장 선생님이 넥타이를 풀어헤치고 가발을 벗어던지며 '캡틴 언더팬츠'가 되는 것이다. 아이들이 킥킥 대지 않을 수 없다.

이 책의 특징 중 하나가 'Flip-O-Rama'가 있다는 것이다. 모든 책의 뒷부분에 있는데 페이지를 팔랑팔랑 앞뒤로 빠르게 흔들면 움직이는 그림처럼 보인다. 마치 우리가 어릴 적, 껌을 사면 같이 들어있던 빠르게 넘기는 그림책과 비슷하다.

고작 두세 장이지만 아주 열심히 팔랑대며 재밌어한다.

책에서 꼭 교훈을 얻어야 할까? 신나게 웃고 넘어가는 간식 같은 책도 있어야 한다. 고급스러운 표현이나 지식보다는 현실감 있는 또래의 대화체를 접하고 내내 흥미를 유발하는 에피소드가 이 책의 매력이다. 주인공들의 상상력을 통해 못된 어른을 혼내주는 대리만족을 경험할 수 있다.

2017년에 드림웍스에서 컴퓨터 그래픽으로 된 영화를 개봉하여 큰 인기를 끌었는데 앞에 제시한 QR 코드는 그 영화의 무비 클립이다. 책을 보기 전후에 영화를 본다면 더 큰 재미를 느낄 수 있을 것이다.

Captain Underpants Movie (2017)

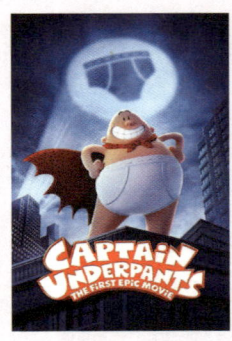

Captain Underpants(챕터북)

Ramona
by Beverly Clearyy (AR 4.8~5.6)

 goo.gl/okjhHj

'라모나'라는 여자아이가 네 살부터 스무 살이 될 때까지 가족과 친구들 사이에서 겪는 일들이다. 유치원 시절, 초등학교 시절로 나누어 그 시기만의 일상을 그린 책은 많았지만 이 책처럼 8권밖에 안 되는 시리즈 안에 아이의 성장기를 담아낸 것은 처음 보았다. 어렸을 적 이야기를 해주면 여전히 눈빛이 반짝반짝 빛나는 초등학생이다 보니 더 집중하는 듯했다.

보통 영화로도 만들어진 책의 경우 작품성이 보장된다는 장점이 있는데 역시나 이 책도 뉴베리 수상작이다. 양질의 챕터북은 양질의 소설책의 예고편과 같다. 소설 "백경"에 나오는 모비딕도, "나니아 연대기" 시리즈도 이 책에서 언급한 덕분에 아이의 관심을 끌게 됐다.

관련 영화도 있다. 미국의 10대들이 열광하는 아역배우 Selena Gomez가 라모나의 언니로 나온다. 앞으로 아이가 즐겨 보게 될 드라마 '우리 가족 마법사'의 주인공이기도 하다. 위에 제시한 QR 코드는 영화의 무비 클립이니 아이가 좋아한다면 함께 보자.

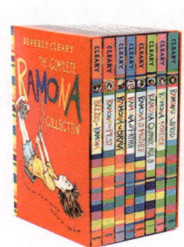
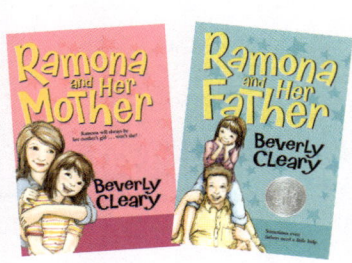
Ramona(챕터북)

Ramona and Beezus Movie(2010)

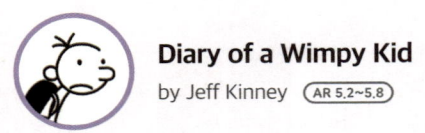

Diary of a Wimpy Kid
by Jeff Kinney (AR 5.2~5.8)

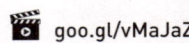

goo.gl/vMaJaZ

아직 초등학생 티를 못 벗은 '그레그(Greg)'가 중학교에 적응하기 위해 고군분투하며 겪는 다양한 에피소드를 일기 형식으로 쓴 책이다. 윔피 키드 덕분에 아이는 자기감정을 그림으로도, 글로도 표현할 수 있다는 것을 알게 되었고, 조금씩 따라 해 보다가 짧은 글이나마 글쓰기에 재미를 붙이게 되었다.

2004년 교육용 웹사이트 FunBrain에서 처음 온라인으로 스토리를 선보인 후 무려 2천만 회가 넘게 읽혔으며, 2007년 책이 출간되자마자 바로 베스트셀러에 올랐다. 이후 '뉴욕 타임스 베스트셀러' 외에 여러 상을 받았을 정도로 선풍적인 인기를 끌었다. 현재까지 12권이 출간되었으며 모두 오디오 CD를 함께 판매하고 있으니, 집중 듣기 하기에 최적의 시리즈이다.

"The Wimpy Kid Do it Yourself Book"이라는 책도 있으니 직접 쓰고 꾸미면서 부담 없는 워크북으로 활용하면 좋다. 책에 언급된 "The Giving Tree(아낌없이 주는 나무)", "The Charlotte's Web(샬럿의 거미줄)", "Old Yeller(내 사랑 옐러)" 같은 책을 한글책이나 원서로 읽어보는 것도 추천한다. 책의 인기에 힘입어 20세기 폭스사에서 2010년부터 네 편의 영화를 제작하였으니 QR 코드로 무비 클립을 둘러보자. 책을 읽기 전후에 영화를 보면 흥미를 끌어올릴 수 있다.

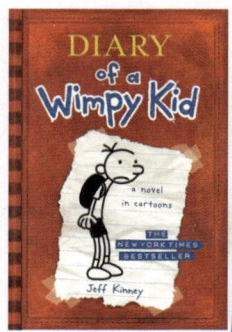

Diary of a Wimpy Kid

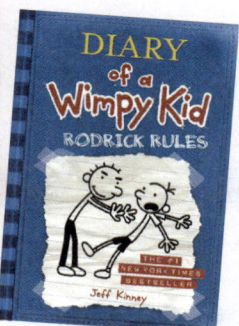

Diary of a Wimpy Kid
Rodrick Rules

Diary of a Wimpy Kid Movie (2010)

Diary of a Wimpy Kid Movie 2 :
Rodrick Rules(2011)

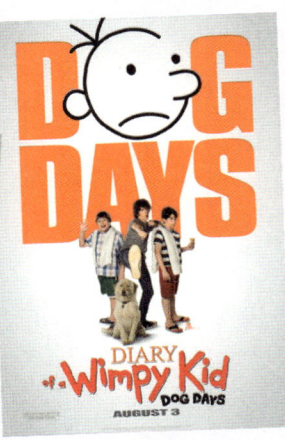

Diary of a Wimpy Kid Movie 3 :
DOG DAYS(2012)

Chapter 6 엄마표 영어 3단계, 이렇게 한다 | 247

영화로 읽는 영어 원서 시리즈

―

2013년 전 세계를 강타한 'Frozen(겨울왕국)'은 디즈니 애니메이션 역사상 최대 흥행작이다. 우리나라에서만 천만 관객을 돌파했을 정도다. 동네 놀이터마다 하늘색 엘사 원피스가 나부꼈고, 애들이 모이는 곳이면 어디든 'Let it Go'란 주제가가 애국가처럼 울려 퍼졌다. 그때부터 시작한 '겨울왕국'의 열기는 지금도 여전하다.

디즈니 영화는 처음부터 파생상품을 고려하여 만들었기 때문에 관련 책과 상품들이 즐비하다. 영어 그림책뿐만 아니라 한글 그림책, 각종 리더스북과 챕터북, 오디오북, 스티커북, 인형, 조립완구, 앱 등 영화 산업의 모든 면을 보여준다고 해도 과언이 아니다. 다만 영화의 스토리를 모두 책에 담고 있기 때문에 영어 원서의 수준은 결코 낮지 않다.

엄마표 영어를 하면서 디즈니 영화를 효과적으로 활용하는 방법은 여러 소스 중에서 MP3 CD가 들어있는 원서를 보고, 듣고, 읽고, 집중 듣기 하는 것이다. 챕터북 집중 듣기를 시작한 아이라면 영화를 한글 자막, 영어 소리로 본 후 챕터북을 보면 충분히 집중 듣기를 할 수 있다. 아이가 원한다면 퀴즈 형식의 워크북을 풀어도 좋다.

이때 도움을 받을 수 있는 것이 '영화로 읽는 영어 원서 시리즈'이다. 롱테일북스 출판사에서 시리즈로 출간하고 있는데, 영어 원서와 워크북, 오디오북 MP3 CD, 한글 번역 PDF를 함께 묶어 만원 대에 판매하고 있다.

다음은 현재까지 개봉한 디즈니 드림웍스의 애니메이션 중에서 전체관람가인 것만 모은 것이다. 넷플릭스에서 꽤 많은 디즈니 영화를 시청할 수 있으니 이 수준의 영어 원서를 읽기 시작했다면 넷플릭스를 구독하는 것도 여러모로 유리하다. 넷플릭스에서 제공되지 않는 영화라면 네이버 등에서 내려받아 보여주면 된다.

A Christmas Carol

Finding Nemo

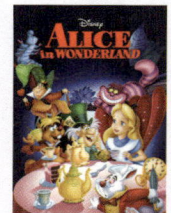

Alice in Wonderland

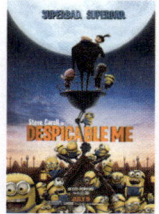

Despicable Me

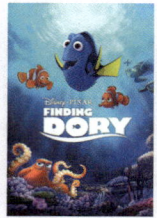

Finding Dory

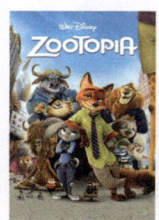

Zootopia

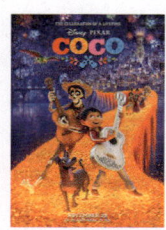

Coco

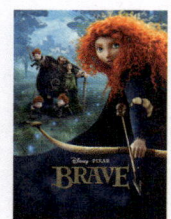

Brave

Frankenweenie

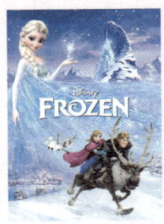  

Frozen | Kung Fu Panda | Kung Fu Panda 2

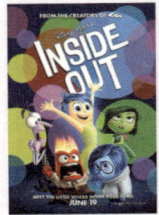  

Inside Out | Monsters, Inc. | Monsters University

Megamind | Moana | Rango

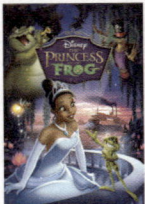 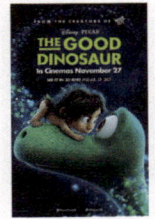 

The Princess and the Frog | The Good Dinosaur | UP

The Incredibles

Incredibles 2

Wall-E

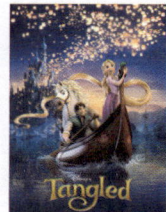
Tangled

Big Hero

Toy Story 3

Wreck-It-Ralph

Cars 2

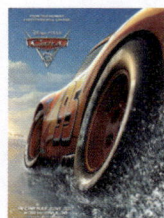
Cars 3

3단계 | 첫 시작으로 좋은 쉬운 소설

 **Roald Dahl 어린이 소설** (AR 3.1~6.1)
―

이미 고인이 된 작가 'Roald Dahl(로알드 달)'이 쓴 어린이 소설들은 '현대 동화의 고전'이라고 불린다. 그중 9편은 영화나 애니메이션으로도 만들어졌다. 얇은 책은 80쪽, 두꺼운 책은 240쪽에 달하는데 두께에 겁먹지 말고 가장 유명한 "Charlie and the Chocolate Factory(찰리와 초콜릿 공장)" 영화를 보여주고 집중 듣기를 해 보자. 로알드 달 영화는 가족이 다 같이 보기도 적당해서 우리는 주로 주말에 봤다. 이렇게 책과 영화를 연결시킬 때에는 주말에 영화 한 편을 보고 놀다가 월요일에 그 책의 집중 듣기를 시작하면서, 영화를 보며 생긴 흥미를 슬쩍 책으로 끌어당기는 것이 좋다.

단, 로알드 달의 책은 한 권의 분량이 상당하므로, 한꺼번에 집중 듣기를 할지, 아니면 둘이나 세 파트로 나누어 집중 듣기 할지를 아이와 상의한 후에 아이의 결정에 따라 하는 것이 좋다. 내용이 길면 흥미를 잃기 쉽기 때문이다. 소설 단행본을 스스로 읽기 전까지는 집중 듣기를 할지 말지 여부에 관한 결정권은 엄마가 갖되, 어떤 책을 얼마만큼 언제 집중 듣기 할지는 전적으로 아이에게 맡겨야 수월하다. 아니, 이것이 기복 없이 집중 듣기를 이어나가는 유일한 방법이다. 자주 아이의 의사를 물어보고 웬만하면 아이 결정에 따르는 모습을 보여주자. 그래야 엄마에 대한 신뢰도 쌓이고 아이의 자존감도 커진다. 그리고 결과적으로 자기주도 영어 독서로 이어진다.

로알드 달의 책은 가지치기하기에도 좋다. 그의 책 중에서 "Matilda(마틸다)"에는 "The Chronicles of Narnia(나니아 연대기)"의 "The Lion, The Witch and The Wardrobe(사자, 마녀, 그리고 옷장)"이 언급된다. 주인공 마틸다가 좋아하는 책이란다. 이런 경우 그 책이 다음에 읽을 책이 된다. 이렇게 책 속의 책이 지금 읽는 것보다 리딩 레벨이 더 높은 경우 어려운 책에 자연스럽게 도전하는 계기가 되고, 반대로 리딩 레벨이 낮은 경우라면 슬슬 훑어보면서 영어책이 휴식이 될 수도 있다는 경험을 하게 해 줘서 좋다.

'우리 아이가 드디어 로알드 달 책을 읽는구나!' 대견하고 기특한 마음도 잠시, 자칫 '물 들어왔을 때 노 젓겠다는 심정'으로 속독에 욕심을 낸다든지, 레벨이 높은 책 위주로만 사는 우를 범할 수도 있다. 아직은 아니다. 책장 앞으로 가보자. 집에 있는 영어 원서가 몇 권이나 되는지 대충 세어보고 얇은 책이든 두꺼운 책이든, 읽은 책의 권수가 1,000권에 미치지 못한다면 집중 듣기를 더 해야 한다.

Roald Dahl Collection by Penguin Books(쉬운 소설)

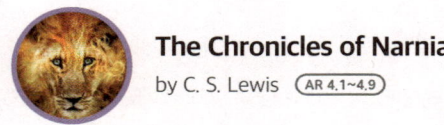

The Chronicles of Narnia
by C. S. Lewis (AR 4.1~4.9)

판타지의 대가 C. S. Lewis가 쓴 "The Chronicles of Narnia(나니아 연대기)"는 "The Lord of the Rings(반지의 제왕)", "A Wizard of Earthsea(어스시의 마법사)"와 함께 세계 3대 판타지 소설의 하나로 꼽힌다. 반지를 끼거나, 벽장에 들어가거나, 사진, 기차 정거장에 빨려 들어가는 등 다양한 방법으로 우연히 'Narnia'로 가게 된 아이들이 이런저런 모험을 겪으면서 성장해나가는 이야기다. 1950년 대에 출간되었지만 현 시대에 보아도 전혀 부족함이 없다.

총 7권으로 한 권당 15~17챕터로 나누어져 있는데, 한 번에 4챕터씩 나눠서 집중 듣기 할 경우 평균 1시간 정도 걸린다. 많은 아이가 좋아한다는 평을 받긴 하지만 꽤 두꺼운 책이므로 읽다가 지칠 수도 있다. 그러니 앞으로 수많은 판타지 소설을 원서로 읽는 기쁨을 누리게 하기 위해서라도 반드시 아이와 상의한 후 분량과 시간을 정하는 것이 좋다.

이 중 3권이 'The Lion, The Witch, and The Wardrobe(사자, 마녀, 그리고 옷장)', 'Prince Caspian(캐스피언 왕자)', 'The Voyage of the Dawn Treader(새벽 출정호의 항해)'라는 영화로 제작되어 개봉되었다. 최근 넷플릭스가 C. S. 루이스 컴퍼니와의 협업을 통해 7권 전체를 오리지널 시리즈 및 영화로 제작하는 것을 확정했다. 책과 오디오북, 영화가 빠지는 구성없이 모두 갖추어질 경우 책의 두께와 상관없이 아이 혼자 묵독할 확률이 높은데 그런 면에서 반가운 일이 아닐 수 없다.

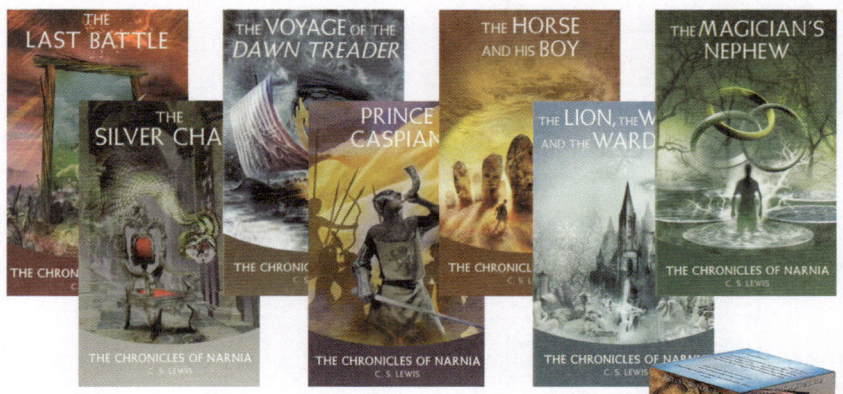

The Chronicles of Narnia(7권)

The Lion, The Witch, and The Wardrobe(2005)

Prince Caspian(2008)

The Voyage of the Dawn Treader(2010)

05 일곱 살에 시작하는 엄마표 영어 가이드

일곱 살은 이상한 나이다. 유치원에서는 이미 형님 반이다. 기관에 다니는 일과에도 익숙해져서 아침마다 안 간다고 버티던 풍경도 사라졌다. 혼자서 제법 제 앞가림을 해서 '다 컸다'며 뿌듯할 때도 많다. 엄마 보라고 그려온 그림도 낙서 수준을 벗어나고, 간혹 한글로 카드를 써오기도 한다. 매일의 변화가 눈에 띄니, 남들은 뭐하나 기웃거리긴 해도 크게 동요하지 않고 여태껏 잘 지낼 수 있었다.

그러던 어느 날, '예비 초등'이라는 글자를 펄럭이며 영어 학원 셔틀버스가 지나가면 갑자기 엄마는 궁금한 게 많아지고 걱정이 된다. 아이는 여전히 잘 지내는데 엄마 마음만 괜스레 불안해지는 것이다.

'유치원 방과 후 시간에 조금씩 배우는 영어로 충분할까?'

'내가 무지해서 혹시 내 아이가 지금 뭘 놓치고 있는 건 아닐까?'

그럴 때 아이의 할머니, 할아버지나 남편이 "아직 어린애한테 무슨 영어냐!" 하며 핀잔을 주면, 실정도 모르고 속 편한 소리 한다고 혼자 속 끓이는 것도 엄마의 몫이다. 아이들은 실컷 놀아야 한다고 생각하여 내내 놀이터에서 시간을 보낸 것이 후회되기도 한다.

결론부터 말하면 전혀 불안해할 필요 없다. 제아무리 영어를 잘하는 아이가 널렸다 해도 말이다. 일곱 살 아이가 영어를 전혀 몰라도 불안에 떨 이유가 없다고 주장하는 이유는 크게 세 가지다.

첫째, 일곱 살은 앉아 있는 힘이 어느 정도 길러진 나이다. 1단계, 2단계 미션을 다시 찬찬히 읽어보면 기껏해야 하루에 한두 시간이다. 그런데 다섯 살은 영어책 읽어주는 것보다 제자리에 앉아있게 하는 게 더 어렵다. 자리에 앉았다가, 다시 발딱 일어났다가, 물을 찾고, 화장실을 찾는다. 사실 다섯 살은 영어책을 읽어주는 것보다 제자리에 앉아있게 하는 게 더 어렵다. 그러니 일곱 살에 시작하는 것은 그런 면에서 상대적인 장점이 있다.

둘째, 일곱 살에 엄마표 영어를 시작하면 아이의 습득 속도가 빠르다. 엄마가 미리 엄마표 영어의 진행 과정을 숙지하고, 아이의 관심사에 맞는 영상과 책을 골라 들이밀면 빠른 속도로 진행할 수 있다. 다섯 살에 시작할 때 준비 단계와 1, 2단계가 최소 2년 이상 걸린다면, 일곱 살에 시작하는 경우 빠르면 1년 안에 3단계에 진입할 수도 있다.

일곱 살에 알파벳도 모른다고 조바심 낼 필요 없는 마지막 이유는 아이가 체감하는 영어 실력 차이는 초등학교 3학년은 되어야 드러나기 때문이다. 어차피 그전까지는 알 길이 없다. 아이가 스스로 영어 못한다고 주눅 들 일은 좀처럼 일어나지 않는다는 거다. 1, 2학년 때는 영어 과목이 아예 없고, 방과 후 수업도 현재는 영어 수업 개설이 금지되어 있다. 그러니 괜히 비교하면서 스트레스받지 말자. 여전히 시간은 많다. 지금부터 시작해도 충분하다.

영어 노출보다 더 많은 시간을 할애해야 할 부분은 한글책 읽기와 땀나도록 뛰어놀기다. 다섯 살도, 여섯 살도, 일곱 살도, 일과의 비중은 '놀기 〉 한글책 읽기 〉 영어 노출' 순이어야 한다. 엄마표 영어는 꾸준함이 생명이라는 것만 잊지 말고, 연령에 맞는 한글책을 많이 읽게 하면서 그중 한두 시간 정도를 빼서 영어 노출을 시작하면 된다.

이때 중요한 것은 이왕 시작한 엄마표 영어, 한두 달로 끝내지 않겠다는 확고한 결심과 함께 '절대 서두르지 않겠다'는 엄마의 결심이다. 그리고 스트레스 없이 익히는 영어가 왜 필요한지, 엄마표 영어로 영어 실력을 쌓아서 좋은 점은 무엇인지 명확히 짚을 줄 알아야 한다. 목적을 분명히 알고 시작해야 도중에 흔들리지 않을 수 있기 때문이다.

당장 내년에 학교에 들어가면 수많은 정보에 휩쓸릴 것이다. 멀리할 수도 없고 가까이할 수도 없는 반 엄마들이 은근히 비교하듯 흘리는 정보들로 인해 괜스레 내 아이를 흔들지 않기 위해서라도 우선 내 확신과 목표가 명확해야 한다. 당장 영어 학원으로 아이의 등을 떠밀지 않아도 된다는 뜻이다. 단, 앞에서도 얘기했듯, 일곱 살 아이는 취향이 분명하므로 어린아이들이 보는 시리즈부터 시작하면 흥미를 못 느낄 수 있다. 그러니 타이틀 선정에 신중해야 한다.

다음은 일곱 살 아이들이 좋아할 만한 1, 2단계 시리즈 목록이다. 틈날 때마다 'Wee Sing' 동요를 틀어주면서 다음의 영상과 책을 준비하여 보여주도록 하자. 자세한 설명은 해당 페이지를 참조하면 된다.

1, 2단계에서 가장 인기 있는 시리즈 모음

Peppa Pig
goo.gl/S2BEwF 192쪽

Caillou
goo.gl/94dNuM 194쪽

Little Princess by Tony Ross
goo.gl/DV41JN 197쪽

Charlie and Lola by Lauren Child
goo.gl/W6JoM7 207쪽

ORT(Oxford Reading Tree)
goo.gl/MfA7DQ 212쪽

06 워킹맘이라 엄마표 영어를 할 시간이 없다고?

워킹맘이라면 유치원 종일반을 신청하고 퇴근 전까지 부모님이나 도우미에게 보육을 부탁하는 경우가 대부분일 것이다. 가뜩이나 아이와 함께하는 시간이 적은 것도 아쉬운데, 엄마표 영어라니? 마음만 급하고 속상하기까지 하다. 그럴수록 생각을 바꿔야 한다. 엄마표 영어가 아이에게 영어 공부를 시키는 것이 아니라 아이와 엄마가 함께 즐겁게 지내며 덤으로 영어 실력을 키워주는 거라고 여기자는 것이다. 아이에게 책을 읽어주고, 좋은 영상을 보여주면서 재미를 키우는 것. 그것이 누누이 말했듯이 엄마표 영어의 핵심이자 목표이다.

이마저도 시간이 없어 시도하지 못하겠다면 아이와 함께하는 시간을 객관적으로 돌이켜보고, 아이가 엄마와 혹은 믿을 수 있는 보호자와 머무르는 시간을 아침, 저녁으로 얼마나 확보할 수 있는지 따져봐야 한다. 워킹맘일수록 시간의 밀도에 더 신경을 써야 한다는 말이다.

아이와의 시간을 잘 따져보면 아침에 일어나 밥 먹고 양치하고 옷 입는 1시간은 흘려듣기로, 저녁밥을 먹고 씻고 노는 1~2시간 정도는 그림책이나 리더스북을 읽어주고 챕터북 집중 듣기 하는 시간으로 확보할 수 있다.

단, 엄마표 영어를 하기로 마음을 먹었다면 일체의 TV 시청을 금지하는 건 기본이다. 그동안 보호자의 암묵적인 허락 아래 TV를 보거나 무분별하게 동영상을 보아왔다면 이제는 그만둬야 한다. 자극적이고 익숙한 한글 영상과 낯선 영어 영상을 병행하면서 영어책에 재미를 붙이는 건 불가능하기 때문이다.

이제부터는 언제든 아이가 원하면 볼 수 있게 영어 영상(DVD)을 준비해두고 집 안에서 놀 때는 항상 영어 CD나 영상을 틀어놓자. 아이가 이 방 저 방으로 건너 다니며 논다면 볼륨을 조금 높이면 된다. 그렇게 스치듯 들은 영어 소리는 1년만 지나도 막강한 힘을 발휘하여 영어책에 대한 거부감을 줄여준다. 그러니 최대한 소리를 들려주자. 틀어주고 들려주는 것은 꼭 엄마가 아니더라도 할머니나 도우미에게 부탁할 수도 있다. 플레이 버튼 누르는 것쯤이야 영어를 하나도 몰라도 충분히 가능하다.

가장 중요하게 신경 써야 하는 건 책 읽어주기다. 10분이라도 시간이 나면 무조건 끼고 앉아 책을 읽어줘야 한다. 가장 좋은 것은 어제나 오늘 낮에 본 영상(DVD)과 세트인 책이다. 아침도 좋고 저녁도 좋다. 피곤하더라도 매일 조금씩 영어책을 읽어주는 엄마의 습관만 잡히면 무서울 게 없다.

저녁 시간에 졸린 눈으로, 누워서 책 읽어주는 게 전부여도 좋다. 어차피 전업맘이나 워킹맘이나, 저녁 먹고 상을 치운 밤 9시가 되면 다리가 붓고 피곤이 몰려오는 건 똑같으니, 자책도 하지 말고 포기도 하지 말자.

우선 아이가 교육용 영어 영상(DVD)에 익숙해지게 하는 것부터 시작하면 된다. 거부해봤자 일주일이다. 달래고, 칭찬하고, 다 큰 애 업어주고, 영어책이랑 같이 사진을 찍어서 친정엄마한테 보내어 칭찬하는 전화도 받게 해보자. 한글 영상 안 틀어주는 칼 같은 단호함과 실천력, 그리고 수시로 아이와 영어책에게 내 양쪽 다리를 내주겠다는 의지만 있다면 워킹맘도 충분히 엄마표 영어를 할 수 있다.

워킹맘일수록 시간의 밀도도 중요하지만, 시간의 활용도 중요하다. 아이와 함께 있는 황금 같은 시간을 영어책을 더 싸게 사려고 인터넷 검색하는 데 쓰지 말자. 어차피 영어 학원비를 내는 대신 책을 산다고 생각하면, 조금 더 비싸게 주고 샀더라도 덜 아까울 것이다. 엄마의 검색 시간을 약간의 돈으로 대신하고, 아이와 함께하는 시간을 늘리자. 그게 워킹맘이 할 수 있는 현명한 선택이다.

07 두 아이에게 동시에 영어를 노출하는 방법

머리글에서 일러두었듯 엄마표 영어는 외동아이보다 아이가 둘 이상인 집에서 훨씬 효과가 좋다. 엄마표 영어의 방법이 눈과 귀에 영어를 노출하는 것이기 때문에, 같은 공간에서 사는 아이들이라면 다 같이 그 효과를 누릴 수밖에 없기 때문이다. 게다가 영어 교육용 DVD와 영어책들은 베스트셀러 순위가 잘 바뀌지 않으므로 첫째 아이 때 산 책과 DVD를 둘째, 셋째에게도 사용할 수 있어서 가성비도 뛰어나다. 새로운 것을 찾아 헤맬 필요 없다는 것은 더더욱 장점이다.

우리 집 둘째 아이는 이제 네 살이다. 서서히 영어책을 읽어달라고 하고, 언니가 하는 말을 알아들을 수 없는 발음으로 무작정 따라 말하기도 한다. 으레 둘째를 보는 엄마들의 시선이 그렇듯, 나 역시 아이가 마냥 어리고 예뻐 보이기만 한다. 영어 따위는 잘해도 좋고 못 해도 좋다는 딱 그 심정이다. 그래도 첫째 아이에게 해 준 것만큼은 해주고 싶다는 생각은 늘 하고 있다.

동생이라고 해서 엄마표 영어 하는 방법이 크게 다를 리 없다. 오히려 첫째 아이를 따라 하다가 공짜로 얻는 게 한둘이 아니다. 그중 가장 많은 덕을 보는 것은 단연 흘려듣기다. 노력하지 않고도 일상생활 속에서 저절로 효과를 얻는 것이다. 그런데 많은 엄마가 간과하는 것이 동생들에게도 직접 영어책을 읽어주어야 한다는 것이다. 엄마가 직접 책을 읽어주는 것의 긍정적 효과를 놓쳐서는 안 된다. 첫째 아이가 스스로 읽고 집중 듣기를 한다면 더욱 그렇다. 엄마표 영어를 하는 언니와 형, 누나를 둔 둘째에게 영어책을 신경 써서 읽어준다면 스스로 책을 읽는 날이 더 빨리 찾아오기 마련이다.

아이를 둘, 셋 키우는 일상은 안 봐도 전쟁일 것이다. 그래도 이왕 첫째에게 노출된 영어, 내 아이들 모두에게 불을 붙여보는 건 어떨까? 첫째든, 막내든 '영어책 읽어주고 읽게 하기 + 영어 영상(DVD) 보여주고 들려주기'가 엄마표 영어의 기본 과제라는 것은 변함이 없다.

다만 둘 간의 나이 차이를 고려해야 엄마가 편하게 진행할 수 있으므로, 형제자매 간의 나이 차이에 따라 두 아이에게 동시에 영어를 노출하는 방법을 정리해 보았다.

1 | 나이 차이가 서너 살 미만인 경우

형제자매 간의 나이 차이가 적다면 옷을 사든 장난감을 사든 반드시 아이 수대로 사야 할 것이다. 이러한 형제자매 간의 질투심을 잘 이용하면 엄마표 영어의 시너지를 낼 수 있다.

이럴 경우 딱히 동생이라고 해서 낮은 레벨의 책을 골라준다거나 첫째 아이의 책을 무작정 나중으로 미뤄둘 필요는 없다. 비슷한 레벨의 책이나 혹은 아예 같은 레벨의 책을 읽는다고 해도 둘을 비교하는 대신 '우리 아이들'로 묶어서 '엄마의 기분이 너무 좋다'는 식으로 칭찬하고 치켜세워주자. 그러면 같은 영어책을 읽어주고, 같은 영어 영상(DVD)을 보여주는 것을 훨씬 수월하게 할 수 있다.

대부분 같은 책을 서로 읽겠다고 다투는 경우보다는 서로 다른 영상(DVD)을 보겠다며 TV 쟁탈전이 자주 벌어질 것이다. 이럴 때는 순서를 정해주거나 가위바위보를 하는 것보다 무조건 아이들이 각자 보겠다고 하는 것을 바로 보여주는 것이 좋다. 아이의 흥미를 놓치지 않고 영어에 갖다 붙이는 것은 특히 초반에 너무나 중요하므로 휴대용 DVD 플레이어나 태블릿 PC 저렴한 것을 장만해서 한 명은 따로 보게 하는 것이 좋다. 겹쳐지는 소리는 헤드폰으로 해결하면 된다.

집중 듣기를 할 때도 마찬가지로 순서나 시간대를 정하지 말고 아이들이 각자 원하는 시간에 원하는 책으로 하는 게 맞다. 둘을 하나로 묶어 진행하는 것은 엄마의 욕심이다. 아이들을 분리하고 자기 영역을 존중해주

자. 결국엔 같은 영어 영상(DVD)을 보고, 같은 책을 보고 자라나는 아이들이다. 둘이 곧 영어로 주고받을 대화와 웃음은 그 어떤 추억보다 소중한 자산이 될 것이다.

2 | 나이 차이가 서너 살 이상인 경우

이미 첫째 아이가 어느 정도 영어에 노출된 경우이므로 둘째, 셋째 아이에게 엄마표 영어를 진행하는데 소소하게나마 도우미 역할을 할 수 있다. 게다가 집에 쌓인 수많은 책과 DVD는 바라만 봐도 든든한 조력자이다. 첫째 아이를 통해 엄마표 영어의 확신이 생긴 이후이기 때문에 동생들에게 엄마표 영어를 진행할 때 심적으로 부담이 덜하고, 불안감 없이 아이들의 성향 차이, 속도 차이를 느긋하게 바라볼 수 있는 것도 장점이다.

태어나자마자 영어를 내내 들어왔기에 영어를 친숙하게 맞아들인다는 것은 사실 나이 차이 나는 동생의 특권이기도 하다. 실제로 주변에서 동생의 말하기가 첫째 아이 때보다 더 빨리 시작된다는 말을 종종 듣는다. 만일 첫째가 선심을 써준다면 둘도 없는 말하기 파트너가 될 수도 있다.

단, 나이 차이가 나는 동생의 경우, 첫째 아이의 자원을 마음껏 골라 볼 수 있다는 사실에 마음을 놓고 있다가 자칫 책 읽어주기에 신경을 쓰지 않게 될 수도 있다. 풍요 속의 빈곤이 벌어질 수 있는 것이다.

그렇다고 해서 특별한 전략을 다시 짤 필요는 없다. 첫째 아이 수준의 책과 DVD 옆에 동생 수준의 것도 항상 같이 비치해두는 것만 신경 쓰면 된다. 아이들의 눈높이에 맞춰 책장 칸에 각자의 책을 꽂아두는 것도 좋고, 어린 동생의 책은 바구니 여기저기에 담아두는 것도 좋다. 적어도 한 달에 한 번씩만이라도 놓인 책을 바꿔서 노출해주자. 사소하지만 이런 노력을 통해 동생에게도 생각보다 많은 책을 읽어줄 수 있다.

첫째 아이가 보는 DVD를 넋 놓고 같이 보는 것이 불안할 수도 있다. 하지만 대부분 동생의 집중력과 영어 실력은 큰아이를 따라가지 못해서 초반에는 같이 보는 듯하다가도 이내 자리를 뜨게 마련이다. 그럴 때 동생 수준에 맞는 책을 후루룩 읽어주거나 세 돌이 가까운 아이인 경우 쉬운 DVD를 따로 틀어주면 된다.

Part 4

엄마표 영어 레벨 업

Chapter 7

말하기와 쓰기로
연결하기

01   많이 읽고 많이 들으면
     결국 입과 손이 움직인다

아침에 들은 노래를 온종일 중얼거린 경험은 누구에게나 있을 것이다. 나 역시 학창 시절, 아침에 학교 갈 준비를 하면서 들은 MBC의 로고송 '만나면 좋은 친구'가 하루 종일 시도 때도 없이 튀어나와 당황스러웠던 적이 있었다. 이렇게 반복 듣기의 힘이 무의식을 지배한다는 것을 가장 잘 알고 있는 곳은 광고업계일 것이다. 두 번 연속 광고를 내보내는 것도 각인효과가 확실하기 때문이다. 상업 전략까지 따질 필요 없이, 나도 모르게 가깝게 지내는 사람의 말투를 따라 하는 것만 봐도 듣기와 말하기는 서로 절대적인 관계다.

엄마표 영어에 있어 말하기와 쓰기의 전략도 마찬가지다. '선 듣고 읽기, 후 말하기와 쓰기', 이 순서는 절대 바뀌지 않는다. 언어는 우회할 방법이 없기 때문이다. 영어로 말하고 쓰려면 많이 듣고 읽어야 한다. 절대 노출 시간이 필요한 것이다.

하루 한 시간, 책상 앞에 앉아서 읽고 듣는 걸로는 양이 턱없이 부족하다. 1년 365일 영어 듣기를 한다 해도 365시간에 불과하다. 1만 시간의 법칙이 영어에도 적용된다면, 절대 노출 총량을 확보하기 위해서 영어 듣기 시간을 늘려야 한다.

그런다고 어린아이를 한 자리에 계속 앉혀둘 수는 없는 노릇이다. 그래서 난 식탁에서, 거실에서, 차 안에서, 수시로 영어를 노출했고, 그 결과 아이는 엄마표 영어 4년 차에 뭔가를 쓰고 싶어했다.

'쓸 수 있다'가 아니라 '쓰고 싶어졌다'는 게 중요하다. 보통 엄마표 영어 3, 4년 차가 되면 말하기와 쓰기에 슬슬 흥미를 붙이게 되는데 이러한 흥미는 1, 2단계에서도 드러난다. 엄마가 여러 번 읽어준 책인 경우, 읽어준 내용을 기억하고 있다가 문장을 살짝 바꿔가며 읽는 척을 할 때가 온다. 물론 한글 뗄 때보다 속도도 느리고 매번 있는 일도 아니지만 눈여겨보아야 한다. 입으로 내뱉었다는 것은 머릿속에 기억을 하고 있다는 증거이기 때문이다.

이때 'was'를 'is'라고 읽었다고 해서 절대 고쳐주어서는 안 된다. 시제와 같은 문법이나 스펠링은 아주 사소한 문제다. 읽고 들은 것이 넘쳐나면 저절로 고쳐지니 그리 걱정할 필요 없기도 하다.

'말하기가 먼저냐, 쓰기가 먼저냐'에는 개인차가 있다. 분명한 것은 읽기와 듣기에서 자유롭다고 느껴야 본격적으로 문장을 말하고 쓴다는 점이다. 이런 상황을 볼 때 영어의 발달 단계는 '듣기, 읽기, 말하기, 쓰기'의 네 개 영역이 아니라 '듣기와 읽기, 말하기와 쓰기', 이 두 개 영역이 아닐까 하는 생각이 들기도 한다. 내 아이의 경우뿐만 아니라, 엄마표 영어를 하는 많은 엄마가 마치 이게 동시에 이루어지는 것 같다는 착각을 할 정도였다고 회상하는 경우가 많기 때문이다. 그렇기에 아이가 영어로 말하려고 할 때일수록 기존에 해왔던 읽기와 듣기를 더욱 탄탄히 다져야 한다.

그동안 읽기와 듣기를 꾸준히 했다는 전제 하에, 말하고 쓰기 시작하는 시기가 대략 3, 4년 차라고 치자. 그때쯤 되어 엄마는 어떻게 도움을 주는 게 좋을까? 원어민 영어 과외라도 붙여야 하는 건 아니냐고 물을 수도 있다. 그러나 나는 영어에 투자하는 시간의 대부분을 챕터북이나 소설책 집중 듣기 하는 데 쓰게 하고 주말이면 소설을 원작으로 한 영화나 디즈니 영화를 자막 없이 보게 했다. 달라진 것은 다음 두 가지뿐이었다.

1. 집중 듣기 하고 읽던 책과 관련된 뮤지컬 영상 시청
2. 녹음 기능 있는 기계 사용 허용

눈과 귀와 손과 입이 함께 영어 속에서 움직일 수 있도록 크게 돈이 안 드는 선에서 판을 깔아준 것이다. 그것이 어떤 효과가 있었는지는 다음 장에서 자세히 설명하도록 하겠다.

읽고 듣는 것은 남의 것을 내가 받아들이는 수동적인 활동이다. 반면

말하고 쓰는 것은 내가 아는 것을 바탕으로 창작을 하는 행위다. 훨씬 고차원적이고 능동적인 활동인 것이다. 다른 사람과 공유할 수 있다는 점에서, 말하기와 쓰기는 아이들이 앞으로 살아야 할 시대가 요구하는 활동이기도 하다.

하지만 서두를 필요는 없다. 아니, 서둘러서는 안 된다. 차고 넘치게 듣고 읽다 보면, 어느 순간 말하기와 쓰기가 찾아온다는 걸 믿어야 한다.

02 입을 트이게 하고 어려운 책도 읽게 하는 영어 뮤지컬

국수를 삶아서 건져야 하는데 채가 안 보이면, 아이에게 큰 소리로 "가지고 와!" 하고 외친다. 분명 아이 방에 있을 것이기 때문이다. 국자도, 냄비 뚜껑도, 양푼도, 노래하고 춤추는 도구로 갖다 쓴 지 4년째다. 여기에 작은 아이까지 합세하니 집안 꼴이 말이 아니다. 하지만 싫어할 이유가 없었다. 아이가 영어를 즐겁게 받아들이고 있다는 것이 훤히 보여서이다.

처음 시작은 '겨울왕국'이었다. 주제가 'Let It Go'를 써서 에어컨에 붙여 주었더니 그 앞에서 노래를 따라 부르며 춤을 췄다. 그 이후로 뭐만 흥얼거린다 싶으면 영어로 가사를 써서 여기저기 붙여 주었다. 화장실에는 '모아나'의 'How Far I'll Go'를, 냉장고 앞에는 '니모를 찾아서'의 'Beyond the Sea'의 가사를 써서 붙여주는 식이었다. CD에 들어있는 가사집의 글자가 너무

작아서 종이에 옮겨 써 준 건데, 뒤로 갈수록 글씨가 점점 작아지고 본의 아니게 필기체가 되긴 했지만, 후렴이 여러 번 반복되면 그만큼 반복해서 열심히 써줬다. 이렇게 정성껏 가사를 옮겨 쓴 이유는 노래로 하면 아이가 금방 영어 가사를 외웠기 때문이다. 한두 줄짜리 영어책을 읽던 아이가 노래 가사를 써 놓으면 열 줄이고 스무 줄이고 집중해서 보고 입으로 중얼거렸다. 이렇게 영화 주제가를 보면서 따라 부르기가 집중 듣기의 시작이었다.

아이가 여덟 살 무렵, 한 지인이 영어뮤지컬을 해보는 건 어떠냐고 물었다. 비슷한 또래들 중 영어뮤지컬을 원하는 아이들을 뽑아 같이 연습하고 작게 공연을 하는 프로그램에 지원해보라는 거였다.
'영어뮤지컬을 보는 게 아니라 영어로 뮤지컬을 한다고?'
예상외로 아이는 뛸 듯이 좋아했다. 무슨 작품으로 연습을 하는지, 누구랑 하는지 묻지도 않고 방방 뛰었다. 그래서 시험이나 단어 외우기 등, 일체의 테스트가 없다는 것을 확인한 후 지원했다. 물론 자비 부담이었다. 이후 아이는 토요일 오후마다 영어뮤지컬 연습을 했다.

영어뮤지컬의 장점은 두 가지다. 우선, 영어를 잘하면 뭐가 좋은지 아이 스스로 체감한다는 것이다. 친구가 가장 좋을 나이에 또래 친구랑 춤도 추고, 마이크를 차고 노래를 부르라니 이보다 더 신날 수가 없었다. 영어는 철저히 수단일 뿐이었다. 대본을 금방 이해할 수 있어서 좋고, 악보를 볼 때도 가사가 금방 눈에 들어오니 음표만 봐도 되어서 좋다고 했다. 엘사 드레스를

입고 'Let it go'를 부르며 철봉에 거꾸로 매달리던 아이가 이제는 "Matilda"의 'Revolting'을 부르며 군무를 춘다.

  아이가 원하는 일을 우연히 시작할 수 있게 된 것이 결국 영어책 읽기였다. 그런 기회가 있다는 걸 어떻게 알았냐고 다들 물어왔지만 별 게 아니었다. 평소 큰 아이가 매일 영어책을 읽는다는 걸 알고 있던 지인이 정보를 준 것이었다. 준비를 하고 있으면 기회가 찾아온다는 게 바로 이런 상황이었다. 영어책을 많이 읽으면 뭐가 좋은지, 어떤 기회를 잡을 수 있는지 틈틈이 말해주기도 했지만 영어뮤지컬은 그것을 아이의 눈높이에서 직접 체득하게 해 준 좋은 경험이 되었다.

  또 다른 장점은 영어 원서 레벨을 올리는 데 효과가 좋았다는 것이다. 뮤지컬 원작은 대부분 AR Level 5.0 이상인 경우가 많다. 게다가 흥미, 감동, 교훈 어느 것 하나 빠지지 않는 책들이어서 쉽게 양서에 접근하는 계기가 되었다. 글 양이 만만치 않은 로알드 달의 소설도 뮤지컬로 먼저 보게 하고 나서 책으로 집중 듣기를 했더니 효과가 좋았다.

꼭 공연을 목적으로 하는 영어 뮤지컬 수업을 해야 하는 건 아니다. 영어 뮤지컬 영상을 찾아서 보여주는 것만으로도 비슷한 효과가 있다. 유튜브에 '책 이름 + 뮤지컬'만 넣어서 검색하면 여러 영상을 찾을 수 있다. 뮤지컬이 아니어도 좋다. 영화 예고편이 올라와 있는 경우 그걸 먼저 보여준 다음 아이가 흥미를 보이면 내려받아서 영어 자막을 넣어 틀어주어도 좋다. 나는 영화와 뮤지컬 영상은 보고 싶다고 할 때마다 틀어줬고, 볼 때마다 항상 책을 손이 닿는 곳에 두었다. 결국 영화도, 뮤지컬도, 책으로 눈과 손을 끌어오기 위해서라는 걸 잊지 않기 위해서다.

아이들이 볼만한 뮤지컬 중에는 'Junie. B. Jones'도 있다. 앞에 소개한 것처럼 역시 유튜브를 검색하면 나오는데, 초등학생 눈높이에 딱 맞다. 마치 미국 어느 초등학교 학예회에서 아이들이 공연한 걸 찍은 것 같은데, 관객들 웃음소리가 간간히 들리는 실감 나는 뮤지컬 영상은 아이 혼을 쏙 빼놓기 충분했다. 뮤지컬을 본 후에는 AR 레벨을 낮춰 다시 "Junie. B. Jones" 책을 눈으로 읽었고, 다음날 저녁 또 그 뮤지컬을 봤다. 그랬더니 스스로 뮤지컬 대본을 써 보기도 하고, 거울과 눈이 마주치면 노래하고 춤을 췄다. 레벨을 넘나들며 다양한 방법으로 책을 가지고 놀게 하는데 뮤지컬 영상은 꽤나 효과적이었다. 아이가 영어책을 즐기면서 읽는 게 보였다. 뮤지컬 영상을 수시로 보면서 일주일에 한 번씩 뮤지컬 연습도 하다 보니, 누구의 앞에서도 필요할 때면 수시로 영어를 내뱉었다.

엄마표 영어 3, 4년 차가 되면 영어를 수단으로 한 다양한 경험을 하게 해주는 게 좋다. 책 읽는 시간을 많이 빼앗지 않으면서, 그 흐름이 책과 연계되면 더욱 좋을 것이다. 방학 기간에 박물관이나 전시회에 가서 영어 통역기 버튼을 눌러보거나, 국제행사가 우리나라에서 열릴 경우 한복을 입고 가서 외국인의 시선을 받아보는 것도 소소해 보이지만 제법 흥미를 유발하는 경험이 될 수 있다. 그 흥미를 잘 끌어서 비슷한 레벨의 책 읽기로 연결시키는 것은 여전히 엄마의 몫이지만, 아이가 춤이나 노래를 좋아한다면 뮤지컬 영상이나 공연을 직접 보거나 참여하는 것을 추천하고 싶다.

주변에서 종종 영어뮤지컬 연습을 하면 '영어 실력이 더 늘어나느냐'고, '시킬만하냐'고 물어오기도 한다. 적어도 옆으로 확장시키는 데에는 효과가 있으니 아이가 레벨 4~5 정도의 책을 읽고, 뮤지컬을 좋아한다면 시켜보라고 답한다. 아직 그 정도가 아니라면 유튜브에 아이가 즐겨보는 책 이름을 검색해서 꾸준히 영상을 보여주는 것이 좋다. 유튜브로 본 뮤지컬이든, 공연 연습을 위한 뮤지컬이든, 책 내용이 눈 앞에서 구현되는 걸 경험하는 것은 의미가 있다.

아이가 영어책 읽어달라고 할 때만 너그러운 엄마였던 때가 있었다. 한창 엄마표 영어가 자리 잡아가던 시기였다. 아이가 영어책을 싫어하지 않는 눈치여서 이 여세를 몰아 실력이 늘기를 바랐더니 아이와 내 사이가 조금씩 멀어지는 게 느껴졌다. 그런데도 처음에는 아이의 영어가 내 욕심을 채우는 도구가 되어버린 것조차 알아차리지 못했다.

본질에서 멀어지는 기분이 자꾸 들 무렵, 이어령 선생님의 강연을 들었다. "아이 키울 때는 관심, 관찰, 관계, 이 3가지만 잘하면 돼요."

그랬다. 아이와의 관계가 중요했다. 그래서 관계를 맨 앞에 두고 재미를 추구하기로 다시 다짐했다. 나의 역할은 '책 사주는 손뼉 부대'로 한정 짓고, 아이의 재미를 위해 뮤지컬을 넣은 것이다.

떠올려보면 어릴 때 노부영 머더구스 CD를 들으며 춤추던 것이 이미 뮤지컬이었다. 뭘 하나 더 추가하는 게 아니라 아이가 자라면서 잃어버릴 수 있는 활기를 다시 살리면 된다. 책에 머무르는 시간이 가장 길어야 한다는 것을 철칙으로 삼고 책 외에 영화, 뮤지컬, 연극 등을 자연스럽게 연결하면, 영어의 4대 영역, 즉 읽기, 듣기, 말하기, 쓰기를 고루 발달시킬 수 있다.

03 콘텐츠를 먼저 채워라

충분한 읽기를 토대로 한 말하기와 쓰기는 건드리기만 해도 터지는 물풍선 같은 것이다. 다만 충분히 채워서 빵빵해져야 팡 터져서 시원한 물줄기를 쏟아낼 수 있다. 섣불리 시도했다가는 물방울 몇 개 흘리다가 멈춰버릴지도 모른다. 그러므로 충분한 읽기와 듣기가 반드시 선행돼야만 한다.

말하기와 쓰기는 결국 콘텐츠가 관건이다. 한글로 토론하고 수필을 써본 적 없는 아이에게 영어 디베이트와 에세이를 요구하는 것은 무리다. 자신의 생각을 논리 있게 정리하여 표현해내는 것은 적어도 초등 5학년 이상이어야 가능하다고 전문가들은 말한다. 그러니 제아무리 영어 유치원을 우수한 성적으로 마쳤다고 해도 아직 생각이 여물지 않은 초등학교 저학년에게 에세이와 디베이트를 요구하는 건 어불성설이다.

말하기도 마찬가지다. 솔직히 나도 직접 해보기 전에는 영어 말하기는 원어민 영어회화를 하거나 돈을 들여 어학연수를 다녀와야 가능하다고 생각했었다. 그래서 한때 화상영어도 기웃거려보고 원어민 과외도 생각했었다. 결론은 레벨 5점 대 책을 읽더라도 아직은 아니라는 거다. 한글책 읽을 시간을 빼앗길뿐더러 뚝뚝 끊기는 대화가 그다지 재미있을 것 같지 않았다. 오히려 득 보다 실이 많다는 판단을 내렸다.

물론 원어민 영어회화나 어학연수는 영어 실력을 키우는 데 도움이 될 것이다. 그러나 기회비용에 대한 부담에서 자유롭지 않다면, 대안을 찾아야 한다. 그동안 엄마표 영어를 하며 가장 확실하게 깨닫게 된 것이 있다면 원어민 앞에서 겁먹지 않으려면 원어민과 접하는 기회가 먼저가 아니라, 영어로 할 말이 많은 상태를 준비하는 게 먼저라는 점이다. 어학연수를 가려면 한국에서 영어 공부를 하고 가라는 말이 있듯, 최대한 콘텐츠를 채워둔 후에 연수를 가야 훨씬 큰 효과를 거둘 수 있다. 그러려면 아이가 읽고 본 것이 많아야 한다. 공유할 것이 많은 아이가 어학연수도 즐길 수 있고 원어민과 동시에 빵 터지며 웃을 수 있다. 다녀와서도 흥미가 연결되어야 함은 말할 것도 없다.

한때 아이에게 적합한 영어 말하기 수업을 찾으려고 백방으로 알아봤을 때, 나를 붙잡은 것은 생뚱맞게도 운동선수들의 인터뷰였다. 올림픽대표 선수들은 종목을 불문하고 모두 웨이트 트레이닝에 엄청난 노력을 쏟고 있었다. 100미터 달리기 선수라면 당연히 밥 먹고 달리기만 할 것 같았는데 실은 일주일에 한두 번만 달리기 연습을 하고, 나머지 시간은 기초체력을 기르는 웨이트 트레이닝에 할애하고 있었다. 다리와 심장을 튼튼하게 하는 것이 중요하기 때문이었다.

'맞아! 그거야!' 불현듯 엄마표 영어도 기초체력이 중요하다는 생각이 들었다. 읽고 보고 듣는 것이 제자리걸음 같아 보여도, 그렇게 키운 잔근육이 말하는 힘을 대주는 거였다. 결국 영어 역시 '기초체력'을 기르는 것이 무엇보다도 중요하다는 판단 덕분에 기웃거림을 멈추고 다시 일상으로 돌아올 수 있었다.

04 영어 말하기의 물꼬를 틔우는 방법

네다섯 살 무렵, 아이는 마이크를 들고 집 안을 돌아다녔다.

"얘들아, 박수 세 번 시작! 짝짝짝! 선생님을 보세요!"

선생님 흉내를 내는 거였다. 내가 쓰던 걸 어디서 찾아냈는지, 스피커 가방은 팔에 끼고, 헤드폰 마이크는 머리띠처럼 하고서는 한참을 떠들었다.

당시엔 선생님을 따라 말하고 춤추는 게 일이더니만, 이후 자주 보는 DVD 주인공의 행동을 따라 하기 시작했다. 짧은 문장으로 하루에 한두 마디 말하는 듯싶었는데, 일곱 살이던 어느 날, 베란다에서 인라인을 타며 제법 길게 대사를 따라 하는 걸 봤다. 좁은 베란다를 무한 왕복하면서 창문이랑 하이파이브도 하면서 한참을 말했다. 그동안에는 영상을 찍어주고, 손뼉 쳐주는 걸로 흥을 돋워줬는데 그보다 더 적극적인 도움을 주고 싶어졌다. 그래서 핸드폰의 음성 녹음 앱을 켜고 아이의 책 읽는 목소리를 녹음해 주었다.

처음으로 녹음한 자기 목소리를 들어본 아이는 기겁을 했다.

"엄마! 내 목소리가 이렇게 이상해?"

자기 목소리를 낯설어하며 남자 같다고 툴툴대더니, 이내 집중해서 다시 듣기 시작했다. 집중 듣기 할 때 남의 목소리만 들어봤지, 자기 영어 소리를 듣기는 처음이라 다리를 배배 꼬며 어색해했다. 하긴 어디서 많이 들어본 목소리인데, 그게 자기 소리이니 신기하고 낯설 법도 했다.

핸드폰을 빼앗아가더니 한껏 신경 써서 예쁜 목소리로 다시 녹음해왔는데 내 귀에는 똑같았다. 하지만 이제야 비슷해졌다며 앞에 있는 것은 지우라는 아이를 보며 웃음을 꾹 참았다.

선생님 놀이가 하고 싶어서 잡은 마이크가 그간 읽어온 책과 만나 말하기로 뻗어갔다. 자기도 모르게 아나운서 언니가 되었고, 잡월드에서 한번 해본 기상캐스터로 빙의되는 날도 있었다. 그래서 집에서 놀면서 할 수 있는 말하기 방법 몇 가지를 찾아 건네줬다.

1. 스마트폰 메모 앱에 있는 음성 메모 기능

스마트폰에는 기본적으로 메모 앱이 깔려 있다. 나는 아이폰을 쓰고 있는데, 스페이스 바 옆에 마이크 모양 버튼이 있다. 그걸 누르고 말을 하면 바로 텍스트 메모로 기록된다. 예를 들어 언어를 영어로 설정한 뒤 '하이'라고 말하면 바로 'hi'라고 써지는 식이다. 빠르게 말해도 스마트폰은 그 속도를 거뜬히 따라갔다.

음성 메모 앱을 사용하면 아이 발음의 정확도가 저절로 확인된다. 신통방통한 신문물을 접한 아이는 아는 영어 단어를 몽땅 얘기하더니만, 더 이상 말할 거리도 없고 실력도 안 되니 읽던 책을 가지고 와서 폰 앞에서 읽었다. 읽던 책의 복사본이 화면에 착착 만들어지는 걸 보고 재밌어 죽겠단다.

이거 할 때는 얼마든지 엄마 폰을 가져가도 좋다고 하니 더욱 입이 찢어졌다. 아이가 영어로 하고 싶은 말이 그렇게 많았는지 그동안 미처 몰랐다. 아이는 저녁 먹기 전까지 내내 폰을 붙잡고 앉아 떠들었다. 내가 하는 말을 충실하게 글씨로 써 주니 얼마나 신기했을까. 아이는 자기가 말한 것이 기록되는 걸 눈으로 따라가면서 "엄마, 나 지금 입으로 책을 만드는 거야!" 하며 신나했다.

그날 밤 아이는 A4 용지에 창작혼을 불살랐다. 두 줄 쓰고 버리고, 또 세 줄 쓰고 새 종이로 바꾸면서, 그렇게 영어 쓰기가 시작됐다. 드디어 듣기가 말하기로, 말하기가 쓰기로 연결되는 순간이 찾아온 것이었다.

그런 아이의 모습을 보니 이제는 아이에게 태블릿 PC를 사주어야겠다는 생각이 들었다. 작년 모델로 저렴한 걸 구입해서, 필요한 몇 가지 앱만 설치하고 데이터 통신은 차단했다. 그 후 아이는 태블릿 PC에 깔린 메모 앱으로 말하기와 쓰기를 하며 놀았다. '갤럭시'나 '시리'와 단순한 대화를 나누는 것과는 차원이 달랐다. 음성 메모 앱이 제법 쓰기 도구로 기울어질 무렵,

음독을 하기 시작했다.

2. 음성 녹음 앱으로 읽고 싶은 책 읽으며 녹음하기

일본 언어학자 가와시마 루타는 "음독만큼 뇌를 활성화시키는 상태를 볼 수 없었다."라고 했다. 스트레스 없이 시도하는 음독은 여러모로 도움이 될 거라 믿으며, 음성 녹음 앱을 활용하여 음독에 도전해보았다.

"오디오북을 만들어볼래? 동생 좀 더 크면 틀어주자. 언니 목소리로 집중 듣기를 하다니, 울 둘째는 진짜 운이 좋다, 그렇지? 동생을 위해서 봉사하는 거니까 엄마가 용돈을 주고 싶은데 얼마면 좋을까?"

한 편당 300원의 힘이었을까. 동생뿐만 아니라 동생 친구들한테 녹음파일을 빌려줘도 된다며 한동안 의욕이 넘쳤다. 읽다가 틀리면 몇 번이고 지워가며 틀리게 읽는 곳이 없을 때까지 녹음했다. 첫날은 30분, 그다음 날은 20분, 이런 식으로 자기가 골라온 책, 좋아하는 챕터를 펴서 읽었다.

"Chapter one! Read by OOO."

닫힌 방문 틈으로 새어 나오는 소리를 들어보니 갈수록 발음도 좋아지고, 속도도 제법 빨라졌다. 그렇게 차곡차곡 아이의 녹음 파일이 쌓여갔다. 가끔은 볼륨을 최대로 높인 상태에서 녹음파일을 재생한 다음, 내 스마트폰의 음성 녹음 앱에 갖다 대기도 했다. 두 기계를 뽀뽀시켜놓고 크크 댄다. 자기가 녹음한 소리가 글자로 바뀌는 걸 보더니 뿌듯한가 보다. 볼륨의 문제인지, 발음의 문제인지, 음성 인식이 영 안 될 때는 차라리 직접 쓰는 게 낫겠다며 쓰기 도구를 찾기 시작했다.

　영어책 녹음이나 글쓰기를 매일 하는 건 아니다. 하루에도 여러 번 할 때도 있고, 일주일에 한두 번 할 때도 있다. 그러나 녹음 연습이 영어로 말하기에 재미를 붙여주는 건 분명하다. 예전보다 훨씬 즐겁게 영어로 읽고 말하는 걸 보면 그렇다.

　내가 하는 일은 말하기나 글쓰기가 뜸해졌다 싶을 때 먼저 스마트폰을 들고 녹음하는 시늉을 하는 정도다. 그러면 바로 자기도 한다고 달려든다.

　간혹 엄마에게 영어로 뭘 물어오는 위급한 상황이 생기거든, 알아듣는 건 한글로 대답하고, 못 알아듣겠는 건 멋지다며 양손 엄지를 척 세워주고 넘어가자. 그것만으로도 엄마의 역할은 충분하다.

05 낙서가 쓰기로 이어지다

 엄마표 영어 4년 차가 된 지금, 아이는 서슴없이 영어로 글을 쓴다. 요즘은 주로 노트북으로 글을 쓰는데 일기, 북 리포트(독후감), 소설의 양은 A4 1~2장이 가장 많고 어쩌다 여러 날을 두고 이어 쓸 때는 대여섯 장을 채우기도 한다. 주제는 친구 사이에서 벌어지는 에피소드, 읽던 책의 내용을 각색한 것 등이다.

 처음 엄마표 영어를 시작할 때는 말하기는커녕 쓰기도 기대하지 않았다. 이제 겨우 엄마 따라서 영어로 한 줄 읽는 것도 기특한데 저 탁구공만 한 손으로 펜을 잡고 영어로 글을 쓴다는 것은 상상이 되질 않았다. 경험담이나 수기를 듣고 볼 때도 마찬가지였다. 어떻게 하면 아이가 영어책을 스스로 읽게 할지에 모든 초점이 맞춰져, 후반부에 해당하는 쓰기 영역은 아예 눈에 들어오지도 않았다. 아이들이 영어로 쓰는 글의 형태는 보통 편지글, 일기,

북 리포트(독후감), 발표문, 에세이라던데, 한글도 제대로 못 쓰는 다섯 살에 영어로 글쓰기란 멀게만 느껴졌다. 그만큼 준비도 없고 바라지도 않았지만 적어도 영어 글쓰기의 처음이 절대 스펠링 테스트가 되어서는 안 된다는 생각만큼은 확고했다.

그런데 엄마표 영어 3년 차가 되자 아이는 가끔 영어로 낙서를 하기 시작하더니만 짧은 문장을 노트나 포스트잇에 써서 보여주기 시작했다.

'어라? 제법 말이 되는 걸 쓰네?'

누가 시킨 것도 아니었는데, 그림도 그리고, 뭔가를 써왔다. 어떤 맥락에서 써온 글인지, 뭘 보고 따라한 건지도 몰랐고, 이걸 모아둬야 할지, 버려야 할지도 결정 못했다. 낙서인지 글인지, 헷갈리는 수준의 글쓰기이긴 했지만, 아이가 대견한 동시에 내가 어떻게 도와줘야 할지 몰라 난감했다. 읽기도 CD의 도움을 받고 있었고, 듣기와 말하기는 이미 내 수준을 넘은 지 오래였다. 엄마표 영어 선배들이 아이가 스스로 쓰기를 원할 때가 올 거라고 해서 그저 믿고 기다렸더니 3년 만에 글을 쓰기 시작한 것이다.

사실 첫째는 A4 두 장을 꽉 채워 글을 쓸 때까지도 문장 첫 글자를 대문자로 시작하는 것도 몰랐다. "Argh!(아악)" 같은 의성어를 쓸 때도 글씨를 삐죽삐죽 성게처럼 쓰면서 느낌을 살릴 줄은 알아도, 문단을 바꿀 때 줄을 바꿔 써야 한다는 건 모르는 눈치였다. "Geronimo Stilton"을 읽고서는 글씨체를 바꿔가며 꾸미는 재미로 글을 썼고, "Diary of a Wimpy Kid"를 읽을 때는 만화를 그리고, 말풍선 안에 영어 대사를 넣느라 바빴다. 글씨체 바꿔 쓰

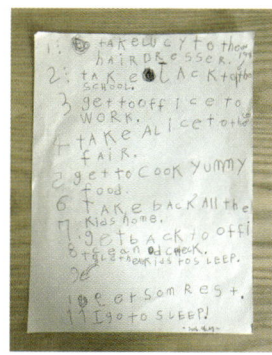  

기에 한창 재미를 붙였을 때는 글을 쓴다기보다 글씨를 만드는 것에 흠뻑 빠지기도 했다. 마치 여고생들이 스티커와 색 볼펜으로 다이어리 꾸미는 것에 정신이 팔리는 것처럼 말이다.

어떻게 써야 하는지, 쓴 내용이 어떠한지, 지도와 평가가 없음에도 불구하고 아이의 글쓰기는 계속되었다. "나도 이렇게 써 볼래!", "나도 이거 할 수 있는데!" 하는 마음이 들게 만든 것은 단 하나, 3년 간 꾸준히 이어온 다독 습관뿐이었다. 다독 후 마음에 드는 책의 글을 따라 써보는 것이 영어 글쓰기의 시작이었다. 지금 와서 생각해보면, 수없이 많은 글을 머리에 담다 보니, 자연스레 글로 발화된 것이 아니었을까 싶다.

아기가 어떻게 생기냐고 물어서 성교육만화책 "It's So Amazing"을 사줬더니, 그날 저녁에는 정자에게 당부하는 글을 쓰기도 했다. "Magic Tree House"를 한참 보던 때는 갑자기 거울로 비춰야 보이는 글을 썼다. 일명 'Mirror Word'란다. 챕터북을 한참 읽을 때는 챕터를 나눠서 쓰기도 했고,

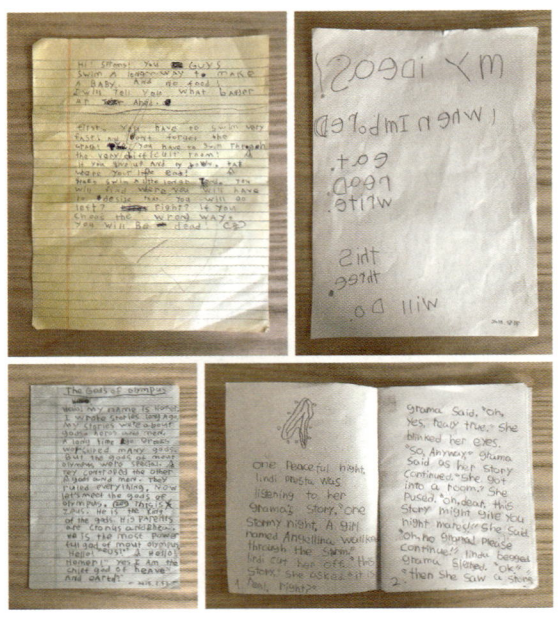

직접 글을 쓸 땐 대화체가 대부분이었다. 그동안 봐온 DVD의 자막이 한몫했기 때문이다. 제출하기 위한 글이 아니었기 때문에 철자, 문법 등을 교정할 생각이 없었다. 책을 그대로 베껴 쓰든, 백날 천날 공주 스토리만 쓰든, 일단 많이 쓰다 보면 아이 스스로 되돌아볼 것이라 믿었다.

휴대용 무선 키보드를 사준 것은 아이가 한창 음독을 하며 글쓰기를 시도할 무렵이었다. 음독을 하는 아이의 태블릿 PC에 키보드를 블루투스로 연결해주었더니 양손에 하나씩 들고 방으로 가서 키보드로 한 글자씩 글을 써내려 갔다. 키보드의 효과는 예상치 못한 곳에서 나타났다. 덕분에 글쓰기 규칙을 익히게 된 것이다. 아시다시피 철자가 틀렸거나 띄어쓰기가 잘못되면 빨간 줄이 생기는데, 단어를 이리저리 고치다가 빨간 줄이 순식간에 없어질 때의 희열을 맛보더니만 자연스레 글쓰기 규칙을 알아내게 되었다.

아이는 요즘 종이와 연필보다는 태블릿 PC로 글을 쓰고 있다. 한글도 영어도 마찬가지다. 펜으로 쓰면 머릿속에 글감이 떠오르는 속도를 손이 미처 따라가지 못하기 때문이다. 연필로 쓰는 것보다 자판을 두드리니 훨씬 글 쓰는 속도가 빨랐고, 쓰는 글의 양도 그만큼 늘어났다. 아이는 주로 읽는 책과 비슷한 구조의 글을 썼다. 읽는 책의 문장이 길어지면 아이의 글도 마찬가지로 길어졌다. 최근에는 쓰다가 저장해 두고 다음날 이어서 쓰면서 7~8장 정도 길이의 긴 글을 쓰기도 한다.

그래서 난 굳이 글쓰기 도구를 종이와 연필로 정해주어야 한다고 생각하지 않는다. 창의적인 글의 요건이 반드시 종이와 연필이어야 할 필요가 있을까. 종이와 펜, 키보드와 태블릿 PC, 노트북은 결국 표현의 도구일 뿐이다. 도구는 사용하기 나름이다. 그러니 태블릿 PC나 노트북, 키보드 사주기를 두려워하지 말자. 전원을 켜서 건네줄 때 와이파이만 해제해두면 안전한

Chapter 7 말하기와 쓰기로 연결하기　293

공책일 뿐이다. 나는 하루 한 시간이라는 최대 시간을 정해두고, 메모 앱과 녹음 앱, 칸 아카데미, 그리고 사전 용도의 구글 번역 앱 정도만 쓰게 해주고 있다.

글쓰기야 말로 억지로 시켜서 될 일이 아니다. 긴 글을 많이 읽어봐야 긴 흐름의 글을 쓸 수 있다. 영 글을 쓸 기미가 안 보인다면 챕터북 200권 이상을 집중 듣기하고 읽었는지 돌이켜보자. 리더스북으로는 부족하다. 틀에 맞춰 반복되는 문장의 수를 늘리는 것보다 생각나는 걸 술술 쓸 수 있는 상태가 되어야 하기 때문이다. 들은 것이 많아야 시도해 볼 수 있는 일이 영어로 글쓰기다. 문장의 길이, 형식, 글의 종류는 그다음 문제다.

자발적인 글쓰기를 위해서 엄마가 도와줄 것은 크게 세 가지다.

1. 아이가 긴 글(챕터북)을 많이 읽을 수 있게 할 것
2. 아이가 쓰고 싶어 할 때까지 기다려주는 것
3. 낙서를 하찮게 여기지 않고 칭찬해주는 것

만약 엄마표 영어를 일곱 살, 여덟 살에 시작했다면 '아이가 쓰고 싶어 할 때까지 기다려주는 것'이 가장 힘든 일이 될 것이다. 뒤늦게 알아서 급하게 시작한 마당에 그저 속 편한 소리라고 여길지도 모른다. 하지만 어떠한 상황이더라도 절대 모든 것을 한꺼번에 밀어붙이려는 시도는 하지 않았으면 좋겠다.

제 아무리 언어능력이 뛰어난 아이라 해도, 읽고 듣고 말하고 쓰는 것은 순차적으로 이루어진다. 그리고 영어 글쓰기는 한글로 쓰는 글의 길이와 수준을 넘기 어렵다. 정 아이의 쓰기 능력을 파악하고 격려하고 싶거든 내 아이의 한글 일기장을 들여다봐야 한다. 어느 날 아이가 스스로 흥미를 붙여 뭔가를 써보고 싶어 하거든, 영어 챕터북 두께만큼 두꺼운 한글책을 읽게 하는 게 큰 도움이 된다. 어차피 그 나이에는 사회, 과학 관련 지식정보책을 읽을 때이기도 하니, 일석이조의 효과를 거둘 수 있다.

돌이켜보면 내가 말하는 것을 찰떡같이 받아 써주는 도구가 곁에 있다는 것, 그리고 녹음을 해두면 그게 책이 될 수도 있고, 남에게 봉사할 수도 있다는 것을 알게 된 후, 아이의 글쓰기는 많이 달라졌다. 더는 낙서가 아닌 글이 된 것이다. 점차 단락이 나뉘고 감탄사가 줄었다. 감정을 표현하는 단어도 많이 늘었다. 말하기도 마찬가지였다. 제스처보다는 말을 더 많이 했다.

여기서 중요한 포인트는 음성 메모도, 음독도, 글쓰기도, 아이가 영어 원서와 영상을 3년 이상 본 이후에 시도했다는 것이다. 3년 차면 엄마표 영어로 얻게 되는 읽기, 듣기 실력에는 확신이 가득한 상태다. 동시에 말하기와 쓰기에 한계가 있다는 편견이 조금씩 고개를 들 때이기도 하다.

그럴 때일수록 말하고 싶고, 쓰고 싶게 만드는 원동력이 아이에게 있다고 믿어야 한다. 그것은 원어민 과외를 붙인다고 해결될 일이 아니다. 읽은 것과 들은 것이 차고 넘치게 해주자. 잠시 의구심을 가진 것이 무색해질 만큼 신통한 일이 펼쳐질 것이다.

Chapter 8

엄마표 영어로
언어 이상의 효과를 거두다

01 아이와 사이가 좋아지는 효과적인 방법

0세에서 3세는 주 양육자인 엄마와 애착관계가 형성되는 때이다. 말 못 하는 아기가 엄마와 형성하는 친밀한 정서적 관계를 '애착'이라고 하는데, 생애 초기 부모와의 애착관계가 나중에 대인관계에 영향을 준다는 것은 이미 많이 알려진 사실이다. 안정적인 애착형성을 위해서는 거절보다는 수용을 해주고, 민감하면서 일관된 태도를 보이며, 아이의 존재와 행동을 구분해서 칭찬하는 긍정적인 엄마의 모습이 도움이 된다고 한다.

문제는 그게 머리로는 이해가 되는데, 일상에서는 참 어렵다는 거다. 특히 '일관성 있는 육아'라는 문구 앞에서는 뭔가 떳떳하지 못하고 가슴이 답답해지기 일쑤다. 먹이고 입히고 재우는 것만으로도 하루하루 지쳐가는 중이라면, 일관성 있는 육아라는 게 그림의 떡인 것만 같아 차라리 외면하고 싶을지도 모른다.

그런데 육아에 있어 엄마표 영어의 의도치 않은 소득이 있다. 바로 아이와의 좋은 관계를 쌓는 방법이 된다는 것이다. 꾸준히 들려주는 영어 동요 중 몇 개는 엄마 입에 익어서 잔잔히 불러주는 날이 온다. 영어책 읽어줄 때면 넓적한 내 허벅지에 털썩 주저앉은 아이 등을 수도 없이 껴안고 있게 된다. 적어도 1년은 콧구멍을 간지럽히는 아이의 머리카락을 요리조리 피하면서 땀 냄새, 샴푸 냄새를 번갈아 맡게 될 것이다. 아이와의 스킨십이 자연스럽게 늘어나는 것이다. 동시에 아이의 반응을 살피며 CD와 DVD를 틀고 끄다 보면 본의 아니게 아이의 성향과 흥미도 민감하게 파악하게 된다.

칭찬하는 요령도 늘어난다. 처음엔 아이가 영어를 싫어할까 봐 비위를 맞추느라, 있는 것 없는 것 다 기억해내서 칭찬했다. 그러다 어느 날, 알파벳도 모르는 줄 알았던 아이가 아는 단어를 몇 개씩 짚어가며 읽자 칭찬이 폭포수처럼 흘러나왔다. 그렇게 칭찬할 거리를 찾아내어 칭찬하는 습관이 몇 년간 계속되자 아이를 칭찬하는 말투, 행동, 마음가짐이 몸에 배서 나도 모르게 육아서에서 본 말을 하고 있었다. 아이가 오늘은 집중 듣기 하기 싫다고 하면 그날은 쉬자고 말하는 여유도 생겼다. 확실히 예전보다 유연한 태도와 느린 템포로 아이를 대하게 된 것이다. 덩달아 아이와 엄마 간의 관계가 좋아지는 건 두말할 나위가 없다.

02   엄마표 영어와 수학 간의 긍정의 상관관계

이제 영어를 잘하면 뭐가 좋은지 아이도 알고 나도 안다. 목적이 분명하니 진행도 수월한 편이다. 슬럼프에 빠질 때도 있지만 금세 바닥치고 다시 제자리를 찾을 수 있다. 그런데 이놈의 수학은 그게 잘 안됐다.

일단 내가 학창 시절 수학에 대해 안 좋은 추억을 가지고 있었다. 수능 날 시험을 마치는 종이 울렸을 때, 두 손을 머리에 올리고 든 생각은 오로지 하나였다.

'나 이제 평생 수학 문제 안 푼다!'

노을 지는 창밖을 향해 소리라도 지르고 싶었던 내가 아이에게 수학의 장점, 목표에 대해 할 말이 있을 리가 없었다. 유일하게 할 수 있는 건 아이가 수학 문제를 풀 때 옆에 앉아 기분을 맞춰주고 칭찬해주는 것뿐이었다.

그런데 엄마표 영어 3년 차에게 생긴 관계술은 수학에도 효과가 있었다. 수학문제집의 난이도나, 하루에 몇 장 풀게 하는지가 중요하지 않다는 걸 직감적으로 알게 되었기 때문이다. 그래서 아이가 최고로 기분 좋을 타이밍을 찾아서 쉬운 문제집을 절반만 풀게 했다. 한 문제 걸러 한 문제만 풀라고 하는 식이었다.

아이는 유난히 서술형 문제에 답을 길게 쓰는 걸 싫어했다. 대놓고 서술형 문제는 무조건 넘어가기에 그냥 엄마한테 말로 해달라고 했다. 의미가 통했다 싶으면 "정답!" 하고 칭찬해줬다. 동그라미도 더 크고 진하게 그려줬다. 이렇게 1학년 내내 본의 아니게 둘이 앉아서 구술평가를 했더니 하루에 한두 장 푸는 수학 문제 앞에서 연필 물고 제사 지내는 일이 사라졌다. 대견하게도 그렇게 귀찮아하던 서술형 문제 답을 스스로 글로 쓰는 날도 찾아왔다.

물론 여전히 엉뚱한 풀이로 당황하게 한 날도 많았다. 어느 날은 서술형 문제 답 칸에 이렇게 써 놨다.

"아까 말했다."

4번 문제랑 비슷하다는 거다. 이런 적도 있었다.

"이봐요, 문제집님. 삼각형은 원래 블라블라⋯."

문제가 '설명하시오.'라고 했으니 설명했다는 거다. 이렇게 문제와 말도 안 되는 말싸움을 자주 했지만, 그럴 때마다 너그럽게 채점을 해줬다. 몇 개를 맞았든 오늘 할 일을 해서 멋지다고 말해주고 책장을 덮었다.

아이가 처음으로 영어 그림책을 읽었을 때와 비슷했다. 발음이나 스펠링을 정정해주지 않고, 한 문장 끝날 때마다 손뼉 쳐주던 열정을 수학에 갖다 붓기로 했다. 문제집을 앞에 두고서 지우개 가루를 꾹꾹 찍으며 놀고 있는 걸 보고도 못 본 척하기가 쉽지 않았지만, 수학도 거부감만 없으면 성공이라고 생각했다. 연산이고 구구단이고 무조건 천천히 아이에게 맞췄다. 친정엄마와 통화를 할 때 "엄마, 첫째가 오늘은 수학문제집을 혼자 펼쳤어. 그리고 두 장이나 풀어놨더라고!" 하고 큰 소리로 얘기하면, 아이는 할머니를 바꿔달라고 해서 마음껏 칭찬을 듣고 즐겼다.

아이의 마음을 읽어주면 확실히 문제를 금방 풀었다. 자리에 앉기까지가 가장 오래 걸리긴 했지만, 적어도 문제풀이를 거부하진 않았다. '하이, 문제집' 이런 글을 쓰며 장난칠 시간에 얼른 풀어버리고 노는 게 낫다는 걸 깨달은 눈치다.

다행히 수학은 엄마표 영어처럼 골라야 하는 책이 다양하지 않아서, 그저 기분 맞춰주는 걸로 충분했다. 아이가 수학을 기분 좋게 대하는 걸 우선순위로 두었더니 제 학년 수준의 문제는 형태가 어찌 되었든 어렵지 않게 푼다. 그러니 적어도 초등학생 시절에는 수학 조급증을 버릴 생각이다.

5년 차 엄마표 영어에 돌입한 지금은 영어에 투자하는 시간의 비중이 조금 줄어들어도 문제가 없다는 것도 장점이다. 많은 아이들이 일주일에 사흘, 오가는 시간을 포함해 하루에 두세 시간씩 영어 학원에 쓰는 시간이면, 엄마표 영어를 할 시간도, 수학 문제를 풀 시간도 충분하다.

쓸쓸하지만 우리나라 입시구조 상 필수라는 수학 선행도, 제 학년 수준의 학습이 탄탄히 밑받침되었을 때 가능한 것이다. '수포자'라는 단어 앞에 자유롭지 않기에, 되려 수학이라는 과목을 싫어하지 않고 시험이라는 형식 앞에서 한없이 자유롭길 바란다. 아이가 수학이 재미있다고 느낄 때까지 최소한의 양을 손뼉 쳐주며 밀어주는 것이 내가 할 일이라고 믿는 것도 그 때문이다.

앞으로도 아이의 실력에 맞춰 감정을 받아주고 칭찬해줄 생각이다. 그러다 보면 한글책을 스스로 읽고, 영어책을 스스로 읽어냈듯이 수학도 툭 풀어낼 거라 믿는다. 타이머를 옆에 놓고 제한 시간 내에 푸는 것도, 서술형 문제에 수식과 말로 증명하는 것도, 긴 글을 읽어내는 호흡과 크게 다르지 않을 것이다. 나중에 영어가 자유로워져 휴식이 되면, 상대적으로 그 시간을 수학에 쏟아부을 수 있을 것이다.

수학뿐만 아니라 아이가 습득하는 모든 것이 엄마와의 관계에서 비롯된다는 생각에는 변함이 없다. 아이는 책과 엄마를 편하고 가깝게 여기면서 자연스레 애착의 뿌리를 엄마에게 깊이 내렸다. 다른 사람을 신뢰하고, 낯선 환경에 스스럼없이 발을 내딛는 것도 그런 시간을 통해 형성된 것이다.

앞으로 아이가 무엇을 좋아할지, 어떤 길을 선택할지 알 수 없지만 엄마표 영어로 내게 체화된 칭찬, 격려, 감탄은 아이가 자립하기 전까지 강력한 지지의 도구가 될 것이다.

03 영어로 음악에 입문하다

아이가 바이올린을 시작하고 음악을 듣기 시작한 것도 실은 엄마표 영어 덕이다. 'Little Einstein(리틀 아인슈타인)'이라는 영어 DVD를 보며 처음으로 바이올린 소리를 들었고, 음표가 체리처럼 생겼다는 것도 알았다. 시리즈 전편을 수없이 반복해서 보던 아이는, 마침 같은 유치원에 다니는 친구가 바이올린을 배운다는 걸 알고는 자기도 배우고 싶다고 졸라댔다.

정작 아이는 첫 수업 때 무척 당황해했다. 바이올린을 턱에 갖다 대면 연주가 저절로 나올 줄 알았는데 아무 소리도 나지 않아서 그랬던 것이다. 피아노는 건반을 누르면 '도, 레, 미' 소리라도 나지만 바이올린은 소리를 내기조차 어려웠다. 당연히 악보를 볼 줄도 몰랐다. 바이올린에 문외한인 내가 도와줄 수 있는 일은 교재에 딸린 CD를 내내 틀어주고 흥미를 유발했던 'Little Einstein(리틀 아인슈타인)' DVD를 계속 보여주는 거였다. 플레이 버튼 누르는 것만큼은 자신 있었다.

영어 흘려듣기 할 때처럼 쉬운 수준의 바이올린 연주를 계속 들려줬다. 영어 CD와 바이올린 연주 CD를 번갈아가며 넣고 빼는 일 하나만 늘었을 뿐, 일상은 똑같이 흘러갔다. 그렇게 귀로 익힌 음을 활로 연주해서 드디어 비슷한 소리가 났을 때 손뼉 쳐주고 동영상을 찍으며 응원하기를 두어 달, CD로 들은 음과 자기가 연주한 음이 얼추 비슷해졌을 때 비로소 아이는 악보를 쳐다보았다. 그동안은 장식품처럼 앞에 펼쳐만 놨던 악보였지만, 이제 악보를 보면서 귀로 들은 음을 눈으로 확인하려고 했다. 악보를 진짜로 읽을 수 있게 될 때까지 악보는 마치 집중 듣기 하는 영어책과 같았다. 듣기와 읽기는 결국 음악으로도 이어졌고, 악보라는 책을 좀 더 익숙하게 만들었다.

악보를 제법 눈으로 따라가게 됐을 때 클래식 음악 동화책을 사주고, 음악 관련 영화들을 내려받아서 보여줬다. "Music of Heart", "Vitus", "House of Rock"을 특히 재밌게 보았다. 멈춰놓고 따라서 연주하다가 다시 주저앉아서 보기도 했다. 특히 잭 블랙이 나오는 "House of Rock"은 동생이 악기를 들고 도망가도 모를 정도로 푹 빠져서 봤다.

흥미와 실력, 스토리의 삼박자가 맞으니 아이는 저절로 몰입하게 되었다. 동생 보라고 오랜만에 틀어둔 'Little Einstein(리틀 아인슈타인)' DVD를 다시 보면서 따라서 연주하다가 익힌 작곡가와 곡명만 해도 열 개가 넘는다. 요즘은 종종 걸그룹 노래도 연주하고, 동생에게 뽀로로 주제가를 연주해주기도 한다. 생일축하노래 연주를 찍어둔 동영상은 양가 부모님들 생신 때 좋은 선물이 되기도 했다. 아이가 몇 권에 몇 번을 연주한다는 것보다 아이가 수시로 벽에 걸린 악기를 꺼내는 게 더 기특했다. 하다가 막히면 다시 내려놓고 놀지언정 그렇게 수시로 찾아 잡는 악기 덕에 FM 93.1에서 흘러나오는 소리에도 귀를 기울이게 됐다.

"엄마, 이거 바이올린 소리야!"

바이올린 레슨을 시작한 지 반년쯤 되는 날, 룸미러로 힐끗 보니 자동차 앞자리로 바짝 몸을 당기고 라디오에서 흘러나오는 소리를 듣고 있었다. 절반만 보이는 머리통이 얼마나 기특하던지… 곡명을 아는 것도 아니고, 작곡가를 아는 것도 아니었지만, 그저 음악을 듣고 즐긴다는 게 좋았다.

아이 비위 맞추고 간식 갖다 대령하고 박수부대를 자청했던 지난 4년 간 얻은 소득은 비단 영어뿐만이 아니었다. 독서와 음악을 일상으로 자연스럽게 끌어들였다. 마치 아이와 나 사이에 느슨한 줄이 두 개 더 생긴 느낌이다.

영어와 음악은 모두 듣는 것으로 시작해서 몸으로 익혀서 써먹고 즐기는 수단이다. 아는 만큼 들린다는 공통점도 있다. 엄마의 기대와 아이의 흥미 사이의 거리를 유지해야 한다는 것도 영어와 음악의 공통분모이다.

'아이가 수백 년을 전해 내려오는 고전문학과 고전음악을 읽고 들으며 살았으면 좋겠다…' 유아용 놀이책에서 흘러나오는 다소 조악한 클래식 음악을 들려주며 품은 작은 꿈은 아직 변하지 않았다. 어른이 되어서 직접 연주도 하고 연주회도 보러 다니는 삶을 살기를 바란다. 고전문학도 이왕이면 번역본 말고 원본으로 읽는 즐거움을 안다면 아이의 세상이 얼마나 넓어질까.

즐길 거리가 많은 사람은 나눌 거리도 많은 법이다. 스스로 풍요롭고 주변에도 나누는 삶의 바탕에 영어와 음악이 자리 잡으면 좋겠다.

아이가 언제 멈추고 달릴지는 직접 해보면서 결정해야 한다. 몸으로 부딪혀서 얻은 아이의 패턴에 따라 스스로 한 발짝 앞설 때도 있고, 한 발짝 뒤처지는 게 나을 때도 있을 것이다. 언젠가 내가 놓은 줄이 아이의 날개가 되어 팔랑팔랑 날아가면 그때 손 흔들며 웃는 어른이 되고 싶다.

아이와 함께 즐기는 사운드북

CD를 갈아 끼우거나 음원을 내려받을 필요 없이 버튼만 누르면 되는 사운드북은 엄마가 편한 책이다. 연주회에 다니며 음악을 본격적으로 접하기 전의 유년기 아이들에게 권하고 싶다.

1. The Story Orchestra : The Nutcracker

발레나 어린이 뮤지컬로 인기가 높은 '호두까기 인형'을 보러 가기 전에 듣고 읽어보기 딱 좋다. 버튼만 누르면 각 장면의 주요 멜로디가 흘러나온다. 내용은 짧지만 스토리 전개를 미리 알고 가기엔 충분하다.

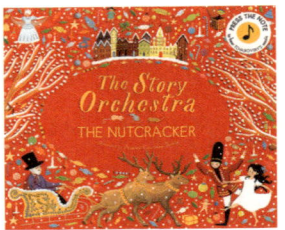

2. The Story of the Orchestra

연말에 친구 피아노 발표회를 가거나 어린이 공연을 보러 가기 전에 한 번쯤 보고 가면 좋겠다. 스토리보다는 어떤 악기가 무슨 소리를 내는지, 오케스트라 대형은 어떤지, 눈과 귀로 익히기에 적합하다.

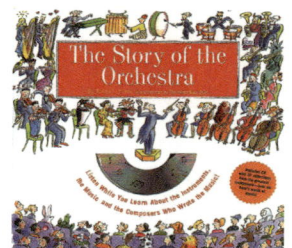

3. POPPY 시리즈

두세 줄짜리 픽처북으로 글 양도 많지 않다. 오케스트라 악기 소리뿐만 아니라 모차르트와 비발디의 유명한 곡과 재즈를 들을 수 있다.

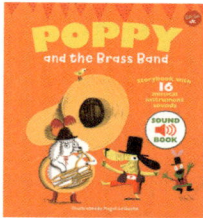 
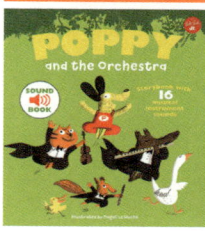 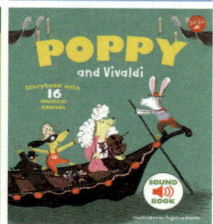

Poppy and the Orchestra
Poppy and the Brass Band
Poppy and the Mozart
Poppy and the Vivaldi

04 영어로 아이의 인생에 날개를 달아주자

2017년 여름, 세계적인 역사학 교수 유발 하라리가 우리나라에 왔다. 그의 책 "사피엔스"(김영사)라는 엄청 두꺼운 책을 헉헉대며 간신히 읽던 중이었다. 마침 모 방송 프로그램에서 강연을 한다고 해서 인터넷으로 방청 신청을 했는데 운 좋게 당첨이 되었다.

주말 아침, 애 둘을 남편에게 맡기고, 부리나케 상암동으로 달려갔다. 책을 절반밖에 못 읽었기에 강연 내용을 못 알아들을까 봐 걱정이 됐다. 그보다 앞선 걱정은 단연 영어였다.

'영어로 강연할 텐데 어떻게 알아듣지?'

녹화장에 들어서자 커다란 화면이 눈에 들어왔다. 무대 뒤에 준비된 화면으로 실시간 통역을 해서 한글 자막을 올려준단다. '그럼 그렇지.' 안심이 됐다. 입장하면서 받은 기념품인 물통이 이제야 눈에 들어왔다.

유발 하라리 교수를 열 발자국 앞에서 실물로 보니 실실 웃음이 나왔다. 주말 오전 육아 전쟁에서 탈출한 것만으로도 날아갈 것 같은데, 유대인 하브루타 교육의 실체이자 세계적인 석학이 내 눈앞에 있다니. '오늘 강연에서 내뱉는 모든 말을 다 흡수할 테다!'

씁쓸한 일은 불과 20분 후에 일어났다. 꾸벅꾸벅 졸았던 것이다. 녹화 시작 전에 친구한테 자랑하는 문자를 보냈는데, 졸다가 화들짝 놀라서 시계를 봤더니 이미 강연이 끝날 시간이었다. 이게 다 영어 때문이었다.

유발 하라리 교수가 말을 하면 5초 후에 자막이 올라왔다. 그러니 그가 농담을 던지면 5초 후에 웃을 수 있었다. 웃어도 웃는 게 아니었다. 실시간으로 빵 터지는 사람들은 도대체 뭐하는 사람들인지. 앞줄에 앉아서 자막 쪽엔 눈길도 주지 않고 메모하는 사람들 말이다. 같이 끄덕끄덕하고 싶었고 나도 동시에 웃고 싶었다. 영어를 바로 알아들을 수 있으면 얼마나 좋았을까. 자막을 따라잡느라 눈동자 운동만 열심히 하다가 곧 초점이 흐려졌던 것 같다. '여기 어떻게 온 건데…' 두 손으로 물통을 꼭 쥐고 앉아서 열심히 졸다 온 내가 수능을 망치고 나온 수험생이 된 기분이었다.

살면서 영어 강연을 바로 알아듣고, 질문도 하고, 동시에 웃는 일이 꼭 필요한 건 아니다. 하지만 확실한 건 영어가 장애가 되면 최신 정보를 빠르게 받아들이는 것이 불가능하다는 점이다. 자막이 있는데 뭐가 걱정이냐고 안심할 일이 아니다. 유튜브에 올라온 주옥같은 TED 강연의 한글 자막은 비전문가들이 올린 것이 대부분이라, 오역의 위험을 안고 있기도 하다.

통역기 없이 나누는 대화, 농담을 섞어가며 서로의 생각을 이해하는 토론은 감정과 언어 간 시차가 없을 때만 가능하다. 버퍼링 없이 실시간으로 나눌 수 있는 건 지식만이 아니다. 더 중요한 것은 감정을 공유한다는 점이다. 최근 남북 정상회담에서 두 정상 간 단독회담도 한 민족이기에 가능했던 것이다. 서로 공유하는 언어와 문화는 다른 것으로 대체될 수 없다. 문제는 그런 것 없이도 지금껏 잘 살아왔다는 데 있다. 70, 80년대에 태어난 부모들에게는 그렇다. 하지만 2000년대 이후에 태어난 우리 아이들에게는 어떨까? 우물 안 개구리 엄마가 자녀의 세계를 감히 한정 지어도 되는 걸까?

내 아이는 부디 5초 늦게 웃지 않기를 바란다. 국제적인 명사의 강연이나 강의를 위해서만은 아니다. 언어에 제약이 없으면 일상 속에서 할 수 있는 경험의 폭이 넓어진다. 꼭 외국에 나갈 필요 없이 2018년 2월 평창 동계올림픽처럼 우리나라에서 국제 행사가 열리면 자원봉사를 할 수도 있고, 우리나라에서 하는 국제 인턴십의 기회도 잡을 수 있다. 각종 해외봉사활동 역시 언어가 자유로우면 기회가 많다.

한창 도전해보고 싶은 게 많을 중·고등학교 시절에 영어가 자유롭다면 그 시기에 누릴 수 있는 경험의 종류와 수는 해외사이트의 개수만큼이나 많아진다. 반드시 외길을 따라 걷지 않아도 된다. 그런 면에서 스트레스 없이 익힌 영어는 곧 선택의 자유를 선물하는 것과 같다.

중학교 자유학년제를 형식적으로 보내지 않고 더 폭넓게 즐길 수도 있다. 존경하는 인물 인터뷰만 해도 기회의 폭이 훨씬 넓어진다. 외국기사나 학계의 최근 잡지 검색도 일상이 될 수 있다. 아리랑 TV의 'heart to heart' 프로그램을 찾아볼 수도 있고 TED 강연도 한글 자막이 뜨기 전에 바로 영어로 듣고 강연자의 책을 주문해서 읽을 수 있다. 컴퓨터 게임을 해도 다양한 국적의 사람들과 할 수 있다. 유튜브 채널을 만들어 자기 활동을 알리고 싶을 때 영어가 자유로운 아이와 그렇지 못한 아이는 채널 구독자 수부터 어마어마한 차이를 보일 것이다.

영어의 파급력은 이미 현실에 바짝 다가왔다. 사용할 줄 아는 언어가 곧 무대의 크기가 된 시대에 산다. 개인과 조직 모두 이미 언어의 영향력에서 자유로울 수 없다. 영어 앞에 얼어붙지 않고 당당하게 자기 음악을 표현하는 방탄소년단의 랩몬스터도 순수 국내파라는 점이 내심 반가웠다.

그러니 '이때를 위한 영어였다'라는 느낌을 자주 받게 해주자. 아이 스스로 쓸모 있는 영어라고 느끼면 엄마는 해방이다. 아이도 엄마도 날개 달고 날아갈 수 있다. 아이가 읽는 상당수의 원서가 세계사와 지리를 담고 있기 때문에 엄마표 영어를 하다 보면 아이의 시공간도 넓어진다. 특히 챕터북 초기부터 시작해서 점점 아는 지명과 사실이 늘어나는 걸 보면 느낄 것이다. 어렵지 않게 스리슬쩍 끼워 넣는 스토리 구성이 놀라울 따름이다.

어느 날 갑자기 십자군 원정이 뭐냐고 물어올 수도 있다. 피라미드 앞에 앉아있는 게 무슨 동물이냐고 묻는 날도 온다.

그리스 로마 신화 원서를 읽던 날이었다.

"엄마, 쥬스 알지? 신의 왕 쥬스."

"제우스 아니야?"

"휴우, 그래. 제우스. 그 쥬스가 아들이 몇 명이게?"

어차피 엄마 체면이 말이 아닌지는 오래됐다. 대신 영어 원서가 교재가 아니라 교양서라는 건 확실히 알게 됐다. 원 발음이 무엇인지, 고급 자동차나 고가의 물건을 파는 가게 이름, 브랜드 이름에 라틴어를 얼마나 많이 사용하는지 알게 된 것도 이런 원서 읽기의 소득 중 하나다. "Horrid Henry"를 따라 하느라 코딱지로 장난치다가도 "Ramona"를 읽다가 "Moby Dick"을 주제로 삼아 글을 쓰기도 한다.

또 하루는 아이가 엘비스 프레슬리를 그렸다며 종이를 보여줬다. "네가 이 사람을 어떻게 알아?" 하고 물었더니 무심하게 툭 말한다.

"책에 다 나와."

"A to Z Mystery"에도 나오고 "Horrid Henry"에도 나온단다. 팔랑팔랑 흔드는 종이를 보니 정말로 나팔바지를 입고 수염 난 엘비스 프레슬리가 윙크를 하고 있었다. 앉아서 하는 여행이 책이라는 것을 절실히 느끼는 순간이었다.

이렇게 습득한 지식과 여행이 만나면 또 어떨지 사뭇 궁금해진다. 언어가 자유롭고, 원서로 배운 지식이 가득하다면 해외여행의 즐거움은 배가 될 것이다. 김창옥 교수가 말한 것처럼 넓은 나라로 간다고 넓은 세상이 아니듯, 스스로 가이드가 되는 여행이 진짜다. 안목과 경험을 가지고 떠나는 여행을 가능하게 하는 엄마표 영어는 내 아이의 인생이 풍요로워지는 길 그 자체일지도 모른다.

그리스 로마 시대 교육이 그랬듯, 요즘 조명받는 유대인 자녀교육도 독서가 기본이다. 4차 산업혁명에도 책 든 손이 이긴다는데, 두 가지 언어로 하는 독서가 습관이 되면 지식과 국제 감각이 쌓이는 건 나이테 생기듯 자연스러운 일일 것이다.

배움의 기회를 원할 때 잡을 수 있어야 한다. 워런 버핏도 '죽을 때까지 배워야 의미 있는 인생'이라고 하지 않았던가. 장소 불문, 나이 불문, 배우는 삶이 필수인 시대다. 그게 어디든, 누구와 함께하든, 언어의 장벽을 일찌감치 넘고 시작한다면 아이의 인생은 날개를 단 듯 가벼워질 것이다.

Q & A

엄마표 영어 궁금증 해결

Q. 주변에서 엄마표 영어가 좋다고들 하는데 시작을 못 하겠어요.

A. 혹시 엄마가 완벽하게 준비되지 않으면 시작조차 안 하는 성격은 아닌지 돌아보세요. 절반만 준비됐으면 일단 시작하는 것이 성공하는 사람들의 비결이랍니다. 일단, 이 책을 사셨으면 시작을 하신 것과 마찬가지예요. 그러니 고민은 접어두고 이 책에 나온 방법을 그대로 따라 하세요. 뛰어들지 않으면 기회를 만나지 못하니까요.

Q. 엄마표 영어를 하고는 있는데 점점 자신이 없어요.

A. 이미 엄마표 영어를 하고 있는데 회의가 느껴지시나 봐요. 내 아이를 엄마의 기준에 맞춰 보는 게 아니라 최대한 긍정적으로 바라보세요. 긍정적인 엄마는 '한계'가 없고, 부정적인 엄마는 '한 게' 없다잖아요. 아이 인생 길어요. 튀어나오는 것 없이 그저 노출만 해주는 2, 3년은 어찌 보면 찰나랍니다.

Q. 정말 알파벳도 제대로 모르는데 영어책을 읽어주는 게 도움이 되나요?

A. 네, 저도 이게 가장 궁금했던 점이었어요. 마치 맨땅에 헤딩하는 기분이잖아요. 그런데 아이들은 음성으로 단어를 먼저 외우고 글자랑 맞춰나가요. 그게 엄마가 읽어주는 책을 보고 들으면서, 집중 듣기 하면서 부지불식간에 이뤄져요. 파닉스도 재밌는 영상 몇 개로 충분해요. 파닉스로 반년을 보낼 시간에 재밌는 책과 영상 많이 보는 게 결국 남는 장사랍니다.

Q. 유튜브로도 충분하다고요? 정말 그럴까요?

A. 지금은 엄마표 영어를 하기에 최적의 환경이 갖춰진 것 같아요. 제가 시작한 4년 전만 해도 유튜브 자료가 풍부하지 않았어요. 지금처럼 공식 채널도 많고, 좋은 영상이 넘쳐났다면 저는 DVD 대신 유튜브만으로 진행했을 거예요. 이 책에 수록된 유튜브 영상은 모두 제가 직접 확인하고 싶은 거예요. 그러니 DVD를 사기 전에 꼭 열어보세요. 손가락을 조금만 부지런히 움직이면 돈도, 시간도 확실히 아낄 수 있어요. 물론 유튜브 영상을 보여줄 환경이 마땅치 않다면 DVD를 사셔도 되고요.

Q. 한글로 된 영상을 보여줘도 될까요?

A. 절대 금물이에요. '다 된 밥에 재 뿌리기'나 마찬가지랍니다. 적응하는 데 시간이 걸릴 수는 있지만, 어차피 조금만 기다리면 아이가 영어 영상으로 재미있게 영어에 친해질 수 있는데 거기에 굳이 우리말 더빙을 끼워 넣을 필요가 있을까요? 3년만 요령껏 피해 보세요.

이미 아이가 한글 영상에 익숙해져서 영어 영상 보기를 거부한다면, 영어 영상으로 유도하는 미끼로 삼아 잠깐 활용하는 건 좋아요. 영어 영상 한 편을 봐야 한글 영상을 보여주는 것처럼요. 이 방법 역시 최소한으로만 사용하세요. 이렇게 하다 아이가 좋아하는 영어 영상을 발견하게 되면 그때부터는 영어로만 틀어줘도 아이는 재미있어할 거예요.

Q. 엄마가 읽어줘야 아이가 스스로 읽는다는 건 알겠는데 도저히 시간이 안 나요. 퇴근하면 씻겨 재우기 바쁘네요.

A. 직장에 다니면 아침은 전쟁일 테니, 자기 전 베드타임이 딱이겠네요. 앉아서 몇 권, 누워서 몇 권, 이렇게만이라도 읽어주면 충분해요. 전업주부는 영어책 읽어주는 풍경이 평온하고 아름다울 것 같죠? 전혀요. 대부분 잠자리에 들기 전에 가장 많이 읽어줘요. 게다가 초기에는 누구나 소귀에 경 읽기 수준이에요. 영어를 읽어준다기보다 그냥 책 붙들고 앉아서 엄마 혼자 떠드는 느낌일 거예요. 저도 도망가는 아이를 따라가거나 사탕으로 꼬드겨서 앉히다 보면 '내가 지금 뭐 하는 건가' 싶을 때가 많았답니다. 그런데 몇 개월이 지나면 아이가 단어를 낚아채서 읽거나 영어책을 읽어달라고 갖고 오니 그때까지는 지루해도 참고 읽어주셔야 해요.

퇴근이 늦다면 주말에라도 애들이 일찍 일어나서 집 안을 휘젓고 돌아다닐 때 DVD를 틀어주세요. 그리고 죄책감 없이 좀 쉬시고요. 단, 주말 저녁엔 평일보다 한 권씩만 더 읽어주세요. 별 거 아닌 것 같아도 '바쁜 와중에 내가 꾸준히 읽어주고 있다는 느낌'이 꽤 중요하니까요.

Q. 여기에 나온 영어책이나 영상으로 충분할까요?

A. 그럼요. 이 책에서 제시한 것들만 순서대로 따라가도 충분해요. 각 단계별로 남자아이든, 여자아이든 아이들이 흥미롭게 볼만한 책과 영상은 이 책에 다 담았어요. 이보다 방대한 목록을 제시하는 책도 많지만, 해야 할 게 너무 많으면 쉽게 지쳐요.

이 책의 리스트가 부족해 보인다고요? 절대 아니에요. 1단계에서 소개한 책은 165권, 영상은 566편, 2단계는 428권, 1027편, 3단계는 524권, 352편이에요. 책은 천 권이 넘고 영상은 이천 편에 가깝지요. 그러니 이 책에 제시된 것만 따라 해도 3년 치는 충분히 나온답니다.

그러니 다른 리스트를 기웃거리느라 시간을 낭비하지 말고 이 책에 제시한 리스트만 충분히 소화해보세요. 아이의 성향과 실력을 제대로 파악하기 위해서라도 적어도 2년은 우직하게 밀고 나가는 시간이 필요해요. 더 많은 책을 읽히는 건 아이가 원할 때 하면 돼요.

Q. 학습지, 워크북은 따로 안 해도 될까요?

A. 아이가 챕터북 5점 대 이상을 읽을 때여야 스스로 재밌게 해요. 그 전에는 강요가 되기 십상이죠. 아이 스스로 풀어보려고 하고 써보려고 해야 글쓰기로도 수월하게 이어지는데 단어 외우기, 하루에 글 2개 요약하기 같은 것으로 아이를 지치게 할 필요가 있을까요? 가끔 해보는 거라면 몰라도요.

Q. 흘려듣기를 많이 하면 좋다는 데 정해진 시간이 있나요?

A. 절대적인 노출 시간이 필요한 게 언어예요. 그러니 최대한 많이 들어주세요. 처음 제가 정한 시간은 '세탁소 아저씨가 라디오 듣는 만큼 들어주자!'였어요. 웃기죠? 집마다 상황이 달라 몇 시간이라고 정할 순 없지만, 적어도 여름철 에어컨만큼, 겨울철 가습기만큼 들어주겠다고 결심해 보세요. 다른 일을 하면서 들어도 좋고, 목욕할 때 들어도 좋고, 차 안에서 들어도 좋아요. 영화 주제곡을 틀어놓고 따라 부르는 것도 좋아요. 전부 흘려듣기니까요.

Q. 영어 그림책을 읽어주었는데 아이가 너무 싫어해요. 어떡해야 할까요?

A. 영어책 읽어주는 게 해보면 쉽지 않은 일인데, 게다가 아이가 비협조적(?)이라면 힘이 쭉쭉 빠지죠. 첫 한 달은 그게 당연해요. 책과 관련된 영상을 보여주지 않으셨다면, 얼른 책을 덮고 영어 영상부터 보여주세요. 그럼 영어책에도 흥미를 보이게 될 거예요. 유독 책에만 거부감을 가진다면 칭찬과 보상의 강도를 조금 높여보시는 게 어떨까요? 도무지 궁둥이 붙이고 앉아있는 법이 없는 아이일지라도 좋아하는 책 한두 권은 생기니까요. "이거 말고 저거 읽어줘." 하는 날까지 손뼉 치고 안아주세요.

Q. 전 아이가 영어 애니메이션을 좋아할 줄 알았는데 보기를 거부하네요. 어떡해야 할까요?

A. 두 가지 중 하나일 것 같아요. 영어가 낯선 경우이거나 한글 애니메이션에 익숙해진 경우. 전자라면 더 쉬운 단계의 영상으로 바꿔주면 슬슬 좋아할 것 같고요, 후자라면 절대 한글 영상을 틀어주지 마세요. 솔직히 얘기할게요. 아이가 스마트폰으로 한글 영상을 보길 즐긴다면, 그건 부모가 그렇게 만든 거예요. 식당에서, 모임에서, 부모가 편해지기 위해 아이의 손에 스마트폰을 들려준 거죠. 그러니 영어 영상을 보길 싫어한다고 아이를 탓할 것이 아니라, 지금까지 잘못 들인 습관을 바로잡을 수 있는 마지막 기회라고 생각하고 단호해지세요. 아이가 짜증을 내거나 화를 내더라도 참을성이 필요해요.

여기에서 소개하는 영상들은 괜히 교육용 영상이 아니랍니다. 영어 실력과 함께 양질의 지식을 동시에 습득하고 있는 거예요. 단순 흥미 위주의 한글 영상으로 그 기회를 빼앗는 건 너무 안타까운 일 아닐까요?

Q. 한글에 익숙해진 다음 영어를 하는 게 맞다고 생각해서 영유를 안 보냈는데 일곱 살이 되니 슬슬 걱정이 돼요. 영유 애프터라도 보낼까 하는데 어떨까요?

A. 부담스럽지 않은 영어 노출을 위해 일곱 살에 영어 유치원 애프터스쿨을 택하신다면 권해드리고 싶지 않아요. 혹시나 아이가 다른 아이와 자신을 비교하며 영어를 접하게 된다면 영어에 대한 첫인상이 안 좋아질 수 있거든요. 저 같으면 이렇게 하겠어요. 영유 애프터를 하는 시간이라면 아이를 충분히 놀리고, 한글책을 읽으면서 엄마표 영어를 할 시간이 돼요. 그러니 아이와 함께하는 일상을 점검하고, 엄마 머릿속에 계획표를 세워보는 거예요.
'놀이터에서 돌아와 씻고 간식을 먹으며 한글책을 읽는다. 저녁을 먹은 후엔 1단계 영상부터 부담 없이 틀어주고 영어책을 읽어준다.' 이런 식으로요. 아이가 한글책을 좋아한다면 일곱 살에 엄마표 영어를 시작해도 금세 영어 귀가 뜨일 거예요. 그럼 영어책을 읽는 것도 금방이랍니다.

Q. 지금 초등 2학년이에요. 영어 학원에 다니고 있는데 엄마표 영어랑 병행해도 될까요?

A. 2학년이고 계속 영어 학원에 다녔다면 그래도 영어에 꽤 많이 노출되었을 테니 지금부터 준비 단계와 1단계를 빠르게 훑은 뒤에 엄마표 영어 2단계를 바로 시작해도 괜찮을 것 같아요. 시작 전에 책 앞부분으로 돌아가서 왜 영어를 잘하면 좋은지에 대한 엄마의 생각을 정리해보시고, 아이의 의견도 물어봐 주세요. 아직 어리지만, 영어 공부의 주체는 결국 아이니까요. 하지만 더 늦게 시작하지 않았으면 하는 바람이 있어요. 모든 아이는 어른보다 큰 언어적 잠재력을 가졌지만 초등 3, 4학년에 시작하게 되면 아이와 엄마가 부딪힐 일이 많아져요. 그건 어느 쪽 잘못도 아니에요. 중요한 것은 엄마가 편하게 영어를 노출할 수 있어야, 그리고 아이가 재미를 느껴야 엄마표 영어를 원활하게 진행할 수 있는데, 초등 3, 4학년에게는 이 책에서 언급한 준비 단계, 1단계에 관심을 가지게 하기가 어렵거든요. 이왕이면 쉽게 접근해서 바로 시작할 수 있는 나이에 시작하셨으면 좋겠어요.

Q. 솔직히 선생님 아이가 영어 감각이 있어서 잘하는 거 아닌가요? 제 애도 그렇게 될 수 있을까요?

A. 제가 영어로 말해주고 놀아줘 봤어야 아이의 영어 감각은 제 덕분이라고 자랑이라도 할 텐데, 그런 일이 거의 없었네요. 만약 제 아이에게 영어 감각이란 게 있다면 그건 '영어책 다독 + 영어 영상 시청' 덕분인 건 분명해요. 흔히 '책 많이 읽는 애들은 말하는 게 달라'라고 하잖아요. 후천적인 영향을 두고 하는 말이에요. 영어도 언어예요. 그러니 책 많이 읽고 많이 들으면 돼요. 이 책의 1단계만이라도 따라 해 보세요. 그러면 불안함이 많이 사라질 거라 확신해요.

Q. 이것저것 하다 보니 놀 시간이 부족한 것 같은데 어떻게 균형을 맞춰야 할까요?

A. 맞아요. 별로 한 것도 없는데 정신 차려보면 저녁 먹고 재울 시간이잖아요. 일단, 친구들이랑 놀 기회가 있으면 무조건 기회를 잡으세요. 아무리 늦어도 저녁 시간이 되면 집에 들어가야 하니까 시간 구애받지 마시고요. 미세먼지, 추위 등 애들이 노는 데 복병이 많아졌으니 집을 놀이터로 내어주는 것도 추천합니다. 엄마표 영어 해보시면 아시겠지만 많이 놀다 온 날은 책도 군소리 없이 잘 봐요. 굳이 영상으로 꼬드기지 않아도요.

Q. 0~3세 관련 엄마표 영어 정보는 더 없을까요?

A. 유치원에 가기 전이잖아요. 이 시기에 중요한 건 엄마와의 애착 형성과 먹고 자고 놀 때 자기 의지대로 해보는 경험이에요. 엄마도 사람인데 엄마표 영어를 너무 일찍 시작하게 되면 금방 지치기 마련이에요. 그러니 첫 아이라면 다섯 살부터 슬슬 단계별로 영어를 노출하시기를 권해요.

정 아이와 뭘 하시고 싶으시면 영어 동요 CD를 틀어주시면서 간단한 단어를 영어로 말해주는 정도가 좋아요. 굳이 단어카드를 장만할 필요도 없어요. 사방에 널린 것들을 짚어가면서 색깔, 숫자만 알려줘도 아이가 주차장을 그냥 못 지나갈 거예요. 제법 단어가 입에 익어서 엄마 머리카락부터 옷을 수시로 가리키면서 색깔을 곧잘 말하면 이때 몸의 명칭을 간단히 알려줘도 좋고요. 'Two hands, One nose' 등 몸을 가지고 숫자를 세어봤자 10을 넘지 않아요.

영미권에서도 이 나이 때 아이들에게 가르치는 건 'Nursery Rhyme, Color, Number, Things' 정도예요. 그러니 쉽게 가세요.

Q. 미교(미국 교과서)는 어떨까요? 챕터북 읽는 정도면 학원에서 다들 이걸로 하더라고요.

A. 지금 우리나라에서는 미교가 '아이가 영어를 좀 한다'는 상징으로 받아들여지는 것 같아요. 미교 자체의 우수성 여부를 떠나 학습은 아이에게 필요할 때, 그리고 아이가 원하는 나이에 접하게 하는 게 좋아요.

출판사별로 약간의 차이는 있지만 미교는 보통 'Literacy, Math, Science, Social Studies' 네 과목으로 나뉘잖아요. 우리나라 교과 과정을 보면 제대로 된 과학 지식은 초등학교 3학년, 사회는 5학년에나 시작해요. 그 점을 염두에 두시면 좋겠어요. 영어로 사회과학지식을 습득한다는 건 생각보다 쉽지 않아요. 사전을 일일이 찾아보다가 흥미를 잃을 수도 있고, 기껏 찾았는데 한글 단어의 뜻을 모르는 경우도 많거든요.

그러니 최소한 아이가 2단계의 "Magic school Bus"나 3단계의 "Magic Tree House"를 재미있게 보고 나서 관련 지식을 더 궁금해할 때 접하게 하는 게 좋을 것 같아요. 그것도 쉬운 한글 백과사전을 먼저 충분히 보여준 다음에요. 저는 아이가 초등학교 3학년이 되는 올해부터 단계에 맞는 미국 교과서를 아이에게 보여줄 생각이랍니다.

Q. 해리 포터 같은 소설은 언제쯤 읽히는 게 좋을까요?

A. "Harry Porter(해리 포터)" 시리즈는 원서 읽기의 목표로 삼는 책 중 하나죠. 꼭 엄마표 영어를 하지 않더라도요. 한글로 읽은 초등학생이 많은데 오역의 논란도 있었던 만큼 원서로 읽는 것을 권하는 추세이기도 하구요. 재미뿐만 아니라 읽기 실력 향상이 담보된 이런 책들은 보석 같은 책이니, 읽는 것을 목표로 삼아 해치워버리기 보다는 분야 확장과 실력 상승의 지렛대로 삼는 것이 좋아요.

해리포터 원서 읽기를 유도하고 싶다면 한글 번역본이나 한국어 더빙영화는 보여주지 마세요. 아이가 읽는 책이 5, 6점 대 레벨이 되었을 때 슬쩍 영화를 먼저 보여주시고요. 책부터 보여주니 일단 벽돌만 한 두께에 아이가 놀라더라고요. 같은 시리즈 안에서도 AR 레벨 차이도 4.9~7.2로 꽤 큰 편이니까 한꺼번에 이 시리즈를 완독하겠다는 욕심은 버리셔야 해요. 영화를 본 아이가 책도 보길 원하면 몇 주의 시간 차이를 두고 한 권씩 집중 듣기 하는 것을 추천해요. 그 사이사이 비슷한 레벨의 다른 책을 많이 읽는 것도 필요하고요. 해리 포터를 원서로 읽은 다음 한글 번역본을 읽게 되면, 아이가 번역의 묘미도 발견하게 될 거예요.

그림책과 유튜브로 시작하는 5·6·7세
엄마표 영어의 비밀

초판 1쇄 발행 2018년 12월 20일
초판 5쇄 발행 2020년 11월 12일

지은이 | 양민정
그린이 | 김미선

펴낸이 | 박현주
디자인 | 정보라
마케팅 | 유인철
인쇄 | 미래피앤피

펴낸 곳 | ㈜아이씨티컴퍼니
출판 등록 | 제2016-000132호
주소 | 서울시 강남구 논현로 20길 4-36, 202호
전화 | 070-7623-7022
팩스 | 02-6280-7024
이메일 | book@soulhouse.co.kr
ISBN | 979-11-88915-10-1 03590

ⓒ 2018, 양민정

이 책은 저작권법에 따라 보호받는 저작물이므로 본사의 허락 없이는 무단 복제와 무단 전재를 금합니다.
잘못된 책은 구입하신 서점에서 바꾸어 드립니다.